Mark Pfetzer / Jack Galvin

Der Everest. Zum Greifen nah

Mark Pfetzer,
Jahrgang 1980, stammt aus Rhode Island und besuchte dort
die Middletown High School.
Neben seinen vielen Abenteuern möchte er die
Marineakademie besuchen und anschließend
Medizin studieren.

Jack Galvin
ist Lehrer und freischaffender Journalist.
Er rief Mark einen Tag nach dessen Rückkehr
vom Everest an und war so begeistert von seiner Geschichte,
dass er ihm anbot zusammen mit
ihm dieses Buch zu schreiben.

Mark Pfetzer / Jack Galvin

Der Everest.
Zum Greifen nah

Aus dem Amerikanischen
von Malte Roeper
und Sebastian Haller

Arena

Für Mom und Dad
M. P.

Für Maria
J. G.

Die Originalausgabe erschien unter dem Titel »Within Reach. My Everest Story« bei Dutton Books, New York.

In neuer Rechtschreibung

Aus dem Amerikanischen von Malte Roeper und Sebastian Haller
Umschlaggestaltung: Robert & Horst
Umschlagfoto © Nichols Devore, Tony Stone
Vignetten und Karten: Johann Brandstetter
Gesamtherstellung: Westermann Druck Zwickau GmbH
ISBN 3-401-04927-5

Der Verlag dankt Alexandra Graf für den Anhang »Marks Berge«

Inhaltsverzeichnis

Vorwort

von Jack Galvin

Ihr solltet Mark Pfetzer kennen lernen. Er ist ein ganz normaler Teenager. Er meldet sich wie andere Kinder mit »Hallo« am Telefon, beklagt sich über sein Abschlussjahr an der High School, will ein neues Auto und verkündet mindestens einmal pro Monat langfristige neue Lebenspläne. Er ist natürlich, groß, mit einem gut aussehenden, klaren Gesicht: kurz geschnittenes Haar, weiße Zähne, markante Nase und ein stetes Lächeln. Ein ganz normaler Junge.

Der Unterschied liegt in seinen Träumen, besser seiner Einstellung zu Traum und Wirklichkeit. Viele Jugendliche haben Träume. Manche haben große Träume. Mark scheint die Wirklichkeit zu träumen – und zwar oft, wie ihr in diesem Buch sehen werdet.

Lehrer lernen häufig von ihren Schülern – eine Wahrheit, die ich in meinen dreißig Jahren im Klassenzimmer immer wieder bestätigt fand. Ich lernte von Mark, dass wir alle eine gute Einstellung zu Traum und Wirklichkeit haben können, ganz gleich, ob man dreizehn Jahre alt ist und zur Schule geht wie er oder ein Mann Ende fünfzig ist wie ich. Nachdem ich über ein Jahr fast täglich mit Mark an seinem Buch gearbeitet habe, erkannte ich sein einfaches Erfolgsgeheimnis. Es liegt alles an seiner Entschlossenheit. Sobald er sich für einen Sport oder ein Hobby entschließt, ist er wirklich entschlossen. Dann lernt, übt und versenkt er sich so sehr, dass der Erfolg nicht nur vorhersehbar, sondern unvermeidlich wird. Mit neun wurde er Meister im Fliegenfischen, mit elf erhielt den schwarzen Gürtel in Karate – alles dank seiner Entschlossenheit. Er erlaubt es Hindernissen einfach nicht, ihm im Weg zu stehen. Wie sonst soll man einen Dreizehnjährigen erklären, der – in einer Kleinstadt am Meer und in bescheidenen Verhältnissen lebend – beschließt Bergsteiger zu werden und innerhalb von zwei Jahren seinen Weg in die oberen Regionen des Mount Everest macht.

Am Tag nach seiner Rückkehr vom Everest 96 rief ich Mark an. Obwohl wir nur eine Meile voneinander entfernt wohnen, hatte ich nur aus Zeitschriftenartikeln von ihm gehört. Er erzählte, wie am Mount Rainier eine Schneebrücke unter ihm zusammenbrach und er in sechshundert Meter Höhe auf dem hauchdünnen Rest von Eis stehen blieb, wie er sich am Everest die Seele aus dem Leib hustete, erzählte über die Leichen von Bergsteigern, über die Besteigung der höchsten Gipfel von Südamerika, Tibet und Nepal, über die gefrorene Landschaft des Himalaya, die Schönheit eines jeden Berges und immer auch über die Freude Schritt für Schritt an Höhe zu gewinnen.

Während seine Mitschüler hofften im Basketballteam der neunten Klasse aufgenommen zu werden oder dass der Geschichtslehrer sie in die Pause entließ, führte Mark ein Leben, wie es sich nur wenige vorstellen können.

Ich wusste, dass ich dieses Buch schreiben wollte, seit ich einen Brief in der hiesigen Zeitung gelesen hatte, den er nach seinem Everesttrip 95 veröffentlichte. In dem Brief dankte er allen, die ihn auf so vielen verschiedenen Wegen unterstützt hatten. Besonders dankte er seinem Vater, der sein bester Freund sei. Er schloss mit Worten, wie sehr er seinen Vater liebe – und das von einem Fünfzehnjährigen –, in der Absicht, dass alle seine Freunde es lesen und sehen sollten!

Dieser Bericht beschreibt nur wenige Jahre im Leben eines Teenagers. Aber Marks Jugend zeigt uns, dass es für junge Menschen noch Abenteuer gibt. Und für jeden von uns.

Die meisten von uns werden niemals den Mount Everest

besteigen, aber Mark hat gezeigt, dass wir unsere Abenteuer leben können, wenn wir den Willen dazu aufbringen.

Mark, vielen Dank fürs lange Stillsitzen, so lange, bis ich deine Geschichte gehört und du mich gelehrt hast neue Abenteuer zu suchen – wie dieses Buch.

Ebenfalls Dank an:

Esmond Harmsworth von der Zachary Shuster Agentur. Stets erreichbar, geduldig und aufmerksam, sorgte er dafür, dass der Vorgang der Veröffentlichung befriedigend und reibungslos ablief.

Im Weiteren danke ich folgenden Autoren für Vorschläge und Expertisen: Bill Goetzinger, Jim Huston, Clint Hull, Carmel McGill, Arliss Ryan, Jan Shapin, David Stone, David Tournquist und Ron Potvin.

Vorwort

von Robert Jasper

Wie kommt ein Junge dazu, die höchsten Berge dieser Welt zu besteigen? Was ist so reizvoll daran, eine fast 4 000 Meter hohe, senkrecht ansteigende Wand zu erklettern? Mark Pfetzer gibt die Antwort bereits im ersten Kapitel seines Buches: Es macht einfach einen Heidenspaß.

Ich selbst war ungefähr zwölf, als ich während eines Urlaubs in der Schweiz vor der Eiger-Nordwand stand und fasziniert war von der Geschicklichkeit, mit der einige Bergsteiger diese schwierige Wand hochstiegen. Von da an war für mich klar: Da musst du rauf! Aber bevor ich diesen Traum verwirklichen konnte, musste ich ein ziemliches Stück Arbeit leisten. Denn um größere Ziele am Berg zu erreichen, braucht man vor allem zwei Dinge: eine gute Ausbildung im Klettern und viel Erfahrung. Fast täglich ging ich im heimatlichen Klettergarten üben. Dafür musste ich meinen Vater überreden mitzukommen. Ich brauchte ja einen Sicherungspartner. Mit sechzehn Jahren – ich hatte schon einige leichtere Wände durchstiegen – war ich endlich so weit. Ich konnte in die Eiger-Nordwand einsteigen. Diese Wand gehört zu den schwierigsten Klettertouren der Welt. Sie ist 3 970 Meter hoch und ein guter Bergsteiger braucht – wenn er mit einem Sicherungspartner geht – ungefähr zwei Tage, um ganz hinaufzusteigen. Das heißt natürlich, dass man mitten in der Wand übernachten muss, auf einen kleinen Felsvorsprung gekauert, ohne einen Schlafsack oder ein Zelt, denn viel Gepäck kann man beim Klettern nicht mitnehmen.

Als Sechzehnjähriger wäre ich der Jüngste gewesen, der diese Wand duchklettert hat. Weltrekord! Aber mittendrin mussten meine Seilpartner und ich unseren Versuch abbrechen. Die Verhältnisse in der Wand waren einfach zu schwierig. Der Fels war mit Eis überzogen und es wäre viel zu gefährlich gewesen, weiterzusteigen. Natürlich war meine Enttäuschung groß, aber auch das gehört zum Bergsteigen: Zu erkennen, wenn eine Situation zu schwierig ist, und es später bei besseren Verhältnissen und mit besserer Vorbereitung noch einmal zu versuchen.

Ich war dann neunzehn als ich die Eiger-Nordwand zum ersten Mal ganz durchklettert habe. Und bis heute bin ich ganze neun Mal auf immer neuen Touren durchgestiegen.

Das Bergsteigen ist für viele ein wunderbares Hobby. Mich hat es so begeistert, dass ich es als Sportlehrer, Bergführer und Profibergsteiger zu meinem Beruf gemacht habe. Aber nicht jeder muss gleich in die Eiger-Nordwand gehen oder den Mount Everest besteigen. Im Deutschen Alpenverein sind zum Beispiel 85 000 Jugendliche organisiert, die regelmäßig Klettertouren unternehmen und Bergsteigen gehen. Und für sie gilt das Gleiche wie für Mark Pfetzer: Die Erfahrung, die man braucht, um ein großes Ziel zu erreichen, erhält man nur Schritt für Schritt. Natürlich muss man körperlich fit sein und viel für sein Ziel trainieren. Man braucht viel Geduld, muss Rückschläge hinnehmen und die eigenen Fähigkeiten richtig einschätzen können. Aber man bekommt auch viel geschenkt für diese Mühen: Mark schreibt von dem einzigartigen Schauspiel der Natur, das man vom Gipfel eines Berges überblicken kann. Er erzählt von den Freundschaften, die er überall auf der Welt unter Bergsteigern und Einheimischen gefunden hat. Und er erzählt von der Freude, die er immer wieder empfindet, wenn er ein Ziel erreicht hat.

Marks eiserner Wille, sein Mut und sein Durchhaltevermögen

sind wirklich außergewöhnlich und sehr beeindruckend. Den Mount Everest zu besteigen ist ein gefährliches Unterfangen. Viele Bergsteiger lassen dabei ihr Leben. Doch Marks Botschaft richtet sich auch an alle, die sich kleinere Ziele gesteckt haben: »Gib nie auf! Wenn du etwas wirklich willst, glaube daran und du wirst es schaffen.« Dem kann ich mich nur anschließen und hinzufügen: Es macht einen Heidenspaß.

Prolog

9. Mai 1996

Wir befinden uns in einem steilen Abschnitt der Lhotse-Flanke. Eine von Camp Drei absteigende Gruppe ruft uns zu, wir sollen uns aus dem Fixseil aushängen. Ich schlage mein Eisbeil in die fünfundvierzig Grad steile Flanke und sehe, wie ein Bergsteiger und fünf Sherpas einen Akia, eine Art Schlitten, ablassen. Der eingeschnürte Schlafsack, der nur ein kleines Stück von einem Gesicht mit gefrorenem blutigem Schaum im Bart sehen lässt, rutscht an mir vorbei. »Bei Camp Drei gestürzt«, erklärt mir der Bergsteiger. »Wenn du dich da oben nicht anseilst, kannst du draufgehen.«

»Wird er durchkommen?«, frage ich.

Der Bergsteiger schüttelt den Kopf. »Nicht mit diesen inneren Verletzungen. Aber wir werden's versuchen.«

Der Wind wird stärker, während wir dem Akia weiter zusehen. Wenigstens hat er eine Chance, denke ich. Hier oben sterben viele, der Schnee fällt auf die Toten und niemand findet auch nur die Leichen. Dann, ein oder zwei Jahre später, taucht ein Leichnam aus dem Schnee auf, als ob er an die Oberfläche geschwommen wäre, noch völlig intakt, sofern die Vögel nicht daran gegangen sind. Mindestens vier oder fünf Leichen liegen so dicht neben der Spur, dass man sie sehen kann. Vielleicht sollte man sie runterbringen und anständig beerdigen. Aber es ist schon gefährlich, überhaupt zu ihnen vorzudringen. Genau wie die Rettungsmannschaft, die gerade an uns vorbei ist, würde ich alles tun, um einem lebenden Bergsteiger zu helfen. Aber nicht einem, der schon tot ist. Außerdem lässt man die Toten auch deshalb dort oben, weil man ihre Liebe zu den Bergen respektiert.

■ 10. Mai 1996

Ich hatte immer gedacht, das Schwierige am Bergsteigen wäre, na ja – das Bergsteigen selbst. Jetzt, da wir uns in großer Höhe bewegen, erkenne ich allmählich, dass all das, was wir tragen müssen, die Sache so schwer macht. Über meinen Daunensachen – Hosen, Jacke und Kapuze – trage ich Sauerstoffmaske, Sauerstoffzylinder, einen schweren Rucksack und die Schneebrille. Das Problem ist die Maske. Sie hat einen extra langen Schlauch zum Zylinder, der unter meinem Arm hindurch und um meinen Rücken herumführt und in dem ich mich laufend verheddere. Ich fühle mich vollkommen gefesselt. Außerdem liegt die Maske genau unterhalb der Augen auf, sodass die Schneebrille darauf aufsitzt und weit raussteht. Ich muss mich nach vorne beugen, um meine Füße sehen zu können. Aber sobald ich mich bücke, um zu sehen, wohin ich gehe, klemme ich den Schlauch ab und unterbreche meine Sauerstoffzufuhr. Wenn ich die Maske abnehme, um Luft zu holen oder auszuspucken, weil sich meine Erkältung ziemlich verschlimmert hat, wird das Gummi nass und in kürzester Zeit habe ich zentimeterlange Eiszapfen am Kinn hängen.

All das, während ich am Genfer Sporn über ein steiles gelbes Felsband Richtung Camp Vier queren muss: Abenteuer Höhenbergsteigen. Ich habe nicht nur Schwierigkeiten mit Sicht und Atmung, jetzt müssen wir auch noch mit Steigeisen unter den Füßen über steilen, glatten und rutschigen Fels klettern. Als ob man versucht auf Schlittschuhen eine steile Rampe aus Beton zu überqueren, nur dass sie mit schieferartigem lockerem Gestein bedeckt ist. Und beim Blick nach unten wird dir klar, dass du bei einem Sturz tausendsechshundert Meter weit über die Lhotse-Flanke runterrauschen würdest. Besser wäre es, wir trügen normale Bergschuhe mit griffiger Gummisohle. Aber selbst wenn wir sie dabeihätten, würden wir Erfrierungen an den Füßen riskieren, während wir die Stiefel wechseln. Oder an den Händen, wenn wir die Handschuhe ausziehen, um die Steigeisen abzulegen.

Geduld ist jetzt angesagt. Jabion, ein Sherpa und mein bester Freund, und ich suchen uns langsam unseren Weg, finden Tritte für die Steigeisen. Wir können hören, wie der Wind von oben kommt, so als ob jemand langsam die Lautstärke aufdreht. Uns ist klar, dass wir bald den Windschutz des Genfer Sporns verlassen werden, und die jetzt schon wild wirbelnden Schneekristalle werden wie Nadeln in der Luft sein.

Endlich verlassen Jabion und ich den Genfer Sporn und befinden uns in dem langen steilen Abschnitt. Wir sind sehr erschöpft, als in Nebel und Schneetreiben Sturm aufkommt. Uns bleibt noch ein kurzes Steilstück zum Camp Vier, das wir gut bewältigen. Ich bemerke, dass Jabion seine Überhandschuhe nicht trägt, wahrscheinlich glaubt er, er braucht sie nicht, weil wir bald im Lager sind. Der Wind ist zu laut, um ihn danach zu fragen. Es wird schon o. k. sein.

Die etwa zwanzig Zelte im Camp Vier, aufgestellt von Sherpas und Bergsteigern, stehen fast alle in einer flachen felsigen Zone. Alle Teams brauchen und haben ihre Zelte hier, letzte Zuflucht vor dem Gipfel, nochmals tausend Meter höher.

Alles oberhalb von Camp Vier gilt als »Todeszone«. Temperaturen und Winde können so feindlich sein und die Luft ist so dünn, dass man sich hier permanent in Gefahr befindet. Denken und Bewegungen werden langsam. Auch kleine Fehler wie der Verlust eines Handschuhs können den Tod bedeuten, wenn nämlich die Hand erfriert und ihren Dienst nicht leistet. Daher sind diese Zelte so entscheidend fürs Überleben. Glücklicherweise sind gleich die ersten Zelte, die Jabion und ich erreichen, unsere. Ich stolpere hinein, nehme die Maske ab und wische Eiszapfen von meinem Gesicht. Jabion murmelt irgendwas über seine Hände. Sie sind völlig weiß. Ich schreie ihn an, als wäre ich der Papa und er das kleine Kind. »Warum hast du nichts gesagt da draußen?!«

»Boah«, murmelt er. Mehr fällt ihm nicht ein. Möglicherweise Erfrierungen, das kann ihn seine Finger kosten und alles, was er dazu sagt, ist »Boah«? Ich stecke seine Hände fünf Minuten lang unter meine Achselhöhlen, ziehe ihm seine Überhandschuhe an und Jabion geht es besser. Eine halbe Stunde später ist er o. k. Nebensächlich und im Moment vergessen ist mein persönlicher Höhenrekord: 7 900 Meter.

Wenig später drängen wir uns alle in zwei Zelten zusammen: Neil, Brigeete, Michael und Graham in einem, Pemba, Pasang, Jabion, Lakpa, Ang Tsering und ich im anderen. Dreißig Sauerstoffflaschen, ein kleiner Kocher, sechs Leute in Schlafsäcken, das wird eng. Jabions Arm drückt gegen meine Schulter, auf der anderen Seite liegt Pasang, der ein bisschen stinkt. Aber so nah wir auch beieinander liegen – der Sturm, der so laut dröhnt wie ein Intercity ganz dicht an deinem Ohr, erstickt jedes Gespräch. Und so seltsam es klingt, ich bin wirklich gern hier. Mir ist relativ warm, ich habe keine Kopfschmerzen, ich kann ziemlich gut atmen und werde morgen den Everest besteigen. Ich bin bereit. Auf diesen Augenblick habe ich hingearbeitet, seit ich dreizehn bin, habe die höchsten Gipfel Südamerikas bestiegen, letztes Jahr am Everest 7 600 Meter erreicht und sehr hart trainiert, um jetzt im Camp Vier zu sein. Allen Kritikern zum Trotz, die sagen, dass ein Sechzehnjähriger nichts am Everest verloren hat, befinde ich mich in greifbarer Nähe zum Gipfel.

Irgendwie komisch, dass ich beschlossen habe mit den Sherpas zu gehen, die in den Bergen leben und als Führer, Träger und Köche für uns arbeiten. Die meisten Bergsteiger bleiben auf Distanz und haben keine andere Beziehung zu ihnen als im Zusammenhang mit ihrer Arbeit. Al Burgess machte mich mit den Sherpas bekannt, als ich vor drei Jahren zum ersten Mal nach Nepal kam, und so lernte ich, wie man ihre Häuser besucht, mit ihnen Tee trinkt und ihnen beim Lastentragen hilft. Sie haben mir beigebracht, dass Zeit nichts bedeutet, dass du dich auf deinen Tag einlässt, mit der Sonne aufstehst, isst, bis zum Abend arbeitest und ins Bett gehst, wenn es dunkel wird.

In den letzten drei Jahren habe ich gelernt, was für großartige Menschen die Sherpas sind. Jabion und ich sind sogar so gute Freunde geworden, dass ich ihm versprochen habe ihn nach diesem Trip über den Sommer mit nach Amerika zu nehmen. Das Visum habe ich schon besorgt. Und die anderen Sherpas haben ihre Bestellungen für Hüte und T-Shirts bei ihm laufen.

Gegen fünf Uhr kommt aus dem anderen Zelt Neil zu uns herüber und schreit gegen den Wind: »Henry hat gefunkt. Sagt, dass eventuell ein paar von Fishers Leuten fehlen.« Für uns ist es schon schwer genug, uns zu verständigen, uns warm zu halten und labbrige Nudeln zu essen – und da draußen in diesem Sturm sind Leute!

Bald ist Neil zurück. »Jetzt sagt Henry, dass Ray verschwunden ist!« Ein alter Bergsteiger hat mir einmal erklärt, dass einer der wichtigsten Ausrüstungsgegenstände am Everest das Funkgerät ist. Per Funk können Basislager und die über den ganzen Berg verteilten Bergsteiger wichtige Informationen über Verhältnisse und Standorte austauschen. Jetzt wird der Funkkontakt zur Rettungsleine.

Jabion und Pemba mummeln sich ein, setzen die Stirnlampen auf und gehen hinaus, um nach Ray zu suchen. Sie wollen der

Spur nach unten Richtung Camp Drei folgen und hoffen, ihn sicher im Windschutz eines Felsens zu finden. Bald sind sie zurück. »Können nichts sehen.« Jabion zeigt auf seine Lampe. Wir wissen alle, was er meint: Der Schnee fliegt waagerecht, so dicht, dass eine Lampe nutzlos ist, so wie die dunklen Gläser der Schneebrillen in der Nacht. Ohne Schneebrillen riskieren sie, die nadelscharfen Schnee- und Eiskristalle direkt in die Augen zu bekommen.

Die Nacht dauert an und wir haben keine Ahnung, was da draußen los ist. Die Zeit vergeht und uns ist klar, dass jeder da draußen mindestens neun Stunden pechschwarze Dunkelheit vor sich hat, und das bei Schnee- und Sturmböen mit Geschwindigkeiten von über hundert Stundenkilometern und einer Windauskühlung von mehr als dreißig Grad unter null. Wir dösen, wir essen, wir trinken und langsam sickern all die unausweichlichen Fragen durch. Ist es nur ein einziger Sturm? Sind die wenigen Frühlingstage, an denen eine Everestbesteigung überhaupt möglich ist, schon vorbei? Gibt es Verletzte? Tote? Keiner von uns, die wir im Zelt zusammenkauern, kennt die Antwort. Ich spüre, wie mir der Husten mehr und mehr Kraft nimmt. Ich muss bald auf den Gipfel, bevor ich meine Kraft verliere. Wir sind so nah dran – zum Greifen nah – und alles, was wir tun können, ist auf diesen verlorenen Felsen auf 7 900 Metern auszuharren, zu hoffen, dass das Tageslicht uns neue Hoffnung gibt unser Ziel noch zu erreichen.

Kapitel eins

Der Anfang

Die Personen

Christian Leiter eines Kletterkurses im ALTON JONES WILDERNESS CENTER

Geoff Tabin Abenteurer, Autor, Arzt. Weckt Marks Interesse am Mount Everest in der Kletterhalle von Rhode Island

Roger Grady Eigentümer des NEWPORT ATHLETIC CLUBS, Marks erster Sponsor

Frank Madeira Dirigent, Gründer des RHODE ISLAND PHILHARMONIC ORCHESTRA. Vermittelt Mark erste Erfahrungen im Wandern und bringt ihm gute Tischmanieren bei

August 1992

Was ist ein Karabiner? Dynamisches Seil? Statisches Seil? Wie zieht man einen Sitzgurt an? Ich bin zwölf Jahre alt und warte bis ich an der Reihe bin, einen fünfzehn Meter hohen Felsen zu besteigen. Jetzt habe ich doch Bammel. Wir befinden uns im Alton Jones Wilderness Center an der Universität von Rhode Island. Camping für Fortgeschrittene: Wandern, Zelten und jetzt ein Tag Felsklettern. Ich blinzele gegen das Sonnenlicht die Wand hinauf. Ich hätte gewettet, dass ich das ganz leicht schaffe, da einfach hinaufrenne. Aber all diese Seile. Ist wohl doch gefährlicher, als es aussieht.

Es ist alles Christians Schuld. Er ist der Leiter des Kurses und er war der Meinung, ich sollte den Fortgeschrittenenkurs machen, auch wenn ich erst in die siebte Klasse gehe und drei Jahre jünger bin als die anderen. Nicht kleiner, nur jünger. Er sagte auch, in der ersten Woche Camping sei ich gut gewesen, habe Reife bewiesen, freiwillige Arbeiten übernommen, mich bemüht, geholfen und jetzt sei ich so weit für die Fortgeschrittenen. Nun stehe ich vor dieser Wand und fühle mich alles andere als reif und fortgeschritten. Die anderen wissen nicht, dass ich erst zwölf bin, aber jetzt sieht man es garantiert!

»Du musst dich nach hinten ins Seil lehnen«, ruft Alex zu mir hoch. Leicht gesagt für ihn. Er ist so drahtig, er schwebt diese Wand hoch, als ob er über einen Strand liefe. Ich lehne mich nach hinten und versuche zu lächeln. Was für eine dämliche Methode zu verunglücken! Ich kann nicht fassen, dass meine Eltern mir das hier erlaubt haben. Ich weiß, dass der Gurt reißen wird. Es kann nicht richtig sein, sich nach hinten zu lehnen und dem Seil zu vertrauen.

Aber ich tue es. Ich finde Tritte, auf die ich meine Füße stellen kann. Und ziehe mich hoch. Bevor ich es begreife, bin ich oben! Ich bin oben! Cool sein, Mark. Hör auf zu lachen wie ein kleines Kind. Was für ein Gefühl! Das ist dieser Fels, ich wollte da rauf – und bin einfach hoch. Einfach so. Gott, macht das Spaß! Innerlich zittere ich noch immer, aber es macht Spaß.

Bis zum Abseilen. Wir gehen zur anderen Seite, um runterzukommen. Runter muss einfacher sein, richtig? Falsch. Du gehst mit dem Gesicht zum Fels, lehnst dich nach hinten, machst Schritte abwärts, gehst mit dem Körper nach unten und pendelst deinen Schwerpunkt aus, wie rückwärts vom Sprungbrett fünfzehn Meter über dem Wasser. Du musst es einfach geschehen lassen. Ein merkwürdiges Gefühl von Kontrollverlust.

Also lasse ich es geschehen. Hey Beine, hört auf zu zittern. Nehmt den Körper nach unten und geht einfach weiter. Ist doch nichts dabei. Nur noch ein paar Schritte und ich bin unten. Ich bin erst verzweifelt, dann glücklich, komme vom Tod zum

Leben. Ich schaffe es. Alles, was ich tun muss, ist mich nach hinten ins Nichts zu lehnen, ins Unbekannte, dann den Gurt spüren. Die Beine zittern immer noch, ich schnappe nach Luft, na und? Ich schaffe es.

Und ich liebe es. Irgendwas daran lässt mich nicht los. Vielleicht weil meine Arme und Beine und mein Kopf sich dabei anstrengen müssen. Vielleicht ist es deswegen. Hoch und runter – einfach, weil ich es kann.

Es ist so anders als Ballsportarten, die ich noch nie leiden konnte. American Football, Basketball, nicht einmal Baseball. Aber ich liebe die Ausdauersportarten. Wandern, Laufen, Gewichtheben. Fliegenfischen, Blaubarsch-Angelwettkämpfe, Wettkämpfe im Leinenzielwurf. Jagen.

Ich arbeite gerne auf ein Ziel hin und setze es in die Tat um. Karate, zum Beispiel. Letztes Jahr hab ich den schwarzen Gürtel bekommen – ein Haufen Arbeit, aber es hat Spaß gemacht, die Bewegungen zu perfektionieren, Geduld und Disziplin zu lernen. Genau wie beim Köderfliegen-Bauen. Geduld und Disziplin. Als ich neun war, liebte ich es, stundenlang zu sitzen und mit Fell- und Plastikstückchen zu arbeiten, sodass sie echt aussahen. Ich habe auch Fliegen für andere Leute gebastelt und sie an Anglergeschäfte verkauft.

Das Problem ist nur: Wenige Kinder in meinem Alter stehen auf Jagen und Angeln, daher sind meine Freunde alle älter als ich. Chuck beispielsweise, mein bester Jagd- und Angelfreund, ist dreiundfünfzig. Sieht komisch aus, oder? Ein zwölfjähriges Kind hängt mit einem alten Typen herum? Ich habe sogar viel Zeit mit meinem Großvater und dessen Freunden beim Angeln verbracht. Kinder in meinem Alter albern manchmal viel herum, aber mir hat das nie gefallen. Meistens bin ich mit Leuten zwischen dreißig und achtzig zusammen.

Oktober 1993

Ich bin zu jung für die Rhode-Island-Kletterhalle. Man muss mindestens fünfzehn sein. Aber ich kann unmöglich zwei Jahre lang warten. Seit ich letzten Sommer in Alton Jones klettern war, habe ich ununterbrochen über Klettern gelesen und versucht herauszufinden, wie man mehr darüber lernen kann. In der Zeitung war eine Anzeige für eine Kletterhalle in Pawtucket. Aber als ich anrief, wurde mir auch hier gesagt, man müsse mindestens fünfzehn sein. Schließlich trainiere ich in einer Halle in Waterbury, im Bundesstaat Connecticut. Meine Eltern sind bereit mich ein-, zweimal die Woche hinzufahren, aber es ist sehr weit weg, fast zwei Stunden ein Weg. Daher gehen wir eines Tages doch in die Rhode-Island-Halle, die nur fünfundvierzig Minuten entfernt ist. Mittlerweile habe ich einen eigenen Gurt und Schuhe, kenne Knoten und Sicherungstechnik, und da ich wie fünfzehn aussehe, stellen sie keine Fragen.

In einer Kletterhalle sieht es merkwürdig aus. Von außen wirkt sie wie ein normales Gebäude, was sie eigentlich auch ist. Innen aber sind die Wände vom Boden bis zur Decke gewissermaßen verbogen, mit Überhängen und herabhängenden Seilen, Kies auf dem Boden. Du versuchst die Wände hinaufzukommen, nur zehn, vielleicht fünfzehn Meter hoch, klammerst dich an kleine Griffe, die etwas aus den Wülsten hervorstehen, sodass du dich so gerade eben daran halten kannst. Kletterhallen sind nicht sehr hoch. Nicht einmal gefährlich. Da du angeseilt bist, kann man dich sicher wieder zum Boden ablassen, falls und sobald du loslässt.

Wenn du versuchst so eine Wand raufzukommen, kann sie dich allerdings in den Wahnsinn treiben. Die kleinen Dächer und Überhänge ziehen dir die Arme lang und bringen deine

Beine in die komischsten Stellungen. Und die winzigen Griffe, die die Jungs dort zurechtschrauben, sind dein einziger Halt. Du kannst dir dann vorstellen, du bist tausend Meter hoch in einer senkrechten Wand, der Wind pfeift dir um die Ohren, du hast nur die winzige kleine Griffschuppe, an der du dich festhalten kannst, während du dein Gewicht aufs linke Bein verlagern musst. Du ziehst dich über einen Überhang und gehst noch ein bisschen weiter, der Wind wird schlimmer, ein Vogel fliegt vorbei und deine Hände sind gefühllos, deine Nase juckt und du traust dich nicht sie zu kratzen (tausend Meter hoch und voll im Wind), aber es macht dich wahnsinnig. Du hast keine andere Wahl als doch loszulassen und dich zu kratzen. Also tust du es. Du lässt los.

Aber es ist o. k., es war ja nur ein Spiel. Du bist gesichert, bist in einer Kletterhalle. Du hast eben nur viel Phantasie.

■ 8. November 1993

Ich gehe immer häufiger in die Kletterhalle, merke, wie meine Arme und Beine kräftiger werden. Und die Finger werden härter und können mein Gewicht immer besser halten. Für mich beginnen die Routen wie Leitern auszusehen. Leitern, die du nur mit den verrücktesten Bewegungen hochklettern kannst, aber Leitern. Wenn du genug Geduld aufbringst die Bewegungen auszutüfteln, kommst du hinauf.

Ich sehe diesem großen hageren Kerl zu, der die Wand hinaufsteigt, als ob er an ihr klebt, als ob es eine richtig einfache Leiter wäre. All seine Bewegungen sind geschmeidig, einfach, ohne Zeit- und Kraftverlust. Ich kann nicht anders als ihm zuschauen. Jemand sagt mir seinen Namen: Geoff Tabin, ein Arzt, der schon überall auf der Welt zum Bergsteigen war. Er war sogar schon auf dem Mount Everest, ein Typ, der dir Millionen Storys übers Bergsteigen erzählen kann. Ich klettere zu ihm in die Wand und wir beginnen eine Unterhaltung. Gerade versucht er einen langen Reichweitenzug und fragt mich, wie alt ich bin. Ich probiere einen kleinen Überhang, suche einen Griff.

»Ich bin dreizehn«, presse ich hervor.

»Dreizehn!« Er ruft es so laut, dass Jimmy, der Hallenwart, verdächtig guckt. »Groß für dreizehn.« Er lacht und schaut zu Jimmy. »Erwischt worden? Schätze, *du* willst wirklich klettern.«

Wir werden gute Freunde, der Arzt, der die Wände hochgeht und der dreizehnjährige Junge. Nie hört Geoff beim Klettern zu reden auf. Jedes Mal, wenn wir uns in der Kletterhalle treffen, lerne ich etwas Neues über die großen Berge, über Nepal, Tibet, den Himalaya, die tiefen Täler, die hoch gelegenen buddhistischen Klöster, die schmutzigen armen Nepalis, die den ganzen Tag lächeln, obwohl sie zum Lächeln so wenig Anlass haben. Alles dies, während ich mich neben Geoff eine Route hochkämpfe und er redet, als säßen wir an einem Küchentisch.

Wenig später sitzen wir tatsächlich an einem Küchentisch. Meine Eltern laden Geoff und seine Freundin für einen Abend zum Essen ein. Er bringt weder Dias noch Videos mit, aber es ist, als er hätte er welche dabei, denn seine Worte lassen in meinem Kopf alle möglichen Bilder von den höchsten Bergen der Welt entstehen, von Reisen an entfernte Orte, von der Besteigung des Mount Everest. Hier sitzt ein Typ an unserem Küchentisch, dessen Abenteuer sich nach so viel Spaß anhören, und er ist obendrein Arzt, leistet wichtige medizinische Arbeit. Während sich Geoff beim Nachtisch (Schokoladenkuchen mit weißem Zuckerguss, wie ich es am liebsten mag) lachend erinnert, wie er einen Lastwagen über einen schlammigen Gebirgspass gefahren hat mit den Rädern fünf Zentimeter neben einem fünfhundert Meter tiefen Abbruch, denke ich nach und sage mir: Das machst du eines Tages auch. Wenn du so alt bist wie Geoff, kannst du genausolche Geschichten erzählen. Nur noch bessere. Und Arzt bist du dann auch.

»Du solltest es mit Eisklettern versuchen. Du bist reif für eine ernsthaftere Herausforderung«, sagt Geoff eines Abends, als wir in der Halle die Seile aufnehmen. »Mach einen Kurs in Eisklettern, wenn du richtig klettern willst.«

»Meinst du? Und wie soll ich das bezahlen?«

»Besorg dir einen Sponsor. Viele Kletterer tun das. Jemand, der dir hilft das zu bezahlen.«

»Wer sollte das sein, ich meine, einem Dreizehnjährigen was bezahlen?«

Geoff lacht. »Du willst es? Dann schaffst du es auch.«

Schnell begreife ich, Geoff hat Recht: Wenn du etwas willst, musst du dafür arbeiten, denn jemand anderes wird es nicht für dich tun. Ich finde heraus, dass der Musiklehrer meiner Tante früher mal geklettert ist, und rufe ihn an, um ihn übers Eisklettern zu fragen. Er wandert nur, sagt er, er sei zu alt zum Eisklettern. Drei oder vier weitere Anrufe und ich spreche mit einem Ausbilder für Eisklettern, der mich kennen lernen möchte. Schließlich wird es ausgemacht: Wir treffen uns im Januar in Lake Placid, nah an der kanadischen Grenze. Kosten: dreihundert Dollar. Nur eine kleine Frage bleibt übrig: Woher bekomme ich dreihundert Dollar?

Ich schreibe an Roger Grady, den Besitzer des Fitnessstudios, in dem ich trainiere, und erzähle ihm, dass ich ein Junge bin, der fit durch Klettern werden und einen Eiskletterkurs machen will, und dass der Kurs dreihundert Dollar kostet. Und ob er helfen könne. Und wie er hilft! Die gesamten dreihundert Dollar. Mit einem freundlichen Brief, in dem er sagt, wie sehr er sich freut, dass jemand in meinem Alter so viel Interesse an Fitness hat.

Ich habe das Geld. Einfach so!

November 1993

Gut, dass ich wegen dem Eisklettern so viel herumtelefoniert habe. Der Musiklehrer meiner Tante ruft mich zurück und sagt, ich sollte ein bisschen in die Berge gehen, bevor ich mit dem Eisklettern anfange. Er hat Recht. Ich lebe am Meer und habe bislang nie einen Berg gesehen. Immer nur die Kletterhalle. Weil er so ein guter Freund meiner Tante ist, will er mich mitnehmen, will mich sogar abholen. Ich erfahre erst jetzt, dass er ein berühmter Dirigent ist, Francis Madeira, der das Rhode Island Philharmonic Orchestra gegründet hat und jetzt im Ruhestand ist. Ich habe keine Ahnung, was ich von Mister Madeira erwarten soll. Ich weiß, er hat versprochen mir ein paar Berge in New Hampshire zu zeigen. Ich weiß aber auch, dass er siebenundsiebzig Jahre alt ist, das heißt, wir werden wahrscheinlich herumfahren und ein bisschen spazieren gehen. Wenigstens werde ich ein paar Berge sehen, wenn auch nur aus dem Auto.

Wie ich mich in Frank (so soll ich ihn nennen) getäuscht habe! Stell dir einen schlanken jungen Mann vor, der so schnell läuft, dass du dir ganz automatisch vorkommst wie ein kleiner Junge, der versucht mitzuhalten. Dann stell ihn dir vor auf einem steilen Wanderweg, mit einem Rucksack und einem Lächeln für jedes Lebewesen, das er dort draußen sieht. Und dann stell dir das faltige, zerfurchte Gesicht eines alten Mannes dazu vor und du hast Frank. Siebenundsiebzig! Ich dachte, mit siebenundsiebzig lässt man es ruhig angehen. Nicht so Frank. Zu jeder Gelegenheit ist er draußen in den Bergen. Zweimal jährlich wandert er drüben in den Alpen. In seinen Adern fließt kein Blut, sondern Starkstrom!

Mit ein paar anderen Bergsteigern wandern wir auf den Mount Crawford. Es ist ein klarer, kalter Tag und ich kann sehen, warum Frank das alles so liebt. Wir bleiben stehen, um die Aussicht zu genießen, die unendlich, unendlich weit hinausgeht. Ich kann fühlen, wie sich die ruhige kalte Bergluft langsam in der schwachen Novembersonne erwärmt. Eine Spur Winter ist schon über den kahlen Bäumen, ein Hauch Schnee liegt auf dem Weg. Wir erreichen den Gipfel des Mount Crawford und ich spüre, wie nach dem anstrengenden Aufstieg eine süße Müdigkeit meine Beine überkommt, spüre das Gefühl von Glück, Triumph, Sieg, ich habe es geschafft.

Von hier, wo ich stehe, sehe ich rings um uns herum nichts als Berge, manche nah, manche meilenweit weg, aber auf einmal alle für mich erreichbar. Wenn ich einen schaffe, schaffe ich sie alle. Jetzt verstehe ich, was diese Surfer am Strand bei mir zu Hause empfinden, wenn sie eine hohe Welle sehen. All diese Wogen kommen und kommen und sie wollen jede einzelne. Das ist der Eindruck, der mich überwältigt, als ich zum ersten Mal die Berge sehe: All diese Berge – und ich will jeden einzelnen!

Um den Gipfel zu feiern, bietet mir Frank heiße Fleischbrühe aus seiner Thermosflasche an. Gott, ist die furchtbar! Sie schmeckt widerlich, aber das darf ich ihn nicht merken lassen.

Ich konzentriere mich stattdessen darauf, wie sehr ich mich hier oben zu Hause fühle, genau wie die zwei Falken hier zu Hause sind, die über uns in den Aufwinden schweben. Es ist schwer zu erklären, aber ich weiß, ich habe einen Ort gefunden, wo ich in Zukunft viel Zeit verbringen will.

Später, beim Abendessen in seiner Wohnung, erzählt mir Frank über klassische Musik, über seine Frau Jean, Sopranistin an der Metropolitan Opera, die so jung starb, über Klavier und über seine Hörprobleme. Sein ganzes Leben hat er der Musik gewidmet und er kann sie kaum noch hören. Aber er beklagt sich nicht. Erzählt es nur. Ich höre die Leidenschaft in seiner Stimme, wenn er über Musik spricht, und ich stelle ihn mir im Frack vor, vor dem Rhode Island Philharmonic Orchestra, wie er nach einer großartigen Vorstellung eine tiefe Verbeugung macht. Dafür, dass wir beide gemeinsam von einer Wanderung kommen, ist das Essen ziemlich förmlich. Ich muss gut Acht geben, dass ich die richtige Gabel benutze, gerade sitze und meine »Kinderstube« zeige – anderenfalls zeigt es mir Frank. Er ist nicht wirklich pingelig, er will nur, dass man die Dinge richtig macht.

Alte Leute sind manchmal so, aber wenn du bereit bist ihnen zuzuhören, kannst du viel lernen. An einem Wochenende lerne ich über klassische Musik, die Berge, gute Tischmanieren und – am wichtigsten – wie man sich in den Bergen mit einem Rucksack bewegt. Alles von einem Mann, den die meisten Jungs in meinem Alter überhaupt nicht beachten würden, nur weil er alt ist.

Kapitel zwei

Einen Weg finden

2. Dezember 1993

Mein Vater kaufte mir *Second Ascent,* ein Buch über einen Kletterer, der seine Beine verloren hat und trotzdem noch klettert. In zwei Tagen gelesen. Berge und Klettern schleichen sich ununterbrochen in mein Bewusstsein. Ich frage mich, wie es wohl ist, an den großen Bergen zu klettern, die ich im *National Geographic* gesehen habe. Was macht man auf einem Trekk? Wie kommt man dahin? Das Weiteste, wohin ich je gereist bin, ist Kentucky.

Halb elf. Kann nicht schlafen. Ein Anzeige im *Outside Magazine* lässt mich nicht los. Nepal-Treck, drei Wochen, März, fünftausend Dollar. Würden die einen Dreizehnjährigen überhaupt mitnehmen? Ich erinnere mich, wie Geoff so viel über den Himalaya erzählt hat und wie ich mir vorgenommen habe auch dorthin zu reisen, sobald ich so alt bin wie er. Aber jetzt weiß ich, dass ich unmöglich warten kann, bis ich so alt bin wie Geoff, um Nepal zu sehen. Ich muss es jetzt tun. Aber wie bekomme ich im März schulfrei? Für drei Wochen? Und woher soll ich fünftausend Dollar bekommen? Dreihundert Dollar sind eine Sache, aber fünftausend? Meine Eltern würden mich wahrscheinlich niemals lassen. Ich versuche zu schlafen, aber die Anzeige hält mich wach wie eine Fliege, die mir um den Kopf schwirrt.

Ich gehe ins Zimmer meiner Eltern. Sie schlafen schon.

»Mom?«

»Was ist, Mark?«

»Darf ich dich was fragen?«

»Morgen, Mark. Geh wieder ins Bett.«

»Eine kurze Frage. Darf ich nach Nepal?«

Pause.

»Wohin? Nepal? Sonst nichts?«

»Diese Berge. Ich muss diese Berge sehen. Es gibt da eine Trekkingtour.«

Dann sage ich ihr, wie viel es kostet.

Wieder Pause. Ein Gähnen oder Seufzer.

»Geh wieder ins Bett.«

»Ich kann nicht schlafen. Ich denke immer nur an Nepal.«

»O.k. Wenn du das Geld auftreibst, darfst du nach Nepal. Und jetzt ins Bett.«

Fünftausend Dollar – ich? Wie soll ein dreizehnjähriger Junge das anstellen? Zu Fuß nach Nepal klingt einfacher. Den Mount Everest besteigen klingt einfacher. Sie sagt nicht Nein, aber sie hätte genauso gut Nein sagen können. Ich werde die ganze Sache vergessen, das wird sie jedenfalls denken.

Aber ich habe einen Plan. Geoff sagt, wenn man es nur wirklich will, kann man irgendwie Sponsoren finden. Ich tue Folgendes: Ich gehe die Gelben Seiten durch und suche hundert Geschäftsadressen in der Gegend von Newport heraus. Dann schreibe ich allen denselben Brief. Hier einige Auszüge:

> *Der Direktor meiner Schule ist der Ansicht, dass die erzieherische Leistung der Reise die Wirkung von drei Wochen Schulbesuch bei weitem übertrifft . . . ich werde die östliche Kultur aus erster Hand kennen lernen, Täler durchwandern, Pflanzen und Tiere sehen, die die meisten Menschen nur aus Büchern kennen . . . ich werde Verantwortung und Teamwork lernen. Obwohl ich volle Unterstützung durch meine Familie genieße, sind die Kosten für meine Eltern bei weitem zu hoch . . . ich suche nach jeder Form von finanzieller Unterstützung, egal wie klein . . .*

Ich mache einen Stapel Kopien, stecke sie in Umschläge, adressiere sie und schicke sie ab. Hundert Briefe! Sogar einer an Arnold Schwarzenegger, der gerade in Newport dreht. Ich bin so sicher Sponsoren zu finden, dass ich Alan Burgess anrufe, der den Treck leiten wird, um mehr über die Tour zu erfahren. Ein Treck ist Wandern und ein bisschen Klettern und der Flug nach Nepal dauert vierundzwanzig Stunden und, jawohl, er würde einen Dreizehnjährigen mitnehmen, wenn ich mitwill. Sobald ich will, soll ich Bescheid sagen.

Das tue ich. (Ohne einen Dollar, der mir gehört.)

■ 15. Dezember 1993

Es funktioniert! Der Brief funktioniert! Fast täglich ist der Briefträger so freundlich mir drei oder vier Briefe mit Schecks zu bringen. »Viel Glück, Mark«, heißt es in all den Briefen. Es scheint die Leute froh zu machen, dass ich etwas tun kann, was sie selbst immer machen wollten. Ich kann gar nicht glauben, dass so viele Geschäfte einem Jungen, den sie gar nicht kennen, einen Trip nach Nepal sponsern. Volle zwei Wochen lang bekomme ich fast täglich ein oder zwei Schecks, manchmal mehr, mit denen ich vor den Augen meiner Mutter herumwedele. Bevor ich es überhaupt merke, habe ich wie ein verfrühtes Weihnachtsgeschenk über viertausend Dollar auf dem Konto und dazu das wachsende Vertrauen meiner Eltern in einen Trip, den sie niemals für möglich hielten. Ich hoffe nur, ich kann all meinen Spendern genug danken. Ich rufe Al Burgess an, um die notwendigen speziellen Vereinbarungen zu treffen, um ihm zu sagen, dass ich wirklich nach Nepal fahre!

24. Januar 1994

Stell dir vor, du gehst auf einem vereisten Bürgersteig, bedeckt mit geschmolzenem und wieder gefrorenem Schnee, sodass alles uneben und voller Hubbel ist. Jetzt klappst du den Bürgersteig hoch, sodass er fast senkrecht zum Himmel aufsteigt, dann bekommst du eine Vorstellung vom Eisklettern. Mein Ausbilder ist mit mir in halber Höhe eines siebzig Meter hohen gefrorenen Wasserfalls und hat mich in der Sicherung. Es ist windig und zwanzig Grad unter null in Lake Placid, New York, wo ich meine erste Route unter freiem Himmel unternehme. Ich trete mit dem Steigeisen gegen das Eis, drei-, viermal, bevor es hält.

»Lehn dich zum Eis! Drück die Fersen nach unten!«

Genau das Gegenteil von dem, was mein Instinkt mir sagt. Aber wenn ich zur sehr auf den Zehen stehe, bekomme ich Wadenkrämpfe. Wenn ich mich nach hinten lehne, geht mein ganzes Gewicht wieder auf die Waden und es wird noch schlimmer. Der Ausbilder hat Recht. Die Frontalzacken sitzen besser, der Schwerpunkt ist besser, obwohl man das Gefühl hat, man fällt nach hinten.

Eisklettern geht langsam, man braucht Geduld. Für siebzig Meter kannst du drei, vier Stunden brauchen: Du setzt Eisschrauben als Zwischensicherungen und für die Standplätze. Dabei musst du höllisch aufpassen, dass du am richtigen Seilende hängst. Du kletterst mit Eisbeilen und Steigeisen weiter, sammelst als Seilzweiter die Eisschrauben ein, sortierst am Stand die Seile und beginnst wieder von vorn. Alles während der Wind an deinem Gesicht zerrt.

Merkwürdige Sachen können beim Eisklettern passieren. Du kannst durchs nasse Eis eines Wasserfalls brechen und ins

Wasser fallen und ertrinken. Oder, was häufiger passiert, du kannst durch »Tellereis« in ernsthafte Probleme kommen. Tellereis sagt man, wenn man das Beil sehr fest einschlägt und das mürbe Eis rund um die Haue mit einem Mal heraus- und auseinander bricht, als ob man einen Nagel in einen Teller schlägt. Bei Tellereis hast du plötzlich keinen Halt mehr. Ein erfahrener Eiskletterer, der irgendwann im Winter am Mount Washington unterwegs war, setzte eine Eisschraube und das ganze Eis ringsum war so hart und spröde, dass sich ein riesiger Teller löste. Er stürzte zweihundert Meter tief in Pulverschnee und rutschte noch vierhundert Meter weiter. Er lag drei Monate im Koma, erwachte und sprach nur noch in mathematischen Formeln, denn er war Ingenieur.

Ich bin sehr vorsichtig mit Tellereis.

Als wir uns wieder fertig machen – wir ordnen die Eisschrauben und das Seil –, bin ich überrascht, wie warm mir ist. Na ja, sollte mir auch, mit all den Polypropylen-Klamotten außen und dem Adrenalin innen. Ich sehe hinunter zu meiner Mutter und meiner Tante da unten auf dem Parkplatz, die, in Decken eingewickelt, Fotos von meiner ersten Tour machen wollen. Ihnen kann überhaupt nicht warm sein. Ich muss zugeben, ich bin froh, dass sie da sind, dass sie bereit waren mich herzubringen. Die meisten Eltern würden ihre Kinder wohl nicht mit Klettern anfangen lassen, vor allem nicht mit Eisklettern. Aber meine Eltern sagen, solange ich professionelle Ausbilder habe, gute Ausrüstung, hart trainiere und keine unnötigen Risiken eingehe, lassen sie mich klettern. Es gibt wirklich nur wenige Risiken, wenn man gut trainiert ist und Geduld übt. Außerdem glaube ich, dass mein Vater sich freut, wenn ich Gelegenheiten bekomme, die er nie hatte.

Dad war das zweitälteste von sieben Kindern; sein Vater starb an einem Sturz von einer vereisten Treppe, als Dad acht war. Großmutter blieb allein mit sieben Kindern, alle unter zehn, und einer beginnenden schweren rheumatischen Arthritis. Dad ging mit siebzehn von zu Hause weg zur Navy und hat seitdem hart gearbeitet. Er wollte, dass meine Schwester Amy und ich all die Dinge tun konnten, zu denen er nie die Gelegenheit besaß, um uns der Vater zu sein, den er nie hatte. Ich habe also großes Glück: Ich habe einen Vater, der sich um alles kümmert, was ich tue, der mir all die Erfahrungen wünscht, die er nicht machen konnte, der mich liebt, einfach nur weil ich sein Sohn bin.

Ich winke hinab zu meiner Mutter, aber sie und meine Tante laufen zurück zum Auto, um es etwas wärmer zu haben. Ich muss zugeben, dass Eisklettern mir sehr gefällt. Ich liebe das Gefühl mein Eisbeil einzuschlagen, diesen zuverlässigen tiefen Klang, den Tritt ins Eis, die Herausforderung der Routenfindung, einer natürlichen Linie hinauf über glasiges, reines Eis, die Kälte, den Wind. Ich liebe es alles.

Mein Ausbilder hat einen Haufen praktischer Tipps, zeigt mir alles: wie man zum Kraftsparen mit ausgestrecktem Arm am Eisbeil hängt, dann eine effektive Tritttechnik, sodass ich die Zacken der Steigeisen beim ersten Mal Treten hineinbekomme und nicht erst beim vierten Mal und, und, und. Nach drei Tagen Training mit ihm fühle ich mich selbstsicher, genieße sogar das Abseilen, weil man dabei praktisch das Eis hinunterturnen kann, wenn man die Zehen aufsetzt wie ein Balletttänzer. Eines ist sicher. In Sachen Nepal bin ich wesentlich zuversichtlicher als vor meinem Zusammentreffen mit dem Eis von Lake Placid.

Kapitel drei

Nach Nepal

Die Personen

Al Burgess Erfahrener Leiter von zahlreichen Expeditionen und Trekkings in Nepal

Eric und Hillary Ein junges Paar aus Los Angeles

Lapka Sherpa

Jabion Sherpa

Phurba Sherpa

Pemba Sherpa

Kami Sherpa

2. März 1994

Wenn du deine Lehrer dazu bekommen willst, dir drei Wochen schulfrei zu geben, um nach Nepal zu gehen, lass deine Mutter das Reden übernehmen. Meine sprach mit dem Vertrauenslehrer, der mit den Lehrern diskutierte, die glaubten, in drei Wochen Nepal würde ich mehr lernen als zu Hause, mir Aufgaben mitgaben und Glück wünschten. Simpel. Nichts dabei. Sofern deine Mutter gut im Reden ist. Sofern du versprichst mit dem Schulstoff dranzubleiben.

In der Schule erzähle ich nicht vielen Leuten, dass ich nach Nepal fliege. Meinen älteren Angelfreunden erzähle ich alles über den Trip, aber den Jungs aus meiner Klasse erzähle ich nur, dass ich für eine Weile weggehe. Sie fragen nicht, ich sage nichts. Will nicht, dass es aussieht, als ob ich angebe, also halte ich den Mund.

Als ich endlich starte, tatsächlich in Boston ins Flugzeug steige, winke ich meinen Eltern nicht mal zu. Sie rufen mir zu, ich solle vorsichtig sein, und winken wie verrückt und ich tue so, als ob ich sie gar nicht kenne. Sie opfern Wochen, um mich vorzubereiten, helfen mir auf jede nur denkbare Art, bringen mich überall hin, wo ich hinmuss, einschließlich zum Flughafen, und ich winke nicht einmal. Das Problem ist, ich kann nur daran denken, wo es hingeht. Alles andere ist einfach weg. Ich denke daran, nach Salt Lake City zu kommen, dann Los Angeles, dann Korea, dann Thailand, dann Kathmandu, dann Wandern und Klettern in den Bergen der Langtang-Region in Nepal.

Und vorher war ich noch nie in einem Flugzeug!

■ 3. März 1994

Was für Steigeisen benutzt du?«, frage ich Alan Burgess, den Leiter des Trecks, der während unseres Dreizehnstundenflugs von Los Angeles nach Korea neben mir sitzt. Er antwortet nicht, denn er scheint zu schlafen. Mein Freund aus der Rhode-Island-Kletterhalle, Geoff Tabin, stellt Al und seinen Zwillingsbruder Adrian in seinem Buch *Blind Corners* als große, wilde, abenteuerliche Engländer dar, die seit über zwanzig Jahren die ganze Welt bereisen und ohne Unterbrechung klettern, wobei sie durch besondere Cleverness oben in den Bergen und auch sonst überlebt haben. Darüber, wie sie Räubern entkamen und Deals gemacht haben, um zu überleben, schreibt Geoff genauso viel wie über ihre Klettertouren. Neben mir sitzt ein dünner Mann (er bleibt in Form, indem er mit Langlaufskiern die Berge *hinauf*läuft), etwa fünfundvierzig mit langem blondem Pferdeschwanz, vom Wetter und von der langen Zeit in den Bergen gegerbtem Gesicht und absolut unfähig still zu sitzen – außer im Flugzeug. Setz ihn in ein Flugzeug und er schafft es nicht, wach zu bleiben.

»Wie kommt es, dass diese Titaneisschrauben so viel kosten?« Ich kann mir nicht helfen. Die Fragen kommen einfach so aus meinem Mund. Es gibt so viel, was ich ihn fragen will.

Er macht ein Auge auf. »Kauf ein paar russische in Kathmandu. Nur sechs Dollar. Fast genauso gut.«

Wir sitzen in der letzten Reihe, gucken Filme, essen, schlafen, essen. Tun all das, was wir jeden Tag tun, nur dass wir uns die ganze Zeit zehntausend Meter über dem Pazifik befinden. Schließlich beginne ich mich zu entspannen. Von Boston sind wir zuerst nach Salt Lake City geflogen, dann am nächsten Tag nach Los Angeles, wo mehr als dreißig Sprachen über die Lautsprecher kommen und die Leute in alle Richtungen rennen und du denkst, du bist irgendwo im Ausland. Hat mich geängstigt, muss ich zugeben. Über diese Strecke muss ich alleine zurück. Kein Al, der mich wie ein kleines Kind an den richtigen Ort bringt. Ich werde es um die halbe Welt und zurückschaffen und dann am Flughafen in Los Angeles verloren gehen. Drei Monate später werden sie meine Leiche finden, nachdem ich auf der Suche nach meinem Flugzeug nach Boston verhungert bin.

»Was ist besser – Einfachseil oder Doppelseil?«

Al öffnet das andere Auge. »Doppelseil.« Al und Adrian haben an den Kalkfelsen im englischen Yorkshire klettern gelernt und beide haben seither die ganze Welt bereist. Al führt zehn Monate im Jahr Trecks durch Nepal. Er verdient nicht viel, aber er liebt die Berge, kennt die Nepalis und ihre Kultur und wirkt ein bisschen verrückt.

»Kann man Eisklettern in Kathmandu?«

Beide Augen geschlossen. »Nö.«

4. März 1994

Wir rennen durch den Flughafen von Bangkok. Al sagt mir, ich soll mich beeilen. Wir rennen so, um aus dem Flugzeug als Erste zu den Tagesräumen zu kommen. Hier müssen wir zwölf Stunden verbringen. Wenn wir einen Tagesraum mit Betten und Dusche und eigener Toilette bekommen, bekommen wir auch ein bisschen normalen Schlaf; sonst sitzen wir auf harten Stühlen in den Wartezonen. Oder wir nehmen ein Taxi nach Bangkok und verpassen möglicherweise das Flugzeug.

4. oder 5. März 1994

Ich habe keine Ahnung, welchen Tag wir haben oder auch nur, wie spät es ist. Ich war so lange in der Luft, dass mir alles verschwommen vorkommt, unklar. Wir waren zwölf Stunden in Bangkok, haben versucht zu schlafen und sind im Flughafen herumgewandert, dann wieder ins Flugzeug gestiegen für unsere letzte Etappe, noch mal fünf Stunden. Die ganze Zeit erzählt Al mir Geschichten, wie er in Peru sein Geld von Schwarzmarktdieben zurückgestohlen hat und wie er einem korrupten Offiziellen der pakistanischen Regierung zwei Wochen lang Durchfallmedikamente ins Essen gegeben hat. Im Moment habe ich keine weiteren Fragen an Al. Ich wünschte, ich hätte meinen Eltern zum Abschied gewinkt. Und wie gern wäre ich in meinem eigenen Bett. Jetzt gleich!

Al stößt mich an, als das Flugzeug eine Wendung macht. »Schau! Da ist der Everest.« Als das Flugzeug sich in die Kurve legt, kann ich in der Entfernung einen weißen Buckel sehen, der aus einer Gruppe von anderen weißen Buckeln hervorragt. Der Himalaya. Er wirkt klein und beherrschbar aus dieser Höhe und Entfernung. Ich sehe die Berge am Fenster vorbeiziehen, als wir uns Kathmandu nähern, und begreife, dass ich bald dort sein werde, bei den höchsten Bergen der Welt! In wenigen Minuten, wie es scheint, sind wir wieder auf dem Boden und rennen. Al tänzelt durch die Visumschlange, dann durch den Zoll. Die Sprachen und das Chaos der Leute sind genau wie auf dem Flughafen L. A., nur lauter, schneller. »Vergiss nicht ihnen zu sagen, dass deine Kletterausrüstung nur zum Trekken ist und nicht zum Bergsteigen.« Al schwitzt, als sie meine Tasche untersuchen – und darin sind nur zur Hälfte meine Sachen, zur anderen Hälfte Als Verpflegung für seinen Trip zum K2 später in diesem Frühling. Wenn sie ihn erwischen, wird alles konfisziert. Al müsste dann neue Verpflegung kaufen, zu sehr hohen Preisen. Und wenn sie glauben, wir wollten die Berge besteigen statt außen herumzuwandern, kostet uns das eine teure Genehmigung. Der Zöllner mustert mich kurz, winkt mich durch. Al ist hinter mir und versucht, nicht zu lächeln.

Draußen auf der Straße grapschen Kinder, die so alt sind wie ich, nach unserem Gepäck, vermutlich nur, um es in unser Hotel zu bringen, aber es sieht aus, als ob sie es stehlen wollen, so wie sie schreiend in alle Richtungen rennen. Ich will meiner Tasche nachjagen, aber Al schubst mich in ein Taxi, das in der falschen Richtung durch eine Einbahnstraße zu fahren scheint – die Leute hupen und schreien den Fahrer an, der zurückhupt und schreit, während er sich durch den Gegenverkehr schlängelt. Ich sehe andere Autos und Taxis, die tun genau das Gleiche. Das ist keine Einbahnstraße. Das hat überhaupt keine Richtung. Die Leute fahren drauflos, eröffnen ihre eigene Spur und drücken die Hupe. Vor uns sitzt eine Kuh auf der Fahrbahn. Hunde springen herum, bellend und zähnefletschend. Ein Wasserbüffel kreuzt langsam schlendernd unseren Weg. Wir fahren an Männern vorbei, die aussehen wie Indianer (nur viel kleiner) und sich mit Lasten auf dem Rücken abmühen, zum Beispiel Aktenschränke oder große Kisten oder Möbelstücke, gehalten nur mit einem Kopfgurt. Dunklere Männer, vielleicht aus Indien, fahren Fahrrad und verkaufen Bananen und Kalk und Ananas. Oder Tigerbalsam und nachgemachte Schweizer Taschenmesser. Andere Verkehrsteilnehmer sind die kleinen Typen, die Rikschas mit großen Amerikanern ziehen. Jede Hupe an jedem Auto und Motorrad röhrt wie an Silvester – ununterbrochen, auch wenn überhaupt niemand im Weg ist.

Und die Gerüche werfen mich fast um: menschlicher Abfall, Kuhmist, am Straßenrand verrottender Müll, kochendes Essen, kombiniert mit einem dichten Nebel aus Staub, Rauch und Auspuffgasen, die in heißen Wellen auf uns zukommen.

Kann das Kathmandu sein? Wo sind all die Leute, die in klarer Bergluft auf wunderschönen Teppichen sitzen? Ich registriere nur große Häuser, Staus und Gestank! Wir fahren vorbei am königlichen Palast, der schon eher so ist, wie ich es mir vorgestellt habe, wunderschöne Gebäude und grünes Gras und Bäume. Sogar hier haben sie diese merkwürdigen großen Fledermäuse, die kopfüber von den Ästen der meisten Bäume herabhängen.

Ständig laufen die Bilder von Kathmandu vor meinem inneren Auge ab, als ich später im Hotel versuche zu schlafen. Ich habe immer noch keinen blassen Dunst, wie spät oder auch nur welcher Tag überhaupt ist. Oder wann ich essen oder aufstehen sollte. Ich weiß nur, dass ich wünschte, ich hätte meinen Eltern zugewinkt und dass ich das Meer sehen und hören und riechen könnte, eine Meile von meinem Zuhause entfernt.

Der nächste Tag ist besser. Wir essen in einem indischen Restaurant *Das dritte Auge,* wo man auf Matten am Fußboden sitzt und leckeres ungesäuertes, rindenloses Brot isst. Ich treffe Eric und Hillary, die einzigen zwei anderen Trecker auf unserem Trip. Sie sind aus Kalifornien, Mitte zwanzig, und es macht großen Spaß, mit ihnen durch Kathmandu zu laufen. Die meisten Trekkingruppen sind größer als unsere, manche bis zu fünfzehn Personen. Wir haben Glück, dass wir so wenige sind.

Al hat so viel zu tun mit dem Anheuern der Sherpas und der Organisation unserer Transporte, dass ich ihn sehr selten sehe, bis er mich mit *daal bhat takari* bekannt macht. Al kennt einen Maler, Kama Lama, der komplizierte religiöse Bilder mit Blattgold und Steinstaub macht. Wir beginnen zu reden und Kama lädt uns zu Mittag zu sich nach Hause ein – ein kleines Haus mit schmutzigen Fenstern und kleinen Bänken und einer Maus, die über den Boden läuft. Wir essen *daal bhat takari,* das aus Linsen, Reis und currygewürztem Gemüse besteht. Ich habe Schwierigkeiten mit dem Curry, aber um höflich zu sein, esse ich meinen Teller leer. Kama bringt mir noch einen Teller voll, den ich ebenfalls esse – Frank Madeira wäre stolz auf meine Manieren –, und dann gibt es Büffelquark, einen wässrigen Joghurt mit Kokosnuss drin. Wir sprechen über Kamas Bilder und über die Berge und ich kehre gerade rechtzeitig ins Hotel zurück, bevor ich für zwei Tage krank bin.

9. März 1994

Al und ich hocken auf den Vordersitzen im Bus. Direkt über uns ist ein Lautsprecher, der eine Art nepalesischen Folkrock-Song herausplärrt. Die Mädchenstimme ist schrill, grauenhaft, noch verschlimmert durch die Störung des Lautsprechers. Neben uns sitzen Eric und Hillary, dahinter unsere Sherpas.

Sherpa ist so etwas wie der Familienname desjenigen nepalesischen Volkes, das am meisten mit Bergsteigern und Trekkern zusammenarbeitet. Sie leben in den Bergen und sind sehr hart arbeitende, einfache Menschen. Jabion ist unser *Sirdar* oder Trägerführer. Lakpa ist der Koch und Phurba ist sein Küchenhelfer. Pemba und Kami sind Träger und Küchenhelfer.

Es ist halb sechs am Morgen und jeder schweigt. Die Sherpas starren mich an, beobachten mich, versuchen herauszufinden, was ein Junge wie ich im Himalaya will. Ständig kann ich ihre Augen in meinem Rücken spüren. Aber es ist mir egal.

Ich habe keinen Durchfall mehr, aber ich kann nur sehr wenig essen. Jede Bewegung strengt mich an. Heute früh den Bus zu beladen schien das Schwierigste zu sein, was ich je gemacht habe. Will aber nicht jammern. Behalte es für mich. Bin zufrieden einfach hier zu sitzen und hinaus in die Welt zu schauen.

Wir kommen durch schmutzige kleine Städte, weiter und weiter weg von Kathmandu, in offenes und höheres Land. Wir sehen alle möglichen seltsamen Sachen: einen Mann mit sechs Zehen, ein Albino-Mädchen, einen umgestürzten Felsblock, um den herum jemand ein Haus gebaut hat, eine Flugzeuglandebahn mitten in der Wildnis und überall, wo am Rand der Berge etwas Erde ist, Terrassen. Die Hänge sind so steil, dass die

Bauern Teilstücke aus den Hängen ausgraben und sie flach wie eine Terrasse anlegen, sodass sie Kartoffeln, Gerste und Reis anbauen können. Jedes bisschen nutzbares Land ist überlebenswichtig und so sieht man ganze Reihen von Terrassen, die durch Fußwege verbunden sind. Aus der Entfernung sehen sie aus wie verschiedene Grüntöne eines Fleckenteppichs an den Flanken der Berge, als ob ein Riese mit der Erde gespielt und dieses saubere Muster herausbekommen hätte.

Je höher der Bus kommt, desto schmaler wird die Straße. Ich schaue aus dem Fenster und sehe tief hinab in den Abbruch. Und schaue nach oben und sehe nichts als Felsen. Aber nervös bin ich nicht. Unser Fahrer ist sehr vorsichtig, das heißt, er drückt vor jeder scharfen Kurve auf die Hupe. Aber langsamer wird er nicht, steigt nie auf die Bremse, scheint nicht im Geringsten besorgt über einen Frontalzusammenstoß mit einem Bus oder Laster. Natürlich ist nirgendwo genug Platz für zwei nebeneinander, ohne dass einer über den Abbruch gedrängt würde. Zum Beweis sehen wir die verrosteten Kadaver umgestürzter Busse. Der Fahrer mit dem irren Blick in seinen Augen drückt nur auf die Hupe und macht Tempo.

Und ich liebe es. Aus irgendeinem Grund fühlt sich mein Magen mit jeder Kurve besser. Mit jeder neuen Aussicht. Ich frage mich, wie sich die Passagiere auf dem Dach des Busses fühlen, die sich um ihr Leben festklammern, während wir hier weiterkurven, rauf und runter über Serpentinen und Bergpässe. Gott, macht das Spaß! Unser Fahrer mag verrückt sein, aber er ist schlau. Hier gibt es keine Vorfahrt. Er nimmt die Innenseite, streichelt den Berg, und falls jemand von der anderen Seite kommt, muss der andere Fahrer auf die Außenseite, zum Abbruch. Plötzlich kommt uns ein Bus entgegen. Wir kommen mühsam zum Stehen, dann fahren wir Zentimeter um Zentimeter vorbei, als ob große Elefanten sich beschnuppern. Kinder schlagen gegen die Seitenwände der Busse, um die Richtung anzuzeigen. Schließlich haben wir keine Rückspiegel.

Nach acht solchen Stunden erreichen wir die Langtang-Region: klarer blauer Himmel und eine flache, plateauartige, wundervolle Landschaft. Wir schlagen unsere Zelte auf und Al hält uns eine Gardinenpredigt, dass wir unsere Hände auch ja immer in *pinki pani* (ein rosafarbenes Desinfektionsmittel) waschen, bevor wir essen. Und da wir uns in größerer Höhe befinden, gibt er uns eine Tablette namens Diamox, die die Flüssigkeitsbalance im Körper hält und damit der Höhenkrankheit vorbeugt, die für manche Leute ein wirkliches Problem werden kann. Man kann Kopfschmerzen, Nasenbluten, und wenn es wirklich schlimm wird, Lungenödeme bekommen, an denen man sterben kann, weil sich die Lunge mit Flüssigkeit füllt. Ganz bestimmt werde ich meine Pille nehmen! (Pillen sind reine Vorsorge, genauso wie Spritzen. Bevor ich nach Nepal auch nur starten konnte, bekam ich Spritzen – einige aus Kanülen so dick wie Nägel – mitten in meinen Bauch: gegen Tetanus, Hepatitis, Meningokokken-Meningitis und Typhus.)

■ 16. März 1994

Wir wandern über eine alte Handelsstraße, die seit Jahrhunderten die einzige Verbindung zwischen den Bergdörfern ist. In den USA erinnert uns das alte Zeug, das man im Museum sieht oder als Antiquität aufbewahrt, daran, wie das Leben einmal gewesen sein muss. Und wir denken, das ist irgendwie nett, dass es das noch gibt. Aber hier sind die fünfhundert Jahre alten

Pfade noch immer die einzigen Wege, die man benutzen kann, und nicht nur ein aufbewahrtes Stück Geschichte.

Der Weg ist gut erhalten und wir können zehn bis fünfzehn Kilometer pro Tag laufen, ziemlich viel, wenn man die Höhe bedenkt und den Rucksack, den ich trage. Ich fühle mich immer noch schwach und laufe hinter den anderen her. Sherpa Pasang geht oft mit mir zusammen und dann verhalten wir uns möglichst leise und beobachten die Affen, die durch die Bäume jagen, oder wir gehen durch einen Bambuswald, wo es schwül ist und dunkel und sehr grün. Manchmal halten wir in der Teestube eines Dorfes und später fühlen wir die wärmende Sonne, während wir höher und höher in die Berge kommen.

Ich muss zugeben, es ist kein besonders harter Trekk. Besonders wenn du gegen Mittag allmählich hungrig wirst. Du gehst um eine Ecke und da – wie eine Fata Morgana in der Wüste – stehen die aufgeschlagenen Zelte und die Sherpas servieren ein gutes Mittagessen. Gegen vier oder fünf Uhr halten wir und bleiben über Nacht. Wieder stehen die Zelte bereit. Tee und Kekse werden serviert und Abendessen gekocht. Es ist, als ob dein Zuhause immer ein Stück vor dir herzieht und immer da ist, wenn du es brauchst. Die Sherpas sind immer weit vor uns, lächelnd, als wäre dies hier das Einfachste von der Welt.

Die Sherpas starren mich nicht mehr an. Jetzt necken sie mich, bringen mir ihre Kartenspiele bei und lachen, wenn sie versuchen mir Zigaretten anzubieten. Sie alle scheinen zu rauchen und sich nichts dabei zu denken, in einem verrauchten, ungelüfteten Raum zu sitzen. Geoff erzählte mir von einem Sherpa, den er bei der höchsten Zigarettenpause der Welt gesehen hat: am Everest auf 7 800 Meter. Die Sherpas müssen aber sehr gesund sein, denn sie können mit bemerkenswerten Lasten klettern, haben wunderschöne Zähne und scheinen niemals müde zu werden. Ich schon. Ich werde müde. Und ich habe Schlafprobleme. Die hätte jeder, wenn Al im nächsten Zelt liegt und so laut schnarcht, dass du glaubst, er liegt direkt in deinem Ohr. Und außer seinem Schnarchen kann ich die Glocken der Yaks hören, die die ganze Nacht wie Wecker klingeln. Yaks sind wie Kühe. Nur behaarter, hässlicher. Die Sherpas nehmen sie in den Bergen zum Lastentragen, weil sie über dreitausend Meter am besten zurechtkommen. Wir haben ein paar dabei. Sie tragen alle Glocken, die so ähnlich sind wie Kuhglocken. Aus irgendeinem Grund kuschelt sich ein Yak nachts immer an mein Zelt. Es ist, als ob ein Wecker in der Größe eines ausgewachsenen Büffels ununterbrochen neben dir losklingelt. Egal, wie windstill, egal, wie ruhig das Yak liegt, die Glocke macht andauernd einen Krach, als hätte sie eine eigene Batterie. Warum nimmt das Yak mein Zelt? Ich will es wegscheuchen, aber es lässt sich nicht von mir beeindrucken.

Abgesehen davon scheinen wir uns sehr gut zu akklimatisieren. Wenn man es »akklimatisiert« nennen will, seinen Kopf zum Haarewaschen in einen eiskalten Gebirgsbach zu stecken. Al, Hillary und Eric tun das. Ich nicht! Ich halte zwanzig Tage ohne Dusche aus, wenn ich muss.

■ 20. März 1994

Wir schlagen unser Lager in Kyangjin Gompa auf, unserem Ausgangspunkt für zwei Gipfelversuche: Naya Kamga, ein 5 864 Meter hoher Berg, und der Yala Peak, etwas niedriger. Ich merke, dass wir schon ziemlich hoch sind. Als ich in eine kleine

Teestube in Trilley Lama gehe und meine erste Cola seit langer Zeit bestelle, steigt mir die Kohlensäure in die Nase!

Al will zur Höhenanpassung als Erstes den Tsergo Ri besteigen. Er ist 5 023 Meter hoch und wir müssen etwas kraxeln, um den Gipfel zu erreichen, aber wir schaffen es – mein erster Gipfel im Himalaya. Es ist ein großartiges Gefühl, hier oben im kalten Sonnenschein zu stehen und zu wissen, dass ich so viel höher bin als alles, was ich daheim in New England je besteigen könnte. Der Mount Crawford, der einzige Berg, den ich bisher überhaupt bestiegen habe, ist unter dreizehnhundert, und der Mount Washington, der höchste Gipfel der amerikanischen Ostküste, ist noch nicht einmal zweitausend Meter hoch. Hier, wo ich stehe, wäre ich über dreitausend Meter höher als alles andere daheim, aber ich schaue auf zu so vielen Gipfeln in der Ferne, unter anderem dem Mount Everest, die sind noch einmal fast viertausend Meter höher.

■ 22. März 1994

Unser Basislager in Yala ist wunderschön, eine flache, grasige Wiese mit Bäumen und einem Bach und warmem Sonnenschein, genau wie auf den Bildern von den Rocky Mountains in der Werbung für Wohnmobile. Du weißt schon, das Lager ist aufgeschlagen, der Vater lächelt die Mutter an, während die zwei Kinder am Lagerfeuer sitzen und das treue sportliche Gebrauchsfahrzeug wartet wie ein geduldiges Yak oder so. Auf jeden Fall lohnt es sich sehr, von Kyangjin Gompa die zwei Tage hier heraufzuwandern. Was für eine Überraschung, als am Morgen Schnee auf meinem Zelt liegt! So viel Schnee, dass wir unseren Weg zum Fuß des Yala Peak durch knietiefen Schnee spuren müssen. Al, Eric, Jabion und ich, wir alle tragen schwere Rucksäcke mit Seilen, Gurten, Steigeisen und Verpflegung, die in Verbindung mit dem tiefen Schnee aus dem Yala Peak eine Herausforderung darstellen, mit der ich nicht gerechnet hatte.

■ 24. März 1994

Auf dem Rückweg, zurück durch unsere Spur, merke ich, wie schlecht mir war beim Aufstieg. Ich fühle mich viel stärker, mache sogar einen Bergab-Wettlauf mit Lakpa über eine weite Strecke des Weges. Ich kann nicht mit ihm mithalten. Ich weiß nicht, warum. Er ist so viel älter und raucht. Eigentlich müsste ich ihn schlagen können. Vielleicht, weil ich so viel lache oder vielleicht, weil er bergab die Schwerkraft auf seiner Seite hat. Er trägt schließlich eine volle Ladung schwere Küchenausrüstung, während ich nur einen leichten Rucksack habe.

Am Ende kommen wir in die Nähe von Kathmandu, zu einem See, wo die Statue des Schlafenden Vishnu im Wasser sitzt. Al erzählt uns, dass Vishnu als Beschützer des Universums gilt, und seit über fünfhundert Jahren kommen die Leute her und beten um Schutz. Die Statue ist aus Holz, aus dem schmutzigen See plätschern die Wellen dagegen und trotzdem ist sie nach all der Zeit noch erhalten. Die Legende sagt, dass große Schlangen in dem See lebten und während der Monsunfluten Menschen aßen. Noch immer kommen jeden Sonnabend hunderte von Menschen mit Blumen, um für den Schutz von Vishnu gegen die Schlangen zu beten.

Ich habe so ein Ritual noch nie gesehen. Was für ein Glück, dabei zu sein, wenn so viele Menschen eine alte Tradition noch mit demselben großen Respekt pflegen wie ihre Vorfahren.

■ 27. März 1994

Al und ich stehen auf einer lärmenden Straße in Kathmandu und sagen Auf Wiedersehen. Er gibt mir eine Liste mit Flughäfen und Tipps und Strategien für den Zoll: ein hübsches Mädchen finden, sich auf sie konzentrieren und sie beim Durchgehen beobachten. Dann bist du abgelenkt und denkst nicht mehr an den Zoll. Denn wenn die Zöllner dich Blut und Wasser schwitzen sehen, durchsuchen sie dich jedes Mal. Ich unterbreche ihn und fange an ihn nach dem Everest zu fragen, nach seinen Unternehmungen dort und wie es so ist.

»Warum?«, will Al wissen.

»Nur aus Neugierde.«

Er hat den Gipfel ohne künstlichen Sauerstoff fast erreicht, hat die ganze Erfahrung. Ich weiß nicht, warum ich ihn ausgerechnet in diesem Augenblick frage, nach der ganzen langen Zeit auf dem Trekk. Jetzt muss ich los, weil ein Kleinbus wartet, um mich zum Flughafen zu bringen.

Während ich Al Auf Wiedersehen sage, überlege ich, wie viel Spaß dieser Trip gemacht hat, wie Eric, Hillary, Al und ich so gut miteinander auskamen, wie sie mich nie wie ein Kind behandelten und wie sehr ich Nepal und die Sherpas liebe. Nur zwei Tage ist es her, da legte Jabion mir einen Kopfgurt an und eine Last dazu. Ich stolperte etwa fünfundzwanzig Meter weit, bevor ich alles dem lachenden Kami zurückgeben musste, der etwa fünfzig Pfund weniger wiegt als ich. Und in der Nacht, nachdem wir die Sherpas bezahlt hatten, ging ich hinauf ins Badezimmer und da saßen sie um drei Uhr morgens und spielten Karten um ihr hart verdientes Geld.

Wie werde ich jemals wieder in der Schule still sitzen können? Welchem Jungen meines Alters kann ich von dem wundervollen Gefühl auch nur erzählen, auf dem Yala Peak zu stehen: Das Blut strömt durch meine Adern, der Wind bläst mir in die Augen, vor mir das Reich der Berge, die bestiegen werden wollen?

Al erzählt mir gerade, wie er an einem Fixseil am Everest einer Frau nachstieg, froh, dass er beschlossen hatte hinter ihr zu bleiben, weil sie in ihren engen Hosen so gut aussah. Wenn er sie überholt hätte, wäre er direkt in eine Lawine gelaufen. Ein anderes Mal ist seine Sauerstoffmaske auf 8 200 Metern eingefroren. Und die tiefen, sich ständig verändernden Spalten des Khumbu-Eisfalls.

Während Al erzählt und der Verkehr vorbeifließt, erinnere ich mich, wie ich den Everest vom Yala Peak gesehen habe, die Schneefahne, die der Wind vom Gipfel trieb, und jetzt kann ich mir einen kleinen Punkt dort oben vorstellen, eine Gestalt, die mir mit einem Gipfelwimpel nach unten zuwinkt. Ich sehe genauer hin und erkenne, dass ich es bin, der mit dem Wimpel winkt. Ich weiß jetzt, dass ich das eines Tages sein werde.

»Hast du deine Tickets?« Al reißt mich aus meinen Gedanken.

»Jawohl. Hier.«

Wir reichen uns die Hand und ich steige in den Bus, bereit für eine Reise, die schwieriger scheint als der Everest: Ich muss den Weg nach Hause finden.

Kapitel vier

Größere Pläne

Die Personen

Thor Keiser Inhaber von CONDOR ADVENTURES. Ermutigt Mark, sich mit Expeditionen in Südamerika auf den Everest vorzubereiten.

Aaron,
Celia,
Sterling Marks Freunde aus dem NOLS-Kurs

Kenneth Pfetzer
Christine Pfetzer Marks Eltern

26. Juli 1994

Mittlerweile bin ich ein Flughafenprofi. Es ist Sonntagmorgen und ich sitze in einem Flugzeug nach Miami. Von dort geht's dann weiter nach Lima, der Hauptstadt Perus. Erst letzten Freitag um Mitternacht stieg ich aus einem Flugzeug, mit dem ich aus Wyoming kam.

Man nehme zwölf Vierzehn- und Fünfzehnjährige, gebe ihnen vier Ausbilder und lasse sie für einen Monat im Bighorn-Gebiet in Wyoming los. Natürlich gibt man ihnen geeignete Verpflegung, aber man macht es ihnen auch ein bisschen schwer mit sommerlichen Schneefällen, Gewittern, Dreitausendern, unmarkierten Wegen. Und jede Nacht wird draußen geschlafen, unter einer Plane, ganz gleich, wie nass es ist. Diese Sachen macht die Bundesschule für Naturführer (National Outdoor Leadership School, NOLS).

Dies ist zumindest ein Teil von dem, was die Bundesschule

macht. In dieser Zeit erlernt man alle möglichen Fertigkeiten: draußen kochen (jawohl, ich kann über einem Feuer Zimtkuchen backen oder wenigstens etwas, das so ähnlich aussieht), Orientierung (Wegfindung mit nichts anderem als Karte und Kompass), erste Hilfe (ich habe ein Referat über Unterkühlung gehalten) und Leben in der Wildnis.

Wyoming – oder um genau zu sein Riverton, wo ich gerade herkomme – ist der Sitz der NOLS. Ich hatte schon vor fast einem Jahr Vorkehrungen getroffen, um an einem NOLS-Kurs teilzunehmen. Seit meinen Erfahrungen im Wildniskurs der Universität von Rhode Island wusste ich, dass ich mehr Outdoor-Techniken lernen wollte, also schrieb ich mich ein. Ohne zu ahnen, dass ich bis dahin schon in Nepal gewesen sein würde. Und dennoch kamen all die Erfahrungen mit Al auf dem Trekk nicht an das heran, was wir in der NOLS gemacht haben.

Im Wesentlichen lernt man an der NOLS Dinge, die man schon kennen sollte und die einige Leute nie lernen. Zum Beispiel Essen teilen. Wir hatten computerkalkulierte Rationen. All unser Essen für den ganzen Monat war vom Computer berechnet. Am ersten Tag mussten wir es alles verpacken. Tüten über Tüten mit getrockneten Kartoffeln, Reis, Nudeln, Zucker, Zuckererbsenpaste, Süßigkeiten, Tee, Kaffee – alles genau kalkuliert. Das heißt, wir hatten nur eine bestimmte Menge auf einmal. Und alles musste geteilt werden. Was auch die meisten taten. Außer ein paar, die sich alleine etwas zu essen holten, wenn sie einmal besonders viel Gemeinschaftsarbeit getan hatten.

Führungskraft (wenigstens dem Namen nach, ich weiß schon) ist eine weitere Fähigkeit, die man sich aneignen kann. Jeden Tag hatten wir einen neuen Anführer. Das bedeutet, dass wir alle die Gelegenheit hatten eine Menge Entscheidungen zu treffen: über Routen, die wir versuchen würden, Pausenzeiten, Zeltplätze, wie die Gruppe zusammenarbeiten sollte, und – vor allem – Entscheidungen über Sicherheit. Als ich der Anführer war, stieg meine Fünfergruppe in etwa zweitausendsechshundert Metern über einen Schneegrat auf. Von unten hatte ich eine überhängende Schneewächte bemerkt, wie Schnee, der vom Dach herabhängt. Es sah ziemlich gefährlich aus und ich machte mir im Kopf eine Notiz die Wächte zu umgehen. Als wir auf dem Gipfel standen, waren wir völlig von der Aussicht begeistert und merkten nicht, wie nahe wir an der Wächte waren. Wir waren weit entfernt vom Abbruch, aber plötzlich wurde mir klar, dass wir auf etwas gingen, das nur aus fünf Meter dickem Schnee und Eis bestand und jederzeit abbrechen konnte. Und ich war der Anführer! So ruhig, wie ich konnte, versuchte ich die Gruppe zu überzeugen, dass wir ein Problem hatten, und brachte jeden Einzelnen dazu, vorsichtig zurück auf die Mitte des Grates zu gehen, wo wir in Sicherheit waren.

Manche wollten solche Entscheidungen nicht zu treffen haben, und hätten wir zum Beispiel einen Anführer gehabt, der bei Blitz und Hagel gezögert hätte, wären wir genauso schlecht dran gewesen wie in dem Moment, als wir auf die Wächte hinausgingen. Es gefiel mir, der Anführer zu sein. Nicht nur den Leuten sagen, was sie tun sollen, sondern die Gruppe organisieren und ihr helfen herauszufinden, wie man das, was man sich vorgenommen hat, am besten umsetzt.

Ich schloss Freundschaft mit Jungs wie Aaron, einem fünfzehnjährigen, rothaarigen, hageren Jungen, der genauso gern kletterte wie ich. Sterling, ein drahtiger stiller Indianer aus Colorado, wurde mir ebenfalls ein guter Freund, weil er genau wie Aaron und ich war, immer zu haben für mehr Abenteuer, mehr Klettern. Die Gruppe gewöhnte sich daran, dass wir erst nach Einbruch der Dunkelheit zum Camp zurückkehrten, weil wir jedes Mal einen neuen Gipfel fanden, den wir besteigen mussten, selbst mit unseren Siebzig-Pfund-Rucksäcken. Und Eleanor mit dem schönen Lächeln. Die meisten Mädchen wären wahrscheinlich nicht gerne das einzige Mädchen in der Gruppe gewesen. Aber sie kümmerte das überhaupt nicht. Mit ihrem langen braunen Haar und ihrer Zahnspange sah sie nicht besonders zäh aus, aber sie hatte einen stärkeren Willen als die meisten Jungs. Sie lachte nur über all die Streiche und den pubertären Unfug.

Für manche war die NOLS sehr hart. Nach einer Zehn-Meilen-Wanderung im Regen oder einer bibbernden Nacht unter einer tropfnassen Plane wollten immer welche weggehen und nach Hause, aber sie überwanden sich jedes Mal zu bleiben. Die Gruppe machte ihnen Mut und sie hielten durch, jeder Einzelne von ihnen, und am Ende waren sie glücklich. Alles in allem hat es Spaß gemacht, mit solchen Jugendlichen in meinem Alter zusammen zu sein und zu lernen, was ich wissen musste.

Was mich dazu bringt zu erklären, warum ich in diesem Flugzeug nach Peru sitze. Ich hatte in den Klettermagazinen Anzeigen von Thor Keiser gelesen und von den Reisen, die seine Firma *Condor Adventures* veranstaltet: nach Equador, Argentinien, Chile und Peru, alle mit lohnenden Gipfeln und nicht annähernd so teuer wie Nepal. Die Zeile, die mich ansprach, war: »Mit uns können Sie einige sehr hohe Berge besteigen, die ein gutes Training für den Himalaja sind, falls Sie jemals so etwas vorhaben.«

Ich habe keiner Menschenseele je davon erzählt, aber eines Tages in der Schule sah ich plötzlich Peru als eine Station auf meinem Weg zum Mount Everest. Ich saß in der Englischstunde und wir hatten unregelmäßige Partizipien oder so was und ich begann an Nepal zu denken, an den Everest. Ich konnte kaum noch still sitzen, denn alles wirkte so lebendig: der Everestgipfel, die lächelnden Sherpas, die Anstrengung in meinen Bein- und Rückenmuskeln in einem steilen Anstieg und das plötzlich anbrechende erste Morgenlicht, das den Berg herabflutete, all das ging mir auf einmal durch den Kopf. Ich musste zum Everest!

Ich wusste alles über die Höhenkrankheit, den Khumbu-Eisfall, die Misserfolgsquote, die Ausgaben, die Zeit und dass niemand unter 17 je den Gipfel erreicht hat, aber so kitschig es klingt, alles wurde mir klar. Darum sitze ich in diesem Flugzeug nach Lima. Es ist mein erster Schritt zum Everest.

Meine Mutter arbeitet – am besten erwischte man sie spätabends. Sie blickte konzentriert auf den Computerbildschirm, als ich sie fragte, ob ich nach Peru dürfte, um den Huascarán zu besteigen. »In Ordnung, wie du willst.« Sie winkte mich weg, bemerkte mich kaum. Vater war aufmerksamer. »Klasse Idee! Wie willst du das bezahlen?« Damit begann eine Diskussion, die eine Weile dauerte, weil sie erkannten, dass die Reise nach Peru ein Training für größere Touren darstellte, aber schließlich waren sie einverstanden. Dafür erklärte ich mich bereit mein Leben lang den Müll rauszubringen. Nein, im Ernst, ich musste ihnen nur versprechen meine Noten zu halten, sonst wären alle außerschulischen Aktivitäten vorbei. Bergsteigen in Peru läuft nämlich unter »außerschulische Aktivität«.

Der Everest ist noch ein kleiner, geheimer Schatten in meiner Zukunft, aber er existiert. Durch die Reise nach Nepal hat sich das Tor zu einer anderen Welt geöffnet. Jetzt muss ich lernen, wie man ihr Dach besteigt.

Kapitel fünf

Große Höhe

■ Die Personen

Javier Bergführer bei CONDOR ADVENTURES

»Butthead« Unsympathisches Mitglied von Javiers kleiner Gruppe

Inez Köchin

César Einheimischer Träger

■ 27. Juli 1994

Auf die großen Berge zu steigen ist schwierig und harte Arbeit, aber vor allem ist es umständlich. In den Vereinigten Staaten sind wir es gewohnt, bis zu einem asphaltierten Parkplatz zu fahren und auszusteigen und dann in die »Wildnis« zu gehen. Im größten Teil der Welt hat die »Wildnis« keine Anführungszeichen. Du musst hart arbeiten, allein schon um hinzukommen. In meinem Geschichtsunterricht in der siebten Klasse haben wir gelernt, dass Leute auf Pilgerfahrten heilige Plätze aufsuchen, um zu beten und so dem Himmel näher zu kommen. Alle möglichen Leute unternehmen gemeinsam lange Reisen zu diesen Orten und suchen nach geistigem Frieden. So ähnlich ist das Bergsteigen an den großen Gipfeln – eine Pilgerfahrt. Erst suchst du den Berg aus, dann überwindest du per Flugzeug, Hubschrauber oder Bus eine große Entfernung und schließlich, wenn du den heiligen Ort siehst – den Berg –, hast du noch einen langen zweiwöchigen Marsch ins Basislager vor dir. Erst allmählich, während du den Berg besteigst, kommst du dem Himmel näher. Vielleicht halten die Nepalis deshalb besondere religiöse Zeremonien ab und die peruanischen Indios beten und die Tibetaner singen – weil die Bezwinger der großen Berge Gott näher kommen.

Egal, so fühlt sich jedenfalls Peru für mich an. Eine Pilgerreise. Ich komme, um herauszufinden, ob ich beginnen kann ernsthaft über die größte Pilgerfahrt von allen nachzudenken: Mount Everest, derjenige Punkt der Erde, der dem Himmel am nächsten ist. Wie werde ich die große Höhe vertragen? Wird die alleinige Größe der Berge mich so sehr überwältigen, dass ich Angst bekomme? Wie ist es mit Gletschern? Schlechtem Wetter? Keine dieser Fragen ängstigt mich wirklich. Ich bin sehr ruhig, weil ich tief in mir drin weiß, es ist das, was ich tun soll. Ich will lernen, damit ich den höchsten Punkt der Welt besteigen und von ihm zum Himmel hinaufschauen kann.

Angenommen, man nimmt bei einem großen Einkaufszentrum das Dach ab und mischt alle Geschäfte durcheinander, sodass Kleidung neben fliegenbedeckten Fleischstücken hängt, daneben Obst- und Gemüse, daneben Zeitungen und Bücher, daneben Kisten mit Coca-Cola und Inka-Cola (– eine altmodische, gelbe, süße Limonade), nebenan kleine Radios und Walkmen und dahinein ein Haufen Leute, die durcheinander drängen und einkaufen, dann hat man die Straßen von Lima. Und aus dem Flughafen Lima herauszukommen ist noch schlimmer als in Kathmandu: Es ist schmutziger, lauter und irritierender, mit kleinen Indiokindern, die dich an den Armen ziehen und nach Süßigkeiten verlangen: »Caramelo! Caramelo!«

Jede Nacht müssen sie die ganzen Sachen wieder wegräumen. Ich frage mich, wo sie das alles hintun, was sie bei Regen machen oder Schnee oder Ladendieben, und all die Kinder, die um Caramelos betteln.

Mit Javier, Thors Geschäftspartner und mein Bergführer bei dieser kleinen Expedition, gehe ich über den Straßenmarkt.

Reiseleiter ist wahrscheinlich ein besseres Wort als Bergführer. Ein Reiseleiter, speziell bei einer Expedition in Südamerika, organisiert die gesamte Logistik – Essen, Ausrüstung, Fahrten, Zeitplan und Unterstützung vor Ort. Er muss außerdem die Routen am Berg kennen und die nötigen Entscheidungen treffen. Javier ist etwa ein Meter siebzig und wiegt nur fünfundsechzig Kilo. Aber er ist sehr tatkräftig, sehr lebhaft. Er ist in Südamerika geboren, spricht perfekt Spanisch (und Englisch), und da sein Gesicht alles, was er fühlt, widerspiegelt, kann ich beinahe raten, was er den Peruanern sagt.

■ 2. August 1994

Die Spalte, eine Kluft im Gletscher, ist mehr als einen Meter breit. Sie ist ziemlich tief, vielleicht hundert Meter, aber nicht sehr breit. Ich müsste sie überspringen können – unter normalen Umständen. Was nicht der Fall ist. Javier und ich sind im Abstieg vom Pisco, einem 5 762 Meter hohen Berg, mit dem wir uns für den Huascarán aufwärmen.

Wir sind hundemüde, denn heute waren wir auf dem Gipfel. Um drei Uhr los, Aufstieg mit Steigeisen und angeseilt, mühsam auf den Gipfel, pochende Kopfschmerzen, der höchste Gipfel, auf dem ich je war. Wir stiegen rasch ab, hielten im Camp Zwei, um unser Material, das wir dort gelassen hatten, wieder mitzunehmen und etwas zu trinken. Jetzt, auf dem Weg ins Camp Eins, ist es schon spät am Nachmittag. Javier ist hinter mir, und falls ich auf dem Gletscher ausrutsche, hält er das Seil. Ich suche nach den einzigen Spuren unserer Route vom Vormittag: den kleinen Löchern von den Steigeisen im Schnee.

Im Aufstieg war die Spalte eine Herausforderung, aber machbar, weil wir nur hinüberspringen und auf der anderen Seite landen mussten, die knapp einen Meter tiefer war als die, von der wir abgesprungen waren. Und jetzt, erschöpft wie wir sind, müssen wir wieder über die Spalte springen und natürlich einen Meter höher landen. Um es noch schlimmer zu machen, erinnert mich Javier daran, dass man dem Spaltenrand nicht immer trauen kann. Die Oberfläche sieht vielleicht sicher aus, aber die Spalte kann nach unten überhängen, und wenn du direkt vom Rand springst, kann er unter dir wegbrechen. Du weißt es einfach nicht.

Javier nimmt mich in die Sicherung, verankert sich im Eis und wartet, während ich mich auf den Sprung vorbereite. Ich atme schwer, wegen der Höhe, wegen der Aufregung, wegen der Angst. Ich werfe mich nach vorn und nach oben, bekomme ein Bein über den Spaltenrand, stoße mit dem anderen Fuß das Steigeisen in die Spaltenwand, stecke mein Eisbeil oben hinein und ziehe mich hoch und raus, alles in einer einzigen ruhigen Bewegung. O.k., vielleicht nicht so ruhig, vielleicht kämpfe ich ein bisschen, aber ich schaffe es. Ich schaue nicht in die Tiefe hinab, ich komme nicht in Panik. Ich denke nur an das, was ich zu tun habe, konzentriere mich aufs Hinüberkommen und zwinge meine müden Beine zu springen. Ich verankere das Seil im Eis und Javier wirft mir unsere Rucksäcke zu. Ich sichere ihn, während er springt. So schnell wir können, steigen wir weiter ab – Schnelligkeit ist Sicherheit, wie Javier sagt –, um vom Gletscher zu kommen, bevor die Sonne ihn gefährlich weich werden lässt. (Im Aufstieg sprachen wir mit einem vierköpfigen Suchtrupp, der einen Bergsteiger suchte. Der Mann war seit dem Morgen des Vortags nicht mehr gesehen worden und der Suchtrupp glaubte, er könnte in eine Spalte gefallen sein. Sie baten uns die Augen offen zu halten.)

Ein Sprung über eine Spalte dauert alles in allem vielleicht neunzig Sekunden, wenn überhaupt, aber er sagt dir viel über das Bergsteigen. Du bist in einer schwierigen Situation mit wenig Zeit zum Überlegen, aber du musst einen Weg finden, musst geduldig und korrekt agieren, ohne deinen jammernden Körper zu beachten, der es natürlich lieber leichter hätte. Und das tust du nicht ein- oder zweimal pro Woche, auch nicht ein- oder zweimal pro Tag, sondern vielleicht vier- oder fünfmal am Tag, vier- oder fünfmal in der Stunde. Und niemand außer dir selbst zwingt dich dazu, aber du weißt einfach, du liebst es, dort zu sein.

Ich weiß nicht, warum, ehrlich. Scheine die gemischten Gefühle zu mögen beim Abstieg vom Pisco im Nachmittagslicht. Ich möchte langsam gehen, weil ich einen klopfenden, brutalen Kopfschmerz habe, ich bin dehydriert und meine Knie sind so steif und müde, dass ich mich kaum rühren kann. Gleichzeitig will ich schnell zu heißem Essen und einem trockenen warmen Schlafplatz. Im Moment fühle ich mich nicht sehr wie ein Pilger.

Nach einer ruhelosen Nacht (und Haferflocken zum Abendessen) im vorgeschobenen Basislager stolpern wir hinunter zum Basislager, wo wir in unseren schweren Daunenjacken bei zwanzig Grad plus frösteln, während alle anderen in T-Shirts herumlaufen. Warum ist uns so kalt? Auf sechstausend Meter verbrennt ein Mensch, der sitzt, genauso viel Kalorien wie jemand, der auf Meereshöhe trainiert. Pustend und schnaufend sind Javier und ich zum Gipfel des Pisco gestiegen und haben dabei alle wärmenden Kalorien in unserem Körper verbraucht. Nach reichlich Essen und einer Pause können wir unsere Jacken ausziehen und in der Sonne herumlaufen und uns aufwärmen.

Während wir durch das kleine Dorf in der Nähe des Basislagers laufen, wiederholt sich immer wieder die gleiche Szene.

Javier trifft einen Dorfbewohner, meistens jemand Älteren, spricht schnell auf Spanisch, zeigt auf den Pisco, lächelt und zeigt auf mich. Dann sehen sie wieder zu mir und einen Moment später beginnen sie zu lächeln und nicken, als ob sie dem zustimmen, was Javier gesagt hat. Schließlich frage ich ihn, was los ist.

»Ich frage sie, wer wohl der jüngste Mensch ist, der je auf dem Pisco war. Sie wissen es nicht. Also frage ich sie, ob es schon mal ein Vierzehnjähriger geschafft hat. Sie sagen Nein. Vielleicht achtzehn, vielleicht siebzehn. Sieht aus, als wärst du mit Abstand der Jüngste.«

Ich bin verblüfft. Ich bin nicht los, um am Pisco einen Rekord aufzustellen. Deswegen bin ich nicht hier. Ich will klettern. Ich will auf diese Berge. Es ist eine Pilgerfahrt. Ich muss allerdings zugeben, dass Rekorde nicht schaden können. Rekorde können eine ziemliche Reklame sein. Ich sehe hinauf zum Gipfel des Pisco, der so weit über uns in den Himmel ragt, und plötzlich fühle ich mich sehr stark. Niemand in meinem Alter war je da oben außer mir!

Und genauso schnell bin ich wieder auf dem Boden, als ein Mitglied des Suchtrupps vom Vortag Javier berichtet, dass der vermisste Bergsteiger tot ist. Sie haben ihn am Morgen gefunden. Merkwürdigerweise trug er seinen Pass und sein Visum mit sich. Dann erzählt der Mann Javier, dass an einem Gipfel in der Nähe noch sechs andere gestorben sind. Zwei sind in eine Spalte gestürzt und eine Viererseilschaft ist zusammen abgestürzt. Zur gleichen Zeit, als ich auf dem Gipfel des Pisco stand und mein Herz im Triumph schlagen spürte, hörten sieben andere Herzen für immer zu schlagen auf. Diese Bergsteiger taten genau das Gleiche wie ich. Na ja, fast das Gleiche. Hätte ich auch sterben können? Wie einer von ihnen? Ich glaube nicht. Ich glaube wirklich nicht. Ich bin zu vorsichtig. Auch als ich über die Spalte sprang, wusste ich, es war o.k. Als ich über die steile Gletscherpassage aufstieg, wusste ich, ich würde es schaffen. Es war hart, ich wurde müde, aber ich wusste, ich würde es bis oben schaffen, wusste, ich würde es auch wieder runterschaffen. Die sieben Toten beeindruckten mich nicht sehr. Vielleicht weil ich die gefrorenen, zerfetzten Leichen nicht sehe oder niemand von ihnen oder von ihren Familien kenne. Die sieben Toten sind beinahe wie ein schlimmes Gerücht, das ich vergesse und aus meinem Gedächtnis streiche, damit ich mich auf den Huascarán konzentrieren kann, knapp tausend Meter höher als der Pisco.

■ 4. August 1994

Für mich heißt er *Butthead,* denn das fällt mir jedes Mal bei ihm ein – auf all meinen bisherigen Bergreisen der Erste, den ich treffe und den ich absolut nicht ausstehen kann, einfach ein egozentrischer Armleuchter der übelsten Sorte. Nach dem Pisco gehen Javier und ich nach Huaráz, wo wir dieses neue Mitglied des Teams für den Huascarán treffen. (Ich werde ihn John nennen.) Wie sich herausstellt, soll ich ein Hotelzimmer mit ihm teilen und da beginnt schon der Ärger. Als ich hereinkomme, sind seine Sachen über den ganzen Raum verteilt, unter anderem kleine Tüten mit grünen Blättern und weißem Pulver. Javier und ich treffen ihn schließlich beim Abendessen. John setzt sich zu uns, der typische Alpintyp mit Bart und abgetragener Kleidung und ebensolchen Schuhen. Am Nachbartisch sitzen, nebenbei bemerkt, zwei Amerikanerinnen ruhig beim Essen. Nach etwa fünf Minuten Tischgespräch beginnt John zu lachen und sagt, so laut dass die zwei Frauen es hören können: »Habt ihr auch schon von diesem Deppen gehört, der mit Pass und Visum aufgestiegen und oben umgekommen ist?«

»Entschuldigen Sie, das war mein Mann.« Die Amerikanerin funkelt John an. »Und ihr Vater.«

Butthead sagt kein Wort. Sitzt nur da. Keine Entschuldigung, nichts. Wir alle sitzen da, verlegen, gespannte Stille, bis er plötzlich aufsteht und einfach hinausgeht. Javier und ich entschuldigen uns bei den zwei Frauen, sagen ihnen, wie mies wir uns fühlen wegen dem Tod ihres Mannes, essen so schnell wie möglich auf und gehen. Heimlich schaue ich ein paar Mal zu Mutter und Tochter hinüber und sehe den erstaunten Ausdruck des Schreckens in ihren Gesichtern, das übrig gelassene Essen vor ihnen, und ich erkenne, dass die sieben Bergtoten kein bloßes Gerücht sind, das ich übergehen kann.

Draußen wartet Butthead auf uns, lächelt, als ob nichts gewesen wäre. Er will, dass wir mit ihm in eine Disko gehen. Javier und ich sagen Nein, wir brauchen unseren Schlaf für eine bestimmte Sache, kein Interesse an etwas anderem.

Mein Schlafbedürfnis kümmert Butthead nicht. Gegen ein Uhr nachts trommelt er gegen die Tür und beschwert sich lautstark, dass der Hotelbesitzer ihm verboten hat jemand mit ins Hotel zu nehmen, den er gerade getroffen hat. Er weckt mich aus tiefem Schlaf. Aber das ist ihm egal. Genau wie die Bemerkung über den Mann, der gestorben ist. Ich bin hellwach jetzt, so wütend, dass ich ihm in sein dummes Gesicht schlagen will. Dann wird mir klar, dass ich zwei Wochen lang mit diesem Typen auskommen und bergsteigen muss.

5. August 1994

Ein langer Tag, zum Großteil eine nicht enden wollende Warterei in einem Ort namens Musho. Geht es um Genehmigungen? Vorräte? Unseren Bus? Wir sind nicht sicher, was der Grund ist. Javier und ich unterhalten uns, gehen spazieren, ignorieren Butthead, der die ganze Zeit auf dem Zeug rumkaut, das in diesen Tüten im Hotel war.

Schließlich beginnen wir unseren Marsch durch wunderschöne Eukalyptuswälder und über einen freien Bergrücken, nähern uns dem Basislager in 4 250 Meter Höhe. Mittags halten wir an: eine Dose Sardinen, Brot, eine Banane und warmes Wasser – Brrr! (Wir essen oft Sardinen, weil sie sich gut transportieren lassen, aber sie sind ölig und schwer, ich bin echt nicht scharf drauf, jemals wieder eine zu Gesicht zu bekommen.

Die Basislager im Hochgebirge sind immer gleich, ganz egal, wo sie stehen. Man sitzt ziemlich viel herum. Dein Körper akklimatisiert sich, gewöhnt sich an die Anforderungen größerer Höhen. Je höher du kommst, desto dünner ist die Luft. So ähnlich wie Vollmilch und H-Milch. Wenn du gewohnt bist Vollmilch zu trinken, dann wird H-Milch dir scheußlich schmecken, beinahe wie Wasser. Du brauchst eine Weile, um dich daran zu gewöhnen. Genau so ist es mit der Luft. Je höher du kommst, desto weniger Sauerstoff enthält sie. Wenn dein Körper die Luft auf Meereshöhe gewöhnt ist, braucht er eine Weile, bis er sich an die Luft weiter oben gewöhnt hat. Wenn man sich beim ersten Aufenthalt in größeren Höhen zu schnell und zu viel bewegt, bekommt man Kopfschmerzen und langsam wird einem schlecht. Wenn man sich langsam akklimatisiert, aber nicht so langsam, dass man sich zu Tode langweilt, dann kann man auf immer größere Höhe ansteigen. Man muss sich aber jedes Mal neu akklimatisieren und dem Körper Zeit geben, immer darauf achten, wie aktiv man ist und wie der Körper darauf reagiert. Wenn nicht, erwischt die Höhe dich jedes Mal.

Inez, unsere Köchin, spricht kaum Englisch, aber sie hat ein Spanisch-Englisch-Wörterbuch, das ich beim Herumsitzen im Basislager zu benutzen versuche. César, ein einheimischer Führer, der mit uns gehen wird, lacht über meine schreckliche spanische Aussprache, aber egal, ich lerne noch. Ein Basislager lehrt mich jedes Mal Geduld. Ich kann den riesigen Huascarán vor mir sehen, spüre seinen Spätnachmittagsschatten und mein Körper ist wie ein junger Hund, der rauswill und spielen, der es nicht abwarten kann, den Gletscher raufzulaufen und auf den Gipfel zu kommen. Javier und Inez sind da, um mich zu bremsen, und ich sitze herum und höre ihnen zu und oder lese weiter in dem Spanisch-Englisch-Wörterbuch.

6. August 1994

Ins Camp Eins. Über große abschüssige Felsplatten hinauf in den schweren Doppelstiefeln, die wir tragen müssen, das ist so ähnlich wie über steilen Beton in Skistiefeln – mit einem schweren Rucksack. Camp Eins. Klingt, als wäre es fertig eingerichtet. Klingt, als wären dort Zelte und vielleicht ein Holzzaun und ein Schild mit der Aufschrift »Camp Eins«. In Wahrheit ist es nur ein leerer Platz auf dem Gletscher, ungefähr dort, wo andere Bergsteiger vor uns wahrscheinlich ihre Lager aufgeschlagen haben. In diesem Fall gibt es keinerlei Spuren der vorherigen Lager. Der Gletscher ist ständig in Bewegung und das, was wahrscheinlich mal flach war, ist jetzt ziemlich steil. Daher müssen wir uns Camp Eins ausdenken. Das heißt, wir müssen aus dem Schnee Plattformen für die Zelte ausheben: einen Platz ausgraben und festtreten, groß genug für ein Zelt und klein genug, dass er das Zelt vorm Wind schützt. Lustiges Gefühl, im kalten Wind Schnee schaufeln, fünftausendsechshundert Meter hoch auf dem Gletscher, dann in den Schlafsack rollen – zusammen mit Sonnenschutzcreme, Essen, Wasser, Stiefeln und Brille, sodass nichts davon einfriert. Ich versuche einzuschlafen, klappere in meiner Daunenkleidung und meinem dicken Schlafsack vor Kälte mit den Zähnen, liege fröstelnd in einem ungeheizten Zelt auf einem Gletscher hoch oben am höchsten Berg von Peru und denke: Dies sind meine Sommerferien und alle meine Klassenkameraden sind beim Surfen am Strand.

■ 7. August 1994

Jetzt kommt der schwere Teil. Die steile Eispassage. Du musst die Seiten deiner Steigeisen in das Eis rammen und mit leicht angewinkelten Knien gehen. Unsere Seilschaft – Javier, Butthead, César, ich und zwei Helfer – müht sich das steile Eis hinauf, schwer beladen mit all unserem Material für Camp Zwei, als wir eine überhängende Eiswand erreichen. César und Javier klettern hinauf, befestigen zwei Seile im Eis, und wir jümarn nach. Das heißt, wir haben jeder ein Seil und zwei kleine Werkzeuge, um da hinaufzukommen. Erst schiebst du den einen Jümar hinauf, der sich bei Belastung nach unten am Seil festklemmt, dann tust du das Gleiche mit dem anderen Jümar und der anderen Hand. Du hangelst dich so lange weiter, bis du oben bist. In diesem Fall sind das zwei Meter.

Versuch mal Folgendes: Stell eine Leiter an ein Haus oder ein Gebäude, ganz dicht an die Wand. Klettere die Leiter *an der Innenseite* hinauf. Jetzt stell dir vor, die Leiter wäre aus Eis. Und du musst da hochkommen, indem du dich an diesen Jümarklemmen hinaufziehst, mit dem ganzen Gewicht an deinen Armen, und dabei hackst du die Steigeisen ins Eis, um das Gleichgewicht zu halten. Und jetzt das Beste: Stell dir vor, die Leiter ist auf sechstausend Meter und du kannst gar nicht anders als hinuntergucken zum Weiß und Blau des Gletschers, zur grünen Landschaft und den Dächern eines entfernten Dorfes, die als kleine Punkte zu erkennen sind, und du weißt, dass fünf Leute darauf warten, ob dir jetzt die Düse geht.

Schaffst du das? Natürlich schaffst du's. Du musst!

Tatsächlich schafft es jeder. Sogar Butthead – auf seine ganz besondere Art und Weise. Er muss seinen Rucksack aufbehalten, um uns Schwächlingen zu zeigen, wie ein Mann klettert. Das geht fast schief, beinahe kippt er nach hinten über und ringt in der dünnen Luft um Atem. Wir Schwächlinge ziehen unsere Rucksäcke am Seil hinterher und lachen nur über Buttheads Versuch seine Männlichkeit zu beweisen.

Jetzt befinden wir uns auf einem langen Gratrücken in Richtung Camp Zwei. In wundervollem Sonnenschein passieren wir große zerborstene Gletscherbrüche, dann bauen wir das Lager auf, heben wieder Plattformen aus dem Schnee, schmelzen Schnee zu Trinkwasser (in dieser Höhe muss man jeden Tag sieben, acht Liter trinken, um hydriert zu bleiben), kochen auf dem Gletscher, tun all das, was berühmte Bergsteiger tun! Und ich befinde mich auf sechstausend Meter, höher als ich je war, höher als manche Flugzeuge fliegen. Ich habe zwar leichte

Kopfschmerzen und jede körperliche Anstrengung lässt mich schnaufen, als ob ich rennen würde, aber alles in allem geht es mir gut! Ich schaff das!

■ 8. August 1994

Gipfeltag. Vier Uhr aufstehen. Ich ziehe drei Schichten Kleidung an. Alle anderen sind am Packen. Ich ziehe mich immer noch an. Hab ich zu viel an? Bin mir nicht sicher. Javier hat es eilig. »Komm schon. Lass uns losgehen.« Ich habe keine Fäustlinge an, nur Fingerhandschuhe. Taube Hände in der dunklen Kälte. Wir überwinden steile Stellen in der Dunkelheit. Ich muss anhalten und die Fäustlinge aus dem Rucksack holen. Javier wärmt meine Hände. Wir gehen in Kehren über Gletscherspalten. Javier und ich bilden eine Seilschaft sowie Butthead und César. Jede Seilschaft wählt ihre eigene Route, je nach Ausdauer und Gelände. Unsere Stirnlampen finden Anhaltspunkte: Bambusstöcke mit roten Fähnchen, die von anderen Bergsteigern gesetzt wurden. Das Eis wirkt hellblau, während die Dunkelheit sich zur Dämmerung abschwächt. Dann wumm!, kommt die Sonne über einen Berg und ihre Strahlen treffen mein Gesicht. Mehr Sonnenschutzcreme. Wärmer. Kehren und noch mehr Kehren. Nach jeder einzelnen denke ich: Das war's. Wir sind oben. Das muss der höchste Punkt sein.

Ist es aber nicht. Wir steigen weiter. Das Atmen wird schwerer und schwerer. Genau wie am Ende eines Zehntausendmeterlaufs, wenn du auf den letzen fünfhundert Metern anziehst. Du bist schon fast da und willst maximalen Einsatz. Nur dass es hier noch weitergeht. Endlich der Gipfel? Nein, wieder nur ein

Punkt, der fast genauso hoch ist. Falsche Gipfel nennt man so was. Wir torkeln. Einsatz von Steigeisen, Skistöcken, Eisbeilen. Javier ist erschöpft, alle sind am Schwanken. Ich sehe hinauf zu Butthead, der genauso schnauft wie der Rest von uns, und denke daran, was er letzte Nacht in Camp Zwei zu mir sagte. »Hab gehört, du willst zum Everest. Du glaubst, du nimmst einfach einen NOLS-Kurs, kommst hierher und dann zum Everest?« Dann kam sein übliches sarkastisches Lachen und er drehte sich im Schlafsack von mir weg. Und ich war entschlossener als je zuvor den Gipfel zu erreichen. Vierzig Minuten steigen wir, und fünf Minuten Pause. Noch mal vierzig, wieder fünf Minuten Pause. Jedes Mal, wenn wir scheinbar nah dran sind, lacht der Berggott uns aus: Nein, das ist noch nicht der Gipfel, ihr müsst noch ein Stück weiter.

Und dann sind wir da: 6 768 Meter über dem Meeresspiegel. Der höchste Punkt Perus. Aus irgendeinem Grund tut mir nichts mehr weh. Meine Atmung wirkt normal. Ich bin zu erschöpft für einen großen Freudenausbruch, aber ich schreie laut und umarme Javier. Wir wickeln unsere Gipfelfahnen aus, machen Fotos und pinkeln auf den Gipfel. (Viele Leute pinkeln auf jeden Gipfel, den sie besteigen. Als ob sie ihre Marke hinterlassen. Selbstverständlich gibt es da ein Erfrierungsrisiko, an das ich nicht mal denken will.) Anders als am Pisco weiß ich diesmal, dass ich der Jüngste aller Zeiten auf dem Gipfel bin, und spüre, wie eine große Energie meine Müdigkeit überzieht. Ich sehe herab auf die Cordillera Negra, eine staubige Gebirgsgruppe in der Entfernung, und möchte sagen, her damit, her mit all den Bergen, ich schaff sie alle!

Wir beginnen unseren Abstieg und in dem Moment beginnt es zu schneien. Javier lässt mich vorgehen, was bedeutet, ich suche den Weg, bestimme das Tempo. Ich bin der Boss! Das erste Mal, dass ich so viel Verantwortung trage. Genau wie am Pisco. Ich würde gern schnell gehen, runterkommen, Pause machen, essen, warm werden, aber ich weiß es besser. Wir müssen aufpassen. Ein Ausrutscher auf dem Gletscher hat für erschöpfte Bergsteiger schon oft den Tod bedeutet. Bald überdeckt der Schnee die Steigeisenspuren, aber ich weiß, dass ich uns über den richtigen Weg führe, weil ich die Bambusstöcke ohne Schwierigkeiten finde, und ich führe uns durch immer stärkeren Schneefall ins Camp Zwei. Wir packen unser Material zusammen und gehen weiter, den steilen Gletscher hinab in die Nähe der Eiswand.

Einmal höre ich, wie Javier hinter mir zu Butthead ruft: »Nimm das Eisbeil in die obere Hand!« (Es ist übliche und anerkannte Praxis, dass Bergsteiger ihr Eisbeil in der bergseitigen Hand tragen. Wenn man ausrutscht, wirft man sich zur oberen Hangseite auf das Eisbeil, versenkt es so im Schnee und hält sich fest.) Ich drehe mich um zu Butthead, der mit dem Eisbeil in der talseitigen Hand zu Javier herumfuchtelt. »Keine Bange«, sagt er, »ich habe keinen NOLS-Kurs gemacht. Du brauchst mich nicht hätscheln.« Butthead schlägt wieder zu.

Wir seilen ab über den Überhang. Kurz vor dem Abbruch stoße ich aus Versehen Javiers Skistock um und er fällt in eine Spalte weiter unten. Javier schreit mich an wegen meiner Unachtsamkeit. Ich hab's versaut, gebe es zu, entschuldige mich, lasse ihn reden. Wir sind an einem gefährlichen Ort und haben keine Zeit für Analysen. Ich kann das sowieso nicht erklären. Wir steigen einfach ab und gehen weiter. In fünf Minuten ist alles vergessen. Alles, was ich jetzt will, ist ein sicherer Abseilpunkt, sicheres Abseilen, sicherer Abstieg zum Camp Eins, wo wir die Zelte aufstellen, Haferbrei essen und schlafen können.

■ 9. August 1994

Ich wache auf und mein Gesicht ist nass. Hab ich die ganze Nacht gesabbert? Mein Gesicht ist voller Bläschen: Backen, Stirn, sogar die Oberlippe. Ich komme aus meinem Zelt und Javier und César sehen mich an, dass ich mir vorkomme wie Frankenstein. Ich hatte Sonnenschutz genommen – Faktor 50 –, aber nicht genug, und für den Rest des Weges hinab zum Basislager habe ich das hässlichste Gesicht des ganzen Berges.

Im Basislager brechen wir – wie gewohnt – zusammen wie Kriegsheimkehrer. In den drei Tagen, die wir am Berg waren, ist das Lager gewachsen. Fast siebzig Leute, die verschiedene Routen am Huascarán machen wollen, inklusive ein Pfarrer und zwanzig Schüler, die bergsteigen und predigen wollen. Das Basislager ist eine kleine Stadt geworden und alle siebzig Einwohner scheinen auf mein Gesicht zu starren, als wir zu unseren Zelten kommen.

Inez bedeckt mein Gesicht mit Salbe und ich liege im meinem Zelt, lese im Spanisch-Englisch-Wörterbuch und halte mich von der Sonne und den Blicken fern. Inez kocht ein wundervolles Mahl, das sooo gut aussieht, aber ich kann es nicht essen wegen des Sonnenbrands auf meiner Oberlippe. Ich sitze trotzdem dabei, in einem Kreis mit Javier, Butthead, César und Inez. Butthead bittet mich ihm die lange dünne Salami zu reichen, von der alle außer mir essen. Im Wörterbuch ist mir das spanische Wort für Penis aufgefallen, *pene,* und ich kann der Gelegenheit zu einer kleinen Rache nicht widerstehen. Ich gebe ihm die Salami und vollkommen ernst sage ich: »Pene.« Worauf er antwortet: »Danke.« Alle prusten los. Alle außer Butthead. Offensichtlich kann er kein Spanisch.

■ 12. August 1994

Der junge Rekordbergsteiger, der gefeierte junge Held der alpinen Szene kehrt stilvoll von seinem jüngsten Triumph zurück. Wie? Hinten im Bus, auf dem Fußboden, neben dem Klo, eingequetscht zwischen Coca-Cola-Kisten, den Rücken gegen den Rucksack verrenkt. Acht Stunden sitze ich so, kann mich nicht rühren und nicht hinaussehen. Es war der einzige Platz, den ich bekommen konnte.

Unsere Busfahrkarten nach Lima, lang im Voraus bezahlt und reserviert, wurden zweimal verkauft – eine normale Methode die Einnahmen zu verbessern, wie wir feststellen. Wir weigern uns aus dem Bus auszusteigen; die Leute auf den Sitzen, die wir bezahlt haben, weigern sich aufzustehen. Eine Stunde vergeht und alle übrigen Passagiere schreien uns an. Der Fahrer – der, der unsere reservierten Tickets verkauft hat – tut uns schließlich einen großen Gefallen: Wir dürfen mitfahren. Ich lande auf dem Fußboden, rutsche hin und her zwischen Cola-Flaschen, neben mir strömt der Klogestank auf mich ein, mein Gesicht ist immer noch eine einzige Masse von Bläschen. Der Gipfel des Huascarán scheint Jahre hinter mir zu liegen. Alles Teil der Pilgerfahrt, sage ich mir. Alles ein Teil von dem, was ich tun werde. Und als der Bus in Lima einrollt im grauen Licht der Dämmerung und ich mich mühsam vom Boden des Busses erhebe, fühle ich mich so glücklich – steif, muskelkatrig, voller Bläschen, stinkend, erschöpft, aber so glücklich dort zu sein, wo ich bin.

Kapitel sechs

Es wird anstrengend

Die Personen

Nel Poisson Trainer, der für Mark ein individuelles Fitnessprogramm entwickelt

2. Oktober 1994

Du willst also auf den Everest, frage ich meinen Körper, und du glaubst, du schaffst das? Dann nimm das. Und ich renne die Treppen rauf. Die Krankenhaustreppen. Ich renne acht Treppen rauf. Ich renne acht Treppen runter, in meinen neuen Shorts, die auf jeder Seite mit gut zwei Kilo beschwert sind. Mindestens eine Stunde lang. Drei schnelle Runden rauf und runter, dann eine langsame. Gegen zehn Uhr abends, wenn niemand die Treppen benutzt, nach meinen Hausaufgaben. Bei mir zu Hause gibt es keine Berge, die man besteigen könnte, also habe ich die Erlaubnis auf den Treppen des höchsten Gebäudes in der Umgebung zu rennen – dem Krankenhaus von Newport. Manchmal beobachtet mich jemand durch das kleine Fenster in der Tür zum achten Stock, wie jetzt auch. Er ist eingesperrt in der Beobachtungsabteilung der Psychiatrie, guckt raus und sieht, wie ich über die Treppen schnaufe und keuche, in die Nähe seiner Tür komme und dann umdrehe und runterrenne, zurückkomme und nach Luft schnappe, bis kurz vor seine Tür komme, wieder nach unten renne, dann ein drittes, viertes, fünftes, sechstes Mal, immer lauter schnaufe, wie Schweiß von meinem Kinn tropft und ich immer erschöpfter aussehe und immer noch renne. Ich beobachte, wie er mich beobachtet. Er wird sich fragen, warum er eingesperrt ist, während ein offensichtlich gestörter Mensch die Treppen rauf- und runterrennt wie ein Hund, der dem eigenen Schwanz nachjagt. Er könnte mich der Schwester melden, sie würde mich einsperren wollen. Sie würde es erst recht wollen, wenn sie mich sehen könnte, wie ich vom Treppenlaufen nach Hause komme – und meine fünfhundert Sit-ups mache und die »Fiesen« (auf dem Bauch liegen und Arme und Beine heben und senken).

Zwei Wochen mache ich das jetzt. Und ich bin so erschöpft, dass ich nicht weiß, ob das gut tut oder nicht. Aber es ist ernsthaftes Training. Im September habe ich mit Thor gesprochen; er hat eine Expedition nach Equador vorbereitet und sagt, dass ich die Erfahrung brauche, aber auch, dass er sicher ist, ich kann den Everest schaffen, wenn ich hart trainiere. Ich habe ihm erzählt, dass ich mich für einen Bergrettungskurs in Kalifornien angemeldet habe, damit ich weiß, was ich im Falle eines Bergunfalls zu tun habe. Und für einen Kurs in Notfallmedizin hier in Rhode Island, wo man sogar lernt, wie man selber Wunden näht. Thor fand die Idee sehr gut. Aber er sagte, ich müsste auch körperlich mehr trainieren. Also tue ich das. Treppenrennen und Sit-ups sind nur ein kleiner Teil, dank Nel Poisson.

Nel hatte einen Artikel über mich gelesen und mich angerufen, um zu fragen, ob ich an den Vitaminprodukten interessiert sei, die er vertreibt. Er erkundigte sich nach meinem Training und sagte, ich bräuchte wirklich jemand, der mir in den Hintern tritt, falls ich tatsächlich in die Form kommen wollte, die man braucht. Dann lächelte er und sagt, er würde das Treten übernehmen – was er seitdem auch getan hat. Er ist ein *personal trainer,* der sein Geschäft in Gang bringen möchte, und er hofft, dass das Training mit mir ihn etwas bekannt macht.

Vor zwei Wochen haben wir angefangen – Nel bekam vom Newport-Sportverein die Erlaubnis dessen Einrichtungen zu benutzen. Und Nel verlor keine Zeit. Er begann sofort mit Workouts von tausend Wiederholungen. Ich dachte, ich wäre gut in Form, bis Nel mir zwanzig Kilo bei fünfundzwanzigmal Beinstrecken auflegte, fünfundzwanzigmal Beine beugen, fünfundzwanzig Kniebeugen, fünfundzwanzigmal in den Zehenstand und mich dann den ganzen Ablauf viermal wiederholen ließ – ohne Pause. Ich habe mich fast übergeben. In meinem Kopf drehte es sich, meine Lungen schmerzten, aber ich mochte es, ich wusste, es war genau das, was ich brauchte. Und dann der Oberkörper. Zum Schluss tiefe Liegestütze an einer Stange, die wirklich deine Brustmuskeln trainiert. Mein ganzer Körper zitterte vor Erschöpfung an jenem ersten Tag, in jener ersten Woche – und immer noch. Ich habe die zweite Woche fast hinter mir, habe die Gewichte erhöht, dazu Treppenrennen, die Sit-ups, die Fiesen – meine eigene Idee – und ich bin immer noch so erschöpft, dass ich nicht begreife, wie ein so freundlicher Herr mittleren Alters wie Neil so gemein sein kann.

Als ich gestern die Liegestützen machte, sagte ich zu ihm: »Ich hasse dich!«, und er hat nur gelächelt und weitergezählt. Ich wurde so zittrig, dass ich aufhören wollte, und er holte noch eine Liegestütze aus mir heraus und noch eine und lachte, als ich wieder »Ich hasse dich!« knurrte. Nel sagt, ich solle den Schmerz ausblenden, also stelle ich mir dieses Mädchen vor – genau wie das Mädchen zwei Reihen vor mir im Matheunterricht, deren Haar ich jeden Tag betrachte – sie ist auf der anderen Seite einer Schlucht und ein großer Gorilla verfolgt sie. Ich kann sie retten, wenn ich noch drei Liegestützen schaffe. »Noch zwei, Mark!«, krächzt Nel in mein Ohr. Das Mädchen schreit, weil der Gorilla ganz nah an ihr dran ist. Schon spürt sie seinen heißen stinkenden Atem in ihrem Gesicht. »Eine noch! Wenn nichts mehr geht, dann geht noch eine!« Das schöne Mädchen versucht zu entkommen, und während meiner letzten Liegestützen stürze ich aus dem Dschungel und nehme sie in meine ausgepumpten Arme und ziehe sie weg von dem Gorilla.

»O.k.«, sagt Nel. Und ich breche zusammen. Kein Mädchen. Nur zitternde schwache Arme, keuchendes Luftholen, es war nur eine weitere Übung. Nel und ich sind prima Freunde.

Beim Treppenrennen zwinge ich mich den Schmerz auszublenden und zu überlegen, was ich seit Peru gemacht habe. Als Erstes war ich im August in Maine, um mit Frank Madeira zu wandern. Wir haben den Mount Katahdin bestiegen und im Baxer State Park gezeltet. Frank wollte alles über meine Reisen wissen. Ich erzählte ihm, was ich die acht Monate getan hatte, seit ich zum letzten Mal mit ihm wandern war: Eisklettern, Nepal, NOLS, Peru. Dann erzählte er mir über seine Wanderungen in den Alpen und den Bergen von New England. Wir saßen stundenlang da, einfach zwei Typen, müde nach einem langen Wandertag, und unterhielten uns an unserem Zeltplatz. Manchmal ist es schwer zu glauben, dass er 78 ist – 64 Jahre älter als ich.

Im Gespräch mit Frank wird mir klar, wie weit ich in den letzten acht Monaten gekommen bin, seit Bergsteigen zu meinem Leben wurde. Das passiert, wenn ein Dreizehnjähriger mit Vollgas in sein Erwachsenenleben startet. Jemand hatte mir mal erklärt, wie man wirklich Neuland entdeckt, wie man sich pusht, um Sachen zu schaffen, die sich jenseits dessen befinden, was man kennt und was vertraut ist. Du wirst niemals wachsen, wenn du immer stehen bleibst wie Leute, die aus Bequemlichkeit selten die Insel verlassen, auf der sie leben. Ich weiß, dass ich den mir vertrauten Raum bereits ausgedehnt habe. Man könnte mich einen Monat in Südamerika, Nepal, sogar in Tibet aussetzen und ich wette, ich würde gut überleben. Ich würde nicht in Panik geraten. Ich würde dort zu Hause sein. Ich würde nicht mal Heimweh bekommen.

Nichts wird sich zu Hause ändern, aber solange ich eine Gelegenheit habe mein Leben zu ändern, mein Leben zu leben, wie ich es will, es so gut hinzubekommen, wie ich es haben will, dann werde ich es auch versuchen. Egal, wie viele Wiederholungen es braucht, egal, wie viele Treppen ich rennen muss, ich werde es tun. Jeder Jugendliche hat dieselbe Chance – aber zu viele von uns glauben, sie haben noch so viel Zeit vor sich, dass sie die Gegenwart vertrödeln. Ich sehe einen Haufen Leute in meinem Alter, die immer auf die Zukunft warten und sagen: »Kann's nicht erwarten, meinen Führerschein zu machen«, oder: »Kann's nicht erwarten, von der Schule zu kommen«, oder: »Kann's nicht erwarten, von zu Hause auszuziehen.« Die ganze Zeit stehen sie im Leerlauf auf einer Stelle wie ein Auto vor der roten Ampel. Verbrauchen Benzin, aber im Stillstand. Kommen nirgendwo hin. Aber sie halten sich selber auf, indem sie ständig nur auf den einen Tag warten; und wenn die Ampel endlich umspringt, sind sie nicht gewohnt, dass es losgeht.

Nicht mit mir. Genau wie diese Treppenrennerei. Acht Minuten noch. Die Beine werden hart, schwach, Schweißgeruch an der Wendeltreppe, Mamas Abendessen kommt mir hoch. Aber ich bewege mich immer noch. Ich warte nicht auf meinen Führerschein oder irgendwas anderes.

Ich habe das Glück, dass ich mir alpine Techniken und Fertigkeiten schnell aneigne. Nach Auskunft eines Experten, bei dem ich mich erkundigt habe, besitze ich auch das richtige Lungenvolumen. Er fragte mich nach Größe (1,85 m), Gewicht (79 kg) und einigen Grundmaßen, dann erklärte er mir, meine Körpergröße würde mir dieselben Möglichkeiten geben wie einem fünfundzwanzigjährigen Mann. Also bereite ich mich vor. Ich könnte die nächsten drei Jahre American Football spielen, durch die Klassenzimmer der Middletown High School schlendern, meinen Führerschein machen und vielleicht, nur vielleicht, wenn ich den Mut aufbringe, ein paar Mädchen fragen, ob sie mit mir ausgehen. Oder ich kann mich aufs Bergsteigen konzentrieren, mir mein eigenes Leben formen, eine Wiederholung nach der anderen, eine Treppe nach der anderen, so lange, bis ich oben auf dem Everest bin.

Was ich noch am meisten brauche, ist Erfahrung. Die Art von Erfahrung, die Bergsteiger wie Scott Fisher über Jahre in den Bergen entwickeln, Erfahrung, die ihn gelehrt hat schwierige Situationen mit Ruhe und Zuversicht anzugehen. Um diese Erfahrung zu bekommen, muss ich mehr klettern. Um zu klettern, brauche ich mehr Geld, mehr Sponsoren. Das ist eine weitere Fähigkeit, von der ich Frank hätte erzählen können. Ich bin vierzehn, aber ich habe gelernt das Telefon in die Hand zu nehmen, Ausrüstungsfirmen anzurufen, ihnen zu sagen, was ich schon gemacht habe, was ich vorhabe, was ich brauche und um finanzielle Unterstützung zu bitten.

Am Anfang war es schwer. Genau wie diese Treppen. Aber wenn man eine Stunde täglich telefoniert oder Briefe schreibt, gewöhnt man sich dran. Auch daran, dass Leute Nein sagen. Das darf dich nicht kümmern. Du rufst einfach den Nächsten an. Ich besuche Sportartikelmessen und stelle mich bei möglichen Sponsoren vor. Viele Sponsoren wollen mir wegen meines Alters nicht helfen – sie wollen keine Verantwortung tragen, wenn etwas schief geht. Manche wollen nicht einmal zuhören. Aber andere sind bereit einen kleinen Jungen zu sponsern, von dem sie noch nie etwas gehört haben. Sie geben mir die notwendige Ausrüstung, manchmal Geld und immer die Möglichkeit weiterzumachen.

Noch drei Minuten. Ich bin am Taumeln, letzte Runde, noch vier Treppen, dann runter, dann heim, Sit-ups, Fiese, Dusche, Bett. Mein Vater wartet unten im Auto auf mich und liest seine Zeitung, meine Mutter ist zu Hause. Die meisten Eltern würden reagieren wie der Typ, der durch die Tür im achten Stock guckt, wenn ihr Kind ein solches Training absolvierte. Nicht meine Eltern. Sie wollen, dass ich Treppen renne. Bringen mich dazu. Wenn ich ein paar Tage freinehme, sind sie hinter mir her. Aus gutem Grund. Das Einzige, was sie von mir verlangen, ist: vollständige Entschlossenheit. Dieselbe Entschlossenheit, die sie verlangten, als ich mit Klettern anfing. Sie bestehen darauf: die beste Ausrüstung, die beste Ausbildung und das beste Training für den Everest.

Sie werden mich nicht gehen lassen, bevor alles drei zufrieden stellend ist.

Verlangen sie etwas von mir? Ja, zu trainieren. Also werde ich gut vorbereitet sein. Das ist der einzige Druck, den ich von ihnen bekomme. So gut vorbereitet zu sein, wie ich es nur sein kann, weil – wie mein Vater sagt – die Berge nichts verzeihen. Das ist der Grund, warum er mich immer herfährt oder irgendwo anders, wo ich hinmuss, um mich vorzubereiten. Vorbereitung ist wichtig für ihn. Viele ruhige Nächte lang war er Polizist auf der Insel Jamestown, aber war immer vorbereitet auf Augenblicke, in denen es nicht so ruhig sein würde. Er lehrte mich den Umgang mit Gewehren und Feuerwaffen, als ich noch klein war, damit sie in unserem Haus immer sicher verwahrt sein würden; brachte mir bei immer einen sauberen aufgeräumten Arbeitsplatz zu haben, auf meine Ausrüstung zu achten und so viele andere Sachen, die ich im Einzelnen vergessen habe; sie wurden einfach zu guten Gewohnheiten.

Die Unterstützung und Erwartung von Sponsoren, Familie, Freunden und vor allem meinen Eltern könnte mich unter enormen Druck setzen, aber das passiert mir nie. Meine Eltern wollen, dass ich die Möglichkeit habe zu tun, was ich tun will. Und sie wollen, dass ich gut vorbereitet bin. Sie unterstützen mein Everestprojekt so gut, wie sie können. Ich weiß, der Preis ist hoch, und ich habe im Moment wenig Sponsorengeld, aber es wird gehen. Ich weiß, dass meine Eltern und die Sponsoren noch irgendwie mit dem Geld auftauchen werden. Meine Mutter sagt, sie freut sich, wenn sie mir helfen kann, auf die eine oder andere Art wird man das Geld schon auftreiben können. Für mich sind tausend Dollar eine überwältigende Summe, vierundzwanzigtausend Dollar sind unvorstellbar. Meine Eltern kümmern sich darum, dass ich gut vorbereitet bin, und sie helfen mir mein Ziel zu erreichen, auch finanziell, aber sie haben nie Druck auf mich ausgeübt den Everest zu besteigen.

Nach dem Workout gehe ich hinaus in die kalte Nachtluft, trinke Cola und bin froh, dass Nel mich heute nicht treffen kann. Wenn er die Cola sähe, würde ich garantiert im nächsten Workout umkommen. Ich esse die typische Teenagerdiät: Junkfood und so. Ich kann es einfach nicht lassen. Es ist doch so: Wenn ich diese Workouts mit tausend Wiederholungen dreimal wöchentlich mache; Treppen, Fiese, Sit-ups jeden Abend; und einen Zehn-Kilometer-Lauf beinahe jeden Tag, ich glaube, dann machen ein paar Schokokekse oder Big Macs oder Ben&Jerry-Eis keinen großen Unterschied mehr.

Kapitel sieben

Fehlschlag in Equador

Die Personen

Mister Krupowicz Stellvertretender Oberschulrat der Schulen von Middletown. Eröffnet Mark die Möglichkeit zum »alternativen Lernen«

Equador-Team

Javier Bergführer bei CONDOR ADVENTURES

Luiz Bergführer

Gary Goldschürfer; Kalifornien

Dean Physiker; Kalifornien

Tom Arzt; Mississippi

Dave Laserproduktingenieur; Colorado

Louis Anwalt; Connecticut

Greg Fallschirm-Feuerwehrmann für die Waldbrandbekämpfung aus dem Flugzeug; Colorado

Juan Carlos Busfahrer

Thor Keiser Besitzer von CONDOR ADVENTURES

Ich bin unterwegs nach Equador. Zuerst jedoch musste ich mein gewohntes Ritual mit den Lehrern hinter mich bringen. Die meisten sehen die Vorzüge meiner Reisen und Besteigungen. Die anderen sehen, wie ihre Schüler jeden Tag zur Schule kommen und hart arbeiten, während ich mich vom Unterricht befreien lasse und mich an irgendwelchen abenteuerlichen Orten vergnüge. Sie nehmen es mir übel, wenn ich zu ihnen komme und meine Hausaufgaben im Voraus haben möchte. Sie nörgeln, ich bedeute zusätzliche Arbeit für sie und mein Freinehmen sei ungerecht gegenüber den anderen.

Ich habe nur eine einzige Antwort für sie: Mister Krupowicz. Er sieht genauso aus, wie ein Naturkundelehrer aussehen sollte: groß, Brille, ernst, geduldig, ruhig. Jetzt ist er nicht länger nur Lehrer für Naturwissenschaften, sondern stellvertretender Oberschulrat und er findet, was ich tue, erzieht mich besser als die Herumsitzerei in einem Klassenzimmer. Und das lässt er die Lehrer wissen. Dass ein Verwaltungsbeamter wie Mister Krupowicz dafür kämpft, dass ich nicht zur Schule muss, ist ungewöhnlich. Aber er sorgt dafür, dass alle meine Lehrer verstehen, wie viel mehr man auf einer Reise lernen kann als im Erdkundeunterricht, wenn man mit einer neuen Sprache klarkommen muss und Umgang mit völlig anderen Gesellschaften hat, anderem Essen, fremden Sitten und Gebräuchen. Und das, bevor du den Berg, den du besteigen willst, überhaupt erreichst. Ich war an Orten, die die meisten Jugendlichen meines Alters nicht einmal auf der Landkarte suchen.

Ich muss immer noch mit dem Unterricht Schritt halten. Manchmal frage ich lang im Voraus nach Hausaufgaben, damit ich doppelt so viel lesen oder Mathe lernen kann, bevor ich abreise. Meistens geben die Lehrer mir meine Aufgaben am Tag der Abreise, wie auch diesmal, sodass ich eine Aktentasche voller Bücher mit mir rumschleppe. Während der Reise ist Lernen das Letzte, worauf ich Lust habe, besonders am Ende eines harten Tages am Berg. Aber das ist der Handel, auf den ich mich eingelassen habe: in der Schule mithalten, die Aufgaben machen und Mister Krupowicz sehr dankbar sein.

Als ich in Miami lande, suche ich nach den anderen Teammitgliedern. Ich habe keinen von ihnen je gesehen, aber sie erkennen mich zuerst – vielleicht, weil ich der Einzige bin, der mit Skistöcken durch den Flughafen von Miami wandert. Und ich erkenne sie auch. Bergsteiger sind leicht auszumachen. Sagen wir, du bist in einem Restaurant voll mit Wanderern und Touristen im Yosemite Valley. Zwei Typen spazieren rein, der eine hinkt, beide haben schmutzige T-Shirts, zerkratzte, verschrammte Hände voller Magnesiastaub, sie reden über Klavierspielergriffwechsel und Routeninfos. Kletterer.

Wir stellen uns gegenseitig vor. Gary gräbt Gold in Alaska, Dean ist Physiker, Tom ist Frauenarzt, irgendwo in Mississippi, Dave ist Ingenieur für Lasertechnik, Louis Anwalt aus Connecticut, Greg ist Feuerwehrmann und aus Colorado. Später kommen noch unsere Bergführer dazu: Luiz aus Colorado und Javier, den ich noch aus Peru kenne. Gary sagt zu mir: »Hab gehört, wir haben einen Vierzehnjährigen mit dabei. Er ist ein bisschen jung für diese Sachen, findest du nicht?«

»Hey«, blaffe ich ihn an, »das bin ich!«

Sie alle hören auf zu reden und starren mich an, als wäre ich von einem anderen Planeten. »Du bist erst vierzehn?«, fragt Gary. »Wie hast du schulfrei bekommen?«

Ich möchte das Zauberwort sagen – Krupowicz. Aber ich lächle nur.

■ 29. November 1994

Auto fahren im Ausland ist immer wieder prima. Die Fahrer sind sämtlich geschwindigkeitsbesessen, die Straßen in die Berge bestehen aus lauter schlammigen Haarnadelkurven und tiefen Abbrüchen und durchs Fenster siehst du ziemlich viel vom Land vorbeihuschen. Wir haben zwei Toyotas und sind auf dem Weg zum Pichincha, einem Viertausendsiebenhundert-Meter-Berg. Wir rasen durch feuchten, nebligen Regenwald und kommen schließlich zu unserer Hütte auf viertausend Meter.

Louis und ich kommen direkt von Meereshöhe und haben hämmernde Kopfschmerzen, sodass wir auf der Hütte bleiben müssen, während die anderen, die sonst alle in einiger Höhe leben, ohne Probleme steigen können. Louis und ich sprechen über den Anflug auf Quito, der größten Stadt Equadors, letzte Nacht und wie abgefahren die Lichter wirkten, als ob man tiefer und immer tiefer in einen Abgrund fliegt. Quito ist auf dreitausend Meter Höhe in eine Gebirgsflanke gebaut, sodass man an den Hängen die Lichter ins Tal ziehen sieht. Flughafen und die Stadt sind wie Kathmandu: dreckig und heiß. Überall Lärm und Abgase, was ich mittlerweile gewohnt bin.

■ 30. November 1994

Mir wird klar, wie verrückt unser verrückter Fahrer Juan Carlos wirklich ist. Wir fahren in Richtung Cayambe, unserem nächsten Gipfel. Wie üblich rasen wir irgendeine Gebirgsstraße hinauf. Unter uns liegen grüne tropische Hügel und Terrassen wie in Nepal. In weiter Ferne schauen ein paar Gipfel aus den Wolken hervor. Ein wunderbarer und warmer Platz für einen dreißigsten November. Wir eiern vor uns hin und plötzlich wird die Strecke schlammig und der Wagen beginnt sich zu drehen. Auf der einen Seite eine blanke Felswand, auf der anderen ein hundertfünfzig Meter tiefer Abbruch, auf den wir zuschlingern. Ich sitze auf der Seite der Wand und sehe die Abbruchkante näher und näher kommen. Ich schreie: »Vorsicht, Vorsicht!!«, aber die anderen halten sich krampfhaft mit geschlossenen

Augen fest. Der Pick-up rutscht weiter und kommt Zentimeter vor dem Abbruch zum Halt. Wir alle krabbeln auf der anderen Seite heraus und beobachten Juan Carlos, wie er langsam und vorsichtig den Wagen vom Abbruch zurückfährt. Aus irgendeinem Grund entscheiden wir uns den Rest der schlammigen Strecke zu Fuß zu gehen, mit zittrigen Knien und immer noch pochenden Herzen.

Am Cayambe üben wir für unseren Gipfelgang am nächsten Tag den Umgang mit Seilen. Als Bergsteiger benutzt man immer Seile, aber so große Teams gehen nicht immer in einer einzigen Seilschaft. Ich war noch nie zuvor in einer Viererseilschaft und lerne die Bedeutung des Wortes *Teamwork* wirklich kennen, vor allem auf hartem Gletschereis, wie es am Cayambe vorherrscht. Jeder muss genau auf die Geschwindigkeit der anderen achten und sich darauf konzentrieren, dass alle synchron gehen. Es ist ein bisschen wie bei diesen dreibeinigen Rennen. Du musst sehr aufpassen, dass die Schritte koordiniert sind. Wenn einer rutscht und fällt, können die anderen ihn halten und seinen Sturz bremsen – außer das ganze Team sitzt in einem Pick-up und rutscht durch den Schlamm auf einen Hundertfünfzig-Meter-Abbruch zu.

■ 1. Dezember 1994

Um drei Uhr morgens gehen wir raus auf den Gletscher, seilen uns an und los geht's. Die Dämmerung sieht uns schon weit oben auf dem Gletscher. Louis und ich sind jedoch bald erschöpft, das Tempo ist viel zu hoch für unsere ersten Tage in dieser Höhe. Außerdem kam eine andere Gruppe letzte Nacht in die Hütte, und obwohl wir sie baten leise zu sein, hielt ihr lautes Reden mich lange wach. Zwei Stunden Schlaf, keine Akklimatisation . . .

In jeder Pause schlafe ich ein. Louis geht es so schlecht, dass Luiz ihm zurück zur Hütte helfen muss. Infolgedessen sind wir mit sechs Mann an einem Seil (klingt wie ein guter Name für eine Band). Und das bedeutet wieder etwas ganz anderes. Wir kommen auf 5 600 Meter und drei von uns beginnen die letzten zweihundert Meter zum Gipfel, während die drei anderen im Schnee sitzen und warten. Eine halbe Stunde später sind sie zurück. Zu viel Schnee. Durch den tiefen Pulverschnee schaffen sie es beim besten Willen nicht bis zum Gipfel.

Zurück in der Hütte, sind wir alle leicht frustriert, allerdings nicht zu sehr. Kein Einziger war oben, aber Louis geht es wieder besser. Die anderen sind zufrieden, sechstausend Meter erreicht zu haben und mir geht es vor allem um die Akklimatisation. Später kommt die Gruppe, die sich letzte Nacht so gut amüsiert hat, zu uns.

»Ey, wir wollen morgen auf den Gipfel. Könntet ihr heute Nacht ein bisschen leise sein?«

Ja. Schon gut. Alles klar.

■ 3. Dezember 1994

Nächster Halt: Cotopaxi, größter aktiver Vulkan der Welt und höchster Gipfel von Equador. Als ich im Sommer aus Peru zurückkam, flogen wir genau über den Krater und ich konnte direkt unten hineinsehen. Aus dem Flugzeug sah es aus wie ein großer runder Donut. Und jetzt bin ich hier, um ihn zu besteigen. Juan Carlos und ich rumpeln in unserem roten Pick-up

Richtung Cotopaxi-Basislager. Ich mag den Schuss Abenteuer bei den Fahrten mit Juan Carlos. Wir fliegen vorbei an Läden, in denen große, fliegenbesetzte Schweinehälften hängen, vorbei an einem alten Bus, der auf dem Dach am Straßenrand liegt. Dann hinaus aufs Land. Ich schaue auf den Tacho: 120! Entschieden zu schnell, sogar für Juan Carlos! Dann erkenne ich, dass das Stundenkilometer sind, nicht Meilen. Nichts hält Juan Carlos auf. Er liebt die Herausforderung einer schwierigen Route genau wie ein Bergsteiger. Wir nähern uns dem Basislager. Der Weg – eine Straße ist das nicht mehr – besteht aus fünfundvierzig Grad steilem, rutschigem Matsch und Sand. Hartnäckig rumpelt Juan Carlos weiter, mit qualmenden Reifen und jaulendem Motor, bis er den Wagen schließlich beinahe umkippt. Dann erst hält er endlich an. Wir steigen aus und warten auf die anderen. Komisch, dass ich der Einzige bin, der mit Juan gefahren ist. Der Rest hat sich in den anderen Wagen gedrängt. Ich frage mich, warum.

Das Cotopaxi-Basislager liegt mindestens eine Meile weiter an einem sehr steilen Weg und bis dahin müssen wir alles selber tragen. Klasse Training für die Beine: ein Achtzig-Pfund-Rucksack mit Ausrüstung über einen langen Aufstieg. Besonders dann, wenn man außerdem noch eine Aktentasche mit Schulbüchern zu tragen hat! Man stelle sich vor: Eine Gruppe Bergsteiger kämpft mit ihren schweren Rucksäcken, während sie über einen steilen Weg in den Nebeln der Wildnis Equadors ansteigt. Einer schleppt die gleiche Riesenlast wie die Übrigen, aber in seiner rechten Hand trägt er eine Schultasche. Und wehe, du machst keine Hausaufgaben! Keine Ausreden. Ich fühle mich wie ein kleines Kind mit seinem Frühstücksbrot im Tornister!

5. Dezember 1994

Um vier Uhr früh sind wir längst unterwegs, Aufstieg mit Stirnlampen. Luiz ist nicht mehr mit dabei. Fünf Minuten nach dem Aufbruch musste er aufgeben, sein Magen machte ihn fertig. Das muss »Guardia« sein, ein Krankheitserreger, der auch »Biberfieber« genannt wird, weil Biber manche Flüsse damit infizieren. Und wenn man dann das scheinbar klare Gebirgswasser trinkt, bekommt man es. Deswegen trinken wir unser Wasser mit Jod. Schmeckt grauenhaft, aber es ist sauber.

Während es hell wird, sehen wir eine andere Gruppe, die in unserer Nähe aufsteigt. Javier, konkurrenzbewusst, wie er nun einmal ist, lässt sich auf ein Rennen mit ihnen ein, treibt uns zu schnellerer Gangart an. Wir sind angeseilt und kommen gut voran: Bis acht Uhr wollen wir am Gipfel sein, bevor es im Abstieg gefährlich wird, wenn die Sonne die Schneebrücken über den Gletscherspalten aufweicht. Javier hält das Tempo hoch. Es ist klar, dass er den Gipfel vor den anderen erreichen will. Mittlerweile können wir den Gipfel sehen, hoch oben im goldenen allerersten Morgenlicht. Wir folgen in Javiers hohem Tempo. Wir wollen auf diesem Krater stehen.

Nach einer halben Stunde keuchendem Steigen ohne Unterbrechung fleht Louis uns an langsamer zu gehen und Javier verringert das Tempo, lässt das andere Team vorbei. Louis hat ein ernstes Höhenproblem – das weiß man nicht, bevor man sich in wirklich große Höhe begibt. Es gibt Bergsteiger, die können im Flachen wie verrückt trainieren, aber in der Höhe kommen sie nicht zurecht. Andere wieder haben keinerlei Schwierigkeiten. Es ist ein Risiko für jeden Höhenbergsteiger und es sieht so aus, als sei Louis einer derjenigen, die kein Glück dabei haben.

Etwa siebzig Meter unter dem Gipfel ruft Louis: »Ich muss anhalten, ich hab Halluzinationen. Kann nicht mehr.«

Javier nimmt ihn beiseite, gräbt ein Loch in den Schnee und sagt: »Du bleibst hier. Egal, was passiert, du rührst dich nicht von der Stelle!«

Louis, vornübergebeugt vor Erschöpfung, setzt sich hin und wir gehen weiter Richtung Gipfel. Bald stehe ich auf meinem ersten Gipfel in Equador (5 896 Meter), ein weiterer großer Schritt auf meiner Pilgerreise zum Everest, als Jüngster, der je auf dem flachen Gipfel des höchsten aktiven Vulkans der Erde stand. Na ja, während der letzten zwanzig Jahre vielleicht nicht so besonders aktiv, aber den Schwefel kann man noch riechen. Ich schaue hinaus und sehe andere Gipfel, die durch die Wolken ragen, dann drehe ich mich um und sehe in den dunklen Schlund des Vulkans. Und was mache ich in diesem aufregenden Moment? Ich schlafe ein, das mache ich. Letzte Nacht sind wir um neun ins Bett. Gut. Zwei Stunden später sind wir aufgestanden und zum Gipfel gestartet. Schlecht. Zwei Stunden Schlaf sind zu wenig für mich. Am Gipfel ist es sonnig, nicht zu kühl, und es tut so gut, sich einfach lang hinzulegen, während die anderen fotografieren. Irgendwie lustig, oben auf einem Berg herumzusitzen, der genauso aussieht wie die Kinderzeichnung eines Vulkans. Und schon weckt mich Gary. Zeit zum Anseilen, Louis-Abholen und Absteigen.

Louis ist jedoch nicht da. Über den steilen Hang können wir weit hinabsehen, aber Louis ist nirgendwo zu erkennen. Javiers Gesicht drückt seine Gedanken aus: Wenn er abgestürzt ist, ist es meine Schuld. Ich hätte ihn dort niemals zurücklassen dürfen – er ist nicht erfahren genug. Je weiter wir absteigen, desto nervöser werden wir. Noch immer kein Louis. Schließlich kommen wir um eine Biegung und dort, auf einem

Stein in der Sonne, sitzt er, völlig wiederhergestellt. Javier umarmt ihn beinahe.

Abwärts geht's mit dem Schnellzug: Wir nehmen die Steigeisen ab und rutschen einfach – oder gleiten – auf Stiefeln den steilen Hang ab. Javier fährt richtig Ski – mit seinen Stiefeln. Der Schwung bringt uns in die Nähe eines Geröllfelds und wir bremsen mit unseren Eisbeilen, lachen über die Gefahr, der wir gerade entgangen sind. Bald sind wir unten an der Hütte, schwitzen in der Nachmittagssonne und freuen uns auf ein langes Nachmittagsnickerchen. Eine wundervolle Art, einen Dezembertag in Equador zu verbringen.

■ 7. Dezember 1994

Ich frage mich, wie oft so was wohl vorkommt: Ein Aufstand und ein Streik stoppen einen Gipfelgang. Wir befinden uns auf dem Weg zum Chimborazo, dem nächsten Gipfel auf unserer Tour, nur um zu erfahren, dass die Straße gesperrt ist. Weiter oben ist ein Streik von Regierungsangestellten, der sich zum Aufstand ausgeweitet hat. Es ist so schlimm, dass für Autos und Lkws auf dieser Strecke die Gefahr besteht umgestürzt und in Brand gesteckt zu werden. Nicht mit uns. Wir kehren um, bleiben in einem kleinen Hotel, umgeben von bewaffneten Wachen, sehen uns auf dem Markt um und streichen den Chimborazo von unserer Liste.

8. Dezember 1994

Stattdessen gehen wir an den Illiniza. Mit 5 263 Metern nicht der höchste, aber technisch ein höchst anspruchsvoller Berg, das heißt, man muss mit einer Menge Ausrüstung umgehen können, Seilen zum Beispiel oder Haken, die man in den Fels schlägt und dann das Seil einhängt. Juan Carlos hält den Pick-up irgendwo auf der Straße an, zeigt auf einen Weg, lächelt und sagt, es seien nur ungefähr neun Meilen bis zur Hütte beim Basislager. Ich setze meinen Rucksack auf (fünfundzwanzig Kilo), schnappe mir die Aktentasche (fünfzig Kilo, mindestens) und steige den steilen Weg hinauf.

Unser Team hat zwei Mitglieder weniger. Tom, der Frauenarzt, wurde nach Hause gerufen, weil ein Kollege einen Herzanfall hatte. Tom war so wütend, dass er drohte, er würde dem Burschen drei Big Macs mit extra viel Käse bringen. Egal, jedenfalls verlässt er uns. Er ist Experte für Geschlechtsumwandlungen und hat mich etwas nervös gemacht. Hab mich gefragt, ob ich nicht eines Morgens aufwache und mich etwas merkwürdig fühle. Und Louis hatte genug. Er war völlig fertig. Er hat es wirklich probiert, aber die Höhe hat ihn geschafft.

Wir wandern durch den Wolkennebel und kommen schließlich im Dunkeln zur Hütte, um festzustellen, dass ein Schloss vor der Tür hängt. Ein Eisbeil löst dieses Problem. Das Wetterproblem dagegen kann man nicht mit dem Eisbeil lösen. Wir sind ziemlich hoch, aber so nah am Äquator, dass Nebel und Regen genauso üblich sind wie – normalerweise in dieser Höhe – Schnee.

9. Dezember 1994

Der Nebel ist so dicht, dass wir keine Route auf den Illiniza finden können, schon den zweiten Tag nacheinander. Es ist frustrierend: Du weißt, der Berg ist so nah, du bist den ganzen Weg hierher gekommen, um ihn zu bezwingen, aber was man nicht sieht, kann man auch nicht besteigen. Also zurück nach Quito. Es ist frustrierend, mehr kann man nicht darüber sagen. Auf dem Rückweg nach Quito überlege ich, wie die Red Sox sich fühlen müssen, wenn sie auf einem Trip an die Westküste drei Spiele in Folge verlieren. Die ganze Reise, nur um drei Spiele zu verlieren. Die ganze Reise und bis auf den Cotopaxi keinen Gipfel erreicht. Sonst regt sich niemand besonders auf. Die anderen sind zufrieden mit den anderen Touren, damit, dass sie in der Höhe gut zurechtkamen, und freuen sich aufs Nachhausekommen. Ich nicht. Ich bin nicht zufrieden mit den anderen Touren und ich bin auch nicht bereit schon heimzufahren.

11. Dezember 1994

Während die anderen zum Flughafen gestartet sind, befinden sich Javier und ich auf unserem Weg zurück zum Cayambe, wo wir eine neue Route versuchen wollen. Wir kommen wieder an dieselbe Hütte und werden von demselben Regen aufgeweicht, der uns seit Quito zu folgen scheint. Geduldig warten wir in der düsteren Nachmittagsstimmung, spielen Karten, lesen, gucken in den Regen. Und es tropft. Die ganze Nacht. Beim Aufwachen das gleiche Geräusch, die gleiche düstere Stimmung, die gleiche Rumhängerei. Dann, ein paar Stunden später, hört der

Regen auf und wir können es über eine neue Route probieren, ein anspruchsvoller Gletscheranstieg mit sehr vielen Spalten.

Es ist schon fast wieder dunkel, es regnet erneut und wir sind immer noch am Berg. Wir hören die Lawinen grummeln wie ferne Drachen; jede Minute können sie uns angreifen. Javier und ich graben eine Schneehöhle und versuchen unseren kleinen Kocher in Gang zu bringen, sodass wir die Nacht wenigstens in Sicherheit verbringen, wenn schon nicht trocken. Bald ist es stockdunkel, von der Schneehöhle tropft eiskaltes Wasser auf unsere Köpfe und der Kocher springt nicht an. Javier schaut sich um und sagt: »Am besten, wir hauen ab hier.« Und das tun wir. Stopfen unser Zeug in die Rucksäcke, ziehen mit gefühllosen nassen Händen die Gurte an, steigen wieder ab und halten nicht an, bevor wir in der Hütte sind, wo uns die Lawinendrachen nicht kriegen können.

■ 14. Dezember 1994

Immer noch Regen. Zwei Tage später. Immer noch Karten spielen. Immer noch tropft es. Ich habe meine Schulbücher in Quito gelassen, so kann ich nicht mal Hausaufgaben machen. Am Nachmittag schließlich, durchweicht und geschlagen, steigen wir ab, um Juan Carlos in seinem Wagen zu treffen. Vier Tage Regen. Auf dem Rückweg nach Quito wird mir klar, dass ich auf Achse bin, seit ich dreizehn war. Nie eine Verletzung, nicht die Spur eines Rückschlags; ich war vom Erfolg verdorben. Ich war so gewohnt jedes Ziel zu treffen, das ich anvisierte, dass ich vergaß, was mir die Bergsteiger immer wieder gesagt hatten: Man kommt nicht jedes Mal auf den Gipfel. Jeder Fehlschlag ist ein weiterer Schritt und jeder Schritt ist ein Erfolg, weil man die Wetterverhältnisse besser verstehen lernt und die Schönheit der Berge und die Zusammenarbeit mit anderen Menschen.

Als ich in Quito aus dem Wagen steige, bin ich so nass, dass es platscht, wenn ich gehe. Einer von vieren. Das ist meine Trefferquote in Equador. Gestoppt von Kopfschmerzen, Nebel, Streik, Regen und nochmals Regen. Aber keiner wird mich über dieses Pech klagen oder jammern hören. Zumindest nicht unter Bergsteigern. Egal, wie viel Zeit und Geld der Trip gekostet hat, egal, wie viel Erschöpfung und Unannehmlichkeiten du auf dich genommen hast, du lernst, dass du es einfach nicht jedes Mal schaffst. Du akzeptierst Fehlschläge als einen Teil der Berge.

Kapitel acht

Argentinien

Die Personen

Mimi Bergsteigerin aus Kalifornien, die Mark beibringt, wie man Verletzte am Berg aus einer schwierigen Lage birgt

Aconcagua-Team

Thor Keiser Expeditionsleiter

Javier Bergführer

Pat Caffrey Holzfäller; Montana

Tony Tonsing Bergsteiger; Colorado

Carlo Rocca dreiundsechzig Jahre alter Überlebender einer dreifachen Bypass-Operation; Kalifornien

Jim Wheeler Neurologe; Colorado

George Fuller Bergsteiger; Colorado

Kevin Burn Arzt; Colorado

25. Januar 1995

Die Mannschaft von Bergsteigern, die sich hier in Thor Keisers Wohnzimmer in Denver versammelt hat, bewirbt sich für den Mount Everest. Aber zunächst geht es noch einmal nach Südamerika. Das funktioniert so: Als Eigentümer von *Condor Expeditions* wirbt Thor in Zeitschriften und durch Mund-zu-Mund-Propaganda für eine Expedition nach Südamerika als Training für den Everest. Einige von uns kennt er von früher, andere haben von ihm gehört, andere – wie ich – haben auf seine Anzeigen geantwortet. Wir alle schicken ihm unsere Tourenlisten und Thor antwortet mit einer Einladung zu seiner Expedition (was bedeutet, dass wir ihn als unseren Bergführer bezahlen oder einer Absage.)

Später gehen wir in den Ten-Mile-Canyon, um das Jümarn zu üben, was einem Probetraining für das Basketball-Team an der High School ähnelt. Da draußen wird Thor entscheiden, wen er sich genauer ansehen will oder wer vielleicht mit seinen Fähigkeiten laut Tourenliste übertrieben hat und nach Hause geschickt wird. Aber jetzt überprüft er unsere Ausrüstung und ich überprüfe meine neuen Mannschaftskameraden. Zunächst sind da die Typen, die ihre beste Zeit schon hinter sich haben, wie Pat Caffrey, mittelalt, übergewichtig, Holzfäller aus Montana. Tony Tonsing ist der zweite außer Form geratene Bergsteiger, der dieses Training als Zeitverschwendung betrachtet, denn immerhin war er ja schon auf dem Gasherbrum II in Pakistan. Außerdem Carlo Rocca, ein dreiundsechzigjähriger Bypass-Patient. Dann sind da die wirklich fähigen Bergsteiger wie Jim Wheeler, ein dünner rühriger Neurologe, und der groß gewachsene George Fuller, ein sehr guter Bergsteiger, der Thor in der Vergangenheit schon oft geholfen hat. Außerdem sollte ich Kat erwähnen: Katarina Straskraba, Thors Freundin, eine gute Bergsteigerin und Skiläuferin. Auch Javier ist wieder dabei.

Komisch, was das Schicksal für Leute zusammenbringt. Die meisten Jungs in meinem Alter gehen in bestimmte Klassen oder Mannschaften oder werden sonst wie Freunde und bleiben unter sich, zumindest für ein Schuljahr oder eine Spielzeit. Interessengemeinschaften. Freunde. Beim Bergsteigen kann das nicht passieren. Es bringt alle Arten von Leuten zusammen: die Bergführer, diejenigen, die teilnehmen, und diejenigen, die man einlädt, und sie alle kommen sich dabei sehr nahe, manchmal in die Nähe des Todes. Und eine Woche später steht man am Flughafen, sagt Auf Wiedersehen und wird sich nie wieder sehen. Ich verbringe vielleicht nicht so viel Zeit in der Schule mit Jugendlichen meines Alters, aber ich lerne genauso viel über Menschen jeder Altersstufe wie über verschiedene Länder und Nahrungsmittel – und über Berge.

Bevor wir hinausgehen in die Kälte von Colorado, erzähle ich Tony Tonsing, dass ich schon jümarn kann. Ich habe es letzten Oktober in einem Steilwand-Rettungskurs in Kalifornien gelernt, Teil meiner persönlichen Vorbereitung auf den Everest. Danach hatte ich Thor angerufen und ihm davon erzählt. Er war überrascht gewesen und sagte, dass ich auf dem Everesttrip wahrscheinlich der Einzige wäre, der mit Rettungstechniken Bescheid wüsste. Oder Rettungssänitäter wäre. Ich war schockiert. All diese Bergsteiger in äußerst gefährlichen Situationen und so wenige sind ausgebildet, falls irgendwas schief geht. Die meisten kümmern sich überhaupt nicht drum. Wahrscheinlich gibt es auch keinerlei Vorschriften, dass man überhaupt irgendeine Ausbildung machen muss.

Eines hatte ich meinen Eltern versprochen: Wenn sie mich zum Everest ließen, würde ich mich so gut wie nur irgend möglich vorbereiten. Da ich so jung bin, weiß ich, dass ich jede nur mögliche alpine Erfahrung sammeln muss, damit andere Bergsteiger mich anerkennen und respektieren. Also belegte ich im Herbst einen Rettungssanitäter-Abendkurs und an einem langen Wochenende im Oktober den Kurs in Kalifornien. Der Ausbilder der Rettungssanis wollte mich zuerst nicht, weil ich erst vierzehn war und nicht für den Abschluss zugelassen (mit dem Abschluss kann man Krankenwagen fahren und kann an weiteren Fortbildungen für medizinische Hilfskräfte teilnehmen, aber man muss achtzehn sein). Ich bekam eine Zwei, was konnte er also sagen? Außerdem war es meine Absicht, zu lernen, wie man diese Kenntnisse am Berg anwendet, und nicht Krankenwagen zu fahren.

Durch Training, Schule und Telefonate mit Sponsoren war ich mit Arbeit überhäuft, aber es war faszinierend, etwas über Anatomie zu lernen und über medizinische Probleme wie Herzinfarkt, Schlaganfall und typische Verletzungen. Und ich habe sogar gelernt Wunden zu nähen. Ich bin einfach zu einem Tierarzt gegangen und habe gefragt, ob er's mir zeigt. Er ließ mich an Schweinefüßen üben, wie man sie in Delikatessgeschäften bekommt.

Ich will einfach vorbereitet sein. Was passiert zum Beispiel, wenn dein Seilpartner dreißig Meter über dir stürzt, sich ein Bein bricht und bewusstlos hundertfünfzig Meter über dem Boden hängt – nur an deinem Seil?

Das hatte mir Mimi in Kalifornien beigebracht: wie man einen Verletzten bis zum Boden transportiert, sodass beide überleben. In drei Tagen Einzelunterricht in den wüstenheißen Buttermilk Mountains hatte mir die kleine starke Mimi gezeigt, wie ich zu einem bewusstlosen Kletterer hinkomme, ihn in meinen Gurt einhänge, mich mit ihm auf meinem Rücken so weit wie möglich abseile, einen neuen Stand baue, das Seil durchfädele, mich wieder ins Seil einhänge, weiter abseile und den Vorgang wiederhole, bis ich unten bin. Man verliert einen Haufen Material und es dauert lange, aber man kann runterkommen, man kann überleben!

Mimi war ein Energiebündel, Mitte zwanzig, dunkles, kurzes Haar. Sie hatte eine so energische Liebe zu den Bergen, dass sie ständig kletterte und ihre Erfahrung für den Unterricht nutzte, sodass er wirklich Spaß brachte. Unser gemeinsames Souvenir aus Kalifornien war die ulkigste Sonnenbräune, die ich je hatte. Den größten Teil der drei Tage verbrachten wir in unseren Gurten hängend, mit einer Seite voll in der vierzig Grad heißen Sonne. Wir trugen Trägershirts und unsere linken Arme und Schultern, der schmorenden Wüstensonne ausgesetzt, waren von einem tiefen Rotbraun; unsere rechten Seiten, der Sonne abgewandt, waren fast weiß!

Zusätzlich zu den Rettungstechniken brachte mir Mimi auch das Jümarn bei. Aber hier in Colorado sind die Seile vereist, genau wie am Everest. Ein Teil dessen, was wir an diesem langen kalten Nachmittag lernen, ist, wie man das Seil und den Jümar vom Eis reinigt, damit der Jümar greift. Ein langwieriger, mühsamer Vorgang, bei dem man sich aus dem Seil aushängt, das Eis vom Seil abschlägt und die Zähne des Jümars vom Eis befreit. Langweilige Arbeit im eisigen Wind des Ten Mile Canyon, aber alles Vorbereitung für den Everest und dort werde ich in nur zwei Monaten sein.

■ 27. Januar 1995

Ich sitze in einem dreizehnstündigen Die-Knie-am-Kinn-Flug gequetscht, Los Angeles–Lima und dann nach Buenos Aires, zu meiner bislang größten Herausforderung: der Aconcagua in Argentinien. Mit 6 959 Metern ist es der höchste Berg der westlichen Hemisphäre und, wie Thor sagt, ein guter Test für mich, ob ich bereit bin für den Everest. Aber ich beklage mich nicht. Wie üblich hatten wir den unvermeidlichen Stress am Flughafen. Thor musste seine Tasche mit unserer gesamten Kameraausrüstung und teurem Material aufgeben. Selbstverständlich flog die Tasche mit einem anderen Flugzeug von Denver nach Los Angeles als wir und natürlich kam sie erst zwei

Minuten bevor unser Flug nach Lima startete an – über einen halben Kilometer entfernt auf der anderen Seite des Flughafens. Dann mussten wir rennen, ich trug meine unvermeidliche Aktentasche voll Schulbücher, Skistöcke, Tasche und Anorak. Thor stolperte mit seiner schweren Ausrüstungstasche durch den Flughafen Los Angeles. Dank der einstündigen Verspätung, die auf unsere verschwitzte Ankunft folgte, haben wir's geschafft.

Aber wie ich sagte: Ich beklage mich nicht. Auf denselben Flug wartet noch eine Gruppe von lebhaften, braun gebrannten Frauen aller Altersstufen, die reden und lachen wie ein Trupp älterer Pfadfinderinnen, unterwegs bei einer Wanderung. Ich finde heraus, dass sie das Team der Brustkrebsüberlebenden sind, eine Gruppe von Frauen, die alle den Krebs überlebt haben und den Aconcagua besteigen werden, um Geld für die Forschung zu sammeln. Das ist der Grund, warum ich mich nicht beklage. Beengte lange Flüge und verlorene Taschen sind nichts im Vergleich zu dem, was diese Frauen durchgemacht haben. Und jetzt sind sie hier, gemeinsam unterwegs denselben großen Berg zu besteigen, dessen Gipfel ich erreichen will, und dabei sammeln sie noch Geld. Was für eine großartige Art und Weise, den Sieg über den Krebs zu zelebrieren!

Nachdem ich das Team der Brustkrebsüberlebenden gesehen habe, fühle ich mich mies wegen meiner Jammerei über die Zickzackkurse meiner Flugrouten. Man stelle sich vor: von Boston Richtung Westen nach Denver, dann weiter westlich und nach Süden nach Los Angeles, dann südlich und wieder östlich nach Lima, dann südlich nach Buenos Aires, das noch weiter im Osten liegt als Neu-England, und morgen wieder westlich nach Mendoza, der letzten Stadt bevor wir zum Aconcagua kommen. So viel zu Vielfliegermeilen!

■ 28. Januar 1995

Buenos Aires ist teuer: acht Peso für ein Glas Orangensaft, hundertvierundvierzig Pesos für ein brauchbares Hotelzimmer (wir mussten schnell ein Hotel finden, vor allem eines, das bereit war unsere acht Transporttonnen aufzunehmen). Nicht so wild, könnte man glauben, weil ausländische Währungen gegenüber dem Dollar oft abgewertet sind. An einigen Orten bekommt man einen Haufen Pesos für einen Dollar. Nicht hier. Der Peso ist exakt einen amerikanischen Dollar wert. So kostet der Orangensaft wirklich acht Dollar. Ich habe seitdem nicht sehr viel ausgegeben, aber eine Vorstellung bekommen, wie schnell ich hier all mein Geld loswerden könnte. Ich wette, ein Riegel Snickers kostet fünf Dollar, Big Macs wahrscheinlich zehn und eine Dose Sprudel sechs.

Während wir durch die sommergrüne Landschaft zurück zum Flughafen gehen, macht Thor ein Geografiequiz mit mir. Wo liegt Uruguay? Auf der anderen Seite des Rio de la Plata. Was ist der Hauptexportartikel von Argentinien? Fleisch. Welches Land sieht man vom Aconcagua? Chile.

Im Flugzeug nach Mendoza treffen wir Kip und Norm Smith, ein Ehepaar. Sie sind ebenfalls mit *Thors Condor Expeditions* unterwegs, aber auf einer anderen Expedition als wir. Kip und Norm sind exakt gleich gekleidet, von den Hemden bis zu Socken und Stiefeln. Ein eingespieltes Team, nehme ich an. Sie haben die höchsten Punkte der US-Bundestaaten bestiegen und wollen jetzt zum ersten Mal ins Ausland. Thor gibt Kip Ratschläge für Flussüberquerungen.

»Flussüberquerungen?«, fragt sie. »Sobald meine Füße nass werden, leide ich sofort an Unterkühlung. Was habt ihr für Lebensmittel? Ich kann nämlich nichts mit Konservierungsmitteln essen.«

Kip und Norm werden sicher viel Spaß haben in den Anden.

Ein Haufen hübsche Mädchen in Mendoza, einer kleinen Stadt mit lauter Plakaten, auf denen Fußballspiele angekündigt werden. Im Swimmingpool des Hotels, beim Spaziergang in den heißen, baumgesäumten Straßen, beim Sitzen im Straßencafé – so viele Mädchen, mit denen ich gerne reden würde, wenn ich nur den Mut dazu hätte! Thor muss noch etwas erledigen, bevor der Rest des Teams hier ankommt. So beschließe ich zwecks Akklimatisierung schon vorher nach Puente del Inca in die Nähe des Aconcagua zu fahren, zusammen mit Barry und John, zwei Leuten aus unserem Team, die ebenfalls heute schon gekommen sind. Wir starten in der schweren, feuchten Hitze der Ölfelder außerhalb Mendozas und kommen in einer staubigen, fünf Stunden dauernden Busfahrt langsam höher in die dünne klare Bergluft.

Unser Fahrer setzt uns in Puente del Inca ab, einer wunderschönen kleinen Stadt oben auf dem Pass, der hinüber nach Chile führt. Es gibt ein altes Haus, das direkt über den heißen Schwefelquellen dort gebaut ist, und die Leute baden noch immer der Gesundheit wegen in diesem Wasser. In Puente del Inca ist auch eine Militärbasis, die eine dunkle Vergangenheit haben muss. Vor dem Tor steht ein großes Schild mit der Aufschrift FOTOGRAFIEREN VERBOTEN!. Aus irgendeinem Grund macht jeder ein Foto von diesem Schild. Das Team der Brustkrebsüberlebenden erreichte Puente del Inca früher als wir und so ist die einzige *Hosteria* belegt. Uns bleibt keine andere Wahl als in einer heruntergekommenen kleinen Herberge abzusteigen und die laute spanische Musik von Sophia anzuhören, der Frau, die – ohne jeden Erfolg – versucht den Laden sauber zu halten.

1. Februar 1995

John, Barry und ich sind die letzten zwei Tage auf hiesigen Wegen gewandert, um uns zu akklimatisieren. Unserem frühen Aufbruch haben wir der Putzfrau Sofia zu verdanken. Ab sechs Uhr morgens läuft immer wieder dieselbe Musik von ihrem Kassettenrekorder. Kleine Rache: Ich habe ihrem zwölfjährigen Sohn eine *Metallica*-Kassette gegeben, auf die er steht. Jetzt hört Sophia den ganzen Tag Heavymetal.

Der Rest unserer Gruppe ist endlich eingetroffen; das Team der Brustkrebsüberlebenden hat die *Hosteria* verlassen und wir bekommen dort noch eine Nacht mit gutem Schlaf, bevor wir diesen Morgen zum Aconcagua aufbrechen.

Der Aconcagua stellt einen vor ungewohnte Probleme. Obwohl es sich um den höchsten Berg der westlichen Hemisphäre handelt, ist es keine schwierige Besteigung, weil es weder einen Gletscher gibt noch steile Felswände. Das zieht eine große Anzahl von Bergsteigern an. Und das ist genau das Problem: Viele sind nicht erfahren, fit oder akklimatisiert genug, um auf 6 900 Meter zu gehen. Und daher gibt es zahlreiche Verletzungen und Todesfälle infolge von Erschöpfung, Lungen- und Hirnödemen oder Dehydration – die großen Fehler, die erfahrene Bergsteiger zu vermeiden wissen.

Thor meldet uns alle für die Aconcagua-Besteigung an, als ich einen großen Fehler ganz anderer Art mache. Anstatt einfach draußen zu warten, muss ich unbedingt zu den Parkangestellten gehen, um mich umzusehen. Einer der Angestellten sieht von seinem Tisch auf. »Wie alt bist du?«, fragt er laut.

Die argentinische Nationalparkverwaltung hat hier das alleinige Kommando, das ist sicher. Ein Blick auf das Tor des Nationalparks, das zum Aconcagua führt, verrät dir das – alles ist gut organisiert. Die uniformierte Parkpolizei notiert sich deinen Namen, Passnummer, Namen der Gruppe und gibt dir eine Nummer. Dann geben sie dir einen Müllsack aus Plastik. Es wird verlangt, den gesamten eigenen Müll wieder mitzunehmen, bevor man den Park verlässt – und sämtlichen anderen Müll, den man sieht. Bis vor ein paar Jahren musstest du sogar in Bergstiefeln einen bestimmten Weg laufen, um zu beweisen, dass du fit warst. Wenn du die Strecke nicht in einer für sie akzeptablen Zeit geschafft hast: Kein Aconcagua für dich.

Die Stimme des Angestellten lässt mich erstarren, als hätte mich gerade der Zoll ohne Pass aufgegriffen. Was sage ich da? Fünfzehn? Vor zwei Wochen erst fünfzehn geworden? Zwanzig? Was war mit zwanzig? Thor ist eifrig am Schreiben und tut, als ob er das Gespräch nicht hört.

»Fünfzehn«, murmele ich. Ich sehe, wie Thor beim Schreiben den Kopf hängen lässt.

»Wo sind deine Eltern?«

Thor sieht auf. »Seine Eltern sind nicht da. Ich passe auf ihn auf.«

Und dann geht es los. Nein, Thor hat keine Papiere. Ja, wir können es beweisen. Wir faxen nach Mendoza, wo Siesta ist – eine Stunde warten –, dann nach Buenos Aires und weiter zu meinen Eltern, die ein Schreiben aufsetzen, es beglaubigen lassen und uns zurückfaxen. Thor und ich müssen zwei Stunden herumsitzen und warten, während die anderen mit dem zwanzig Meilen langen Marsch ins Basislager beginnen. Zum ersten Mal seit der Rhode-Island-Kletterhalle ist mein Alter ein Problem. Hätte ich nicht meine neugierige Nase in das Büro gesteckt, wäre es keins gewesen. Schließlich können wir los und Thor lacht über mein verlegenes Gesicht. »Wenn das das Schlimmste ist, was uns passiert, ist es ein guter Trip«, sagt er und versucht mich aufzumuntern.

2. Februar 1995

Um Eselmiete zu sparen, verteilt Thor etwas von der gemeinsamen Ausrüstung. Mir gibt er ein Zweieinhalbkilo-Glas Erdnussbutter. Halb so wild, abgesehen von der Tatsache, dass ich schon ein Zusatzgewicht von zwölf Kilo Büchern trage! Wir haben immer noch über zehn Meilen ins Basislager. Gestern sind wir staubige, steinige Wege gelaufen, heute wird es genauso sein. Ein heißer, trockener, langer Marsch. Als Thor, Kevin Burn – ein Arzt aus unserer Gruppe – und ich zum Mittag anhalten, ist es mir schon im T-Shirt sehr warm. Zwei Bergsteiger holen uns ein, bekleidet mit kompletten einteiligen Daunenoveralls – die Sorte, die du auf achttausend Meter und fünfzehn Grad unter null trägst. Sie erzählen Thor, dass sie aus Brasilien sind, gestern eingeflogen und heute den Bus hoch zum Park genommen haben und ohne Akklimatisierung von Meereshöhe auf viertausendfünfhundert Meter gestiegen sind. Warum die schweren Overalls? Bequemer, als sie zu schleppen, vermute ich. Auf der Rückkehr von einer Tour hat Geoff Tabin seinen mal im Flugzeug getragen, weil er zu viel Gepäck hatte.

Kevin besteht darauf, die beiden Brasilianer zu untersuchen, die fast kein Wasser mehr haben, in ihren Overalls schwitzen und um Luft schnappen. Kevin holt sein kleines Kompakt-Stethoskop hervor und sagt dem einen, wie schlecht sein Zustand ist – sein Herz rast und er steht am Rand eines Lungen- oder Hirnödems.

»Hey, wenn du weitergehst, kannst du sterben! Dein Körper bekommt nicht genug Sauerstoff! Steig ab in geringere Höhe. Sofort!«

Schweiß tropft von seiner Nase, die Augen sind glasig und der Typ starrt Kevin einfach nur an. Siehst du, was ich meine?

Der Aconcagua verursacht einen Haufen dummer Fehler. Keine extreme Höhe bis hier, aber genug, um diesen Typ zu töten, weil er sich nicht die Zeit zur Akklimatisierung genommen hat. Sein Kumpel geht los, um ein Muli zu besorgen, mit dem sie wieder runterkommen.

Würde ich dumme Fehler machen? Nicht sehr wahrscheinlich, würde man denken, nach all dem Training, das ich hinter mir habe. Aber ich mach doch einen dummen Fehler. Mir geht das Wasser aus. Kevin und Thor sind vor mir. Ich bin der Letzte unseres Teams, weit hinten, und es geht mir schlecht. Ich habe einen Trinksack, einen langen Schlauch, der um den Körper führt, mit einer Art Strohhalm, an dem man süffeln kann. Das Problem ist, du weißt nie, wie viel Wasser du noch hast, besonders an heißen Tagen, wenn du viel trinkst. Hier stehe ich, der am besten Akklimatisierte dieses Trips, mit zusätzlichen fünfzehn Kilo Büchern und Erdnussbutter beladen. Warum habe ich all diese Bücher mitgenommen? Um die Lehrer zu beeindrucken? Allein das Algebrabuch muss fünf Kilo schwer sein. Werde ich fünf Kilo Algebraaufgaben lösen? Oder dreieinhalb Kilo affige Gedichte und Kurzgeschichten lesen, die wahrscheinlich drankommen werden? Oder zweieinhalb Kilo Geschichte lernen? Ich habe sogar von anderen Büchern zahllose Fotokopien gemacht, aber ich dachte immer noch, ich bräuchte jedes meiner Schulbücher. Jetzt, wo ich so dehydriert bin, dass meine Zunge oben am Gaumen festklebt, jetzt, wo ich keinen Speichel mehr habe, wünschte ich, ich hätte all die Bücher zu Hause gelassen oder wenigstens in Mendoza.

In einem flachen Abschnitt des Weges kommen mir drei Leute auf Maultieren entgegen. Einer ist ein Parkaufseher in Uniform, die anderen zwei Bergsteiger, Zombies, die hinaus ins Leere starren. Der Aufseher erklärt mir in gebrochenem Englisch, dass ein dritter Bergsteiger oberhalb von Lager zwei an Erschöpfung gestorben ist. Der nächste dumme Fehler. Ich sollte etwas sagen. Hier stehe ich jetzt, dehydriert, erschöpft und ohne meine Gruppe, weil ich Schulbücher auf den höchsten Berg der westlichen Hemisphäre schleppe.

Ich süffele mein letztes Wasser und sehe hinaus in die Entfernung. Ich fühle den heißen Wind und auf den trocknen braunen Hügeln sehe ich weit entfernt Bergsteiger, die Richtung Basislager gehen, das mindestens noch mal fünf Meilen weit weg ist. Werde ich das schaffen? Ich sehe einen Bach, verunreinigt mit Maultierdung, aber immerhin nasses, feuchtes Wasser. So schnell ich kann, folge ich ihm stromaufwärts. Ich habe kein Jod, nichts zum Entkeimen, aber ich kann einfach nicht länger warten. Ich fülle den Trinksack, öffne den Deckel und saufe drei oder vier Liter. Ich spüre, wie das kühle Wasser immer tiefer in mich hineinläuft, und setze mich zum Verdauen auf einen Fels.

»Hey, Punk!« Eine Stimme hinter mir. Muss George Fuller sein, einer aus unserem Team, der Einzige, der mich »Punk« nennt. »Was hältst du hier an? Das Basislager ist nur zweihundert Meter in die Richtung.«

»Und was ist mit denen?« Ich gucke zu den Bergsteigern dahinten auf dem Weg.

»Die gehen ins Lager eins.«

George sieht, dass es mir schlecht geht, nimmt meinen Rucksack, sagt, er ist doppelt so schwer wie seiner, und führt mich ins Basislager, wo ich zwei Liter Gatorade trinke und einschlafe – beinahe ein Opfer derselben dummen Fehler, die anscheinend so viele am Aconcagua begehen.

8. Februar 1995

So weit, so gut. Drei Ruhetage im Basislager. Dann die Rituale der Akklimatisation: hoch ins Lager zwei, zurück zum Ausruhen ins Basislager, wieder hoch ins Lager zwei und schließlich hierher ins Lager drei. Akklimatisieren. Fehler minimieren. Das Schwierige an der Besteigung des Aconcagua ist der Sand. Du machst einen Schritt bergauf und sinkst anderthalb Schritte zurück. Schnee verfestigt sich irgendwann, aber Sand rutscht einfach weg. Wie ein Alptraum, den du hast, wenn du noch ein Kind bist. Das Monster ist hinter dir her und du kommst nicht weg, weil deine Füße einfach immer wieder einsinken. Das ist das Gefühl, das ich am Aconcagua manchmal habe. Frustration. Also lerne ich Geduld. Und jetzt, im leichter gangbaren Gelände hier oben in Lager drei – ein sauberes, nicht überfülltes Lager – sind wir zum Gipfel entschlossen.

Während ich Schnee schmelze, sehe ich durch den Zelteingang in heftigem Schneetreiben eine Gruppe vorbeigehen. Sie ziehen einen Schlitten, auf dem ein langer Sack liegt. »Ein Toter oder Ausrüstung?«, frage ich Kevin.

»Beides«, sagt er ruhig.

Wir schauen zu, wie die drei Männer den Schlitten ins düstere Schneetreiben ziehen.

Nach dem Abendessen nimmt Kevin unseren Puls, so als ob er damit die Gedanken an den Tod vertreiben wollte. Auf sechstausend Meter ist er bei den meisten um die achtzig oder neunzig. Mein Puls beträgt vierundsechzig. Was für eine Effizienz des Herzschlags! Was für eine großartige Kondition! Ein Wunder meiner Zeit!

»Aber die Frage ist«, sagt Thor, »lebt er überhaupt noch?«

Großer Lacher.

Neidisch. Sie sind alle nur neidisch.

9. Februar 1995

Um vier Uhr aufstehen. Mit Leichtsteigeisen hinauf in einer klaren Dämmerung, deren Licht ein ungewöhnliches orangefarbenes Leuchten um den Schatten des Aconcagua wirft. Wie es Thor letzte Nacht vorausgesagt hat, kommen wir in einer guten Zeit um die Traverse, wo es etwa so ist, als ob man über die Tribüne eines riesigen Stadions spaziert, nur dass die Tribüne für uns der feste, Kraft sparende Schnee ist. Jetzt, im kalten Wind, tragen wir unsere kompletten Overalls, Schneebrillen und die dicken Handschuhe. Dann zur Canaleta, die laut Thor normalerweise aus tückischem Geröll besteht, schwieriger als Sand, aber heute angenehm zu begehen dank einer zuverlässigen, festen Schneedecke.

Dann zum Gipfel. Die enorme Länge des Aconcagua-Gipfelgrates gibt die Möglichkeit zu vielen falschen Gipfeln – kleine Ärgernisse, die dich glauben lassen, du bist da, aber du bist es nicht. Es ist leicht, sich den falschen Gipfeln zu ergeben: Wenn du erschöpft bist und frierst, warum nicht einfach sagen, du hast es geschafft? Der echte Gipfel kann nicht viel höher sein als da, wo wir sind. Was macht es für einen Unterschied? Lass uns absteigen. Sofort.

Nein. Wir müssen das Kreuz finden. Dann erst steigen wir ab. Dann sind wir endlich am Gipfel. Dort ist ein großes Metallkreuz mit Aufklebern dran und ein Verrückter, der auf einem Mountainbike herumfährt. Hier stehe ich nun auf dem höchsten Punkt der westlichen Hemisphäre, dem höchsten Punkt, auf dem ich je gewesen bin, mit Aussicht auf die chilenischen und argentinischen Anden, riesige Gipfel, so weit das Auge reicht, und irgend so ein Typ fährt juchzend und jubelnd auf einem Mountainbike im harten Schnee herum. Er hat es auseinander genommen, raufgetragen, wieder zusammengebaut und jetzt macht er Wheelies im Schnee. Jemand ruft ihm zu, er solle doch die Canaleta runterfahren. Er lächelt, sagt etwas auf Spanisch und dreht die nächste Runde. Wir machen ein paar Fotos, gratulieren einander und steigen ab. Diesmal kein Freudenausbruch. Als wir den Abstieg beginnen, fühle ich mich glücklich, zufrieden, bestätigt. Aber nicht überrascht oder überwältigt. Ich habe erwartet, dass ich es schaffe. Und ich habe es geschafft.

Die Sonne kommt wieder durch und über die Canaleta und die Traverse erreichen wir wieder Lager zwei, wo wir gegen zwei Uhr ankommen. Die meisten unseres Teams sind müde und wollen hier übernachten. George, Barry und ich entschließen uns zum Basislager abzusteigen. Wir fühlen uns gut und wollen versuchen, ob wir es noch schaffen.

Es ist dunkel und ich kann kaum einen Fuß vor den anderen setzen. In meine Stiefel ist eine Lage Dreck gekommen, die hat wie Sandpapier gewirkt und meine Füße wund gescheuert. Ich bin zu erschöpft, um meine nassen Sachen auszuziehen. Aber ich habe es geschafft. In einem Tag von 6 000 Meter auf 6 959 und dann zurück auf 4 230 – von fünf Uhr morgens bis sechs Uhr abends, persönliche Bestleistung meiner Vorbereitung auf den Everest. Alles Übrige ist nichts anderes: Vorbereitung auf den Everest. Vielleicht ähnlich wie bei den Spielern einer Baseballmannschaft, die in die Endrunde gekommen sind und nach dem Spiel interviewt werden. Im Stillen sind sie stolz auf das Erreichte, aber feiern werden sie nicht, bevor sie nicht das ganz große Ziel erreicht haben. Bin ich aufgeregt wegen der knapp 7 000? Nicht wirklich. Es war eine leichte Route, schwierig nur unter den Aspekten von Konzentration und Ausdauer. Der Aconcagua beweist, dass ich für den nächsten Schritt bereit bin: Everest. Ich habe genügend Ausdauer, Stärke und Erfahrung, sage ich mir, während ich mir endlich meine nassen Sachen vom Körper ziehe, mich abtrockne und mich schlafen lege.

■ 10. Februar 1995

Wir marschieren zurück, die längsten zwanzig Meilen, die ich je gegangen bin. Aber es geht sich leicht, trotz der Schulbücher, weil ich so eine erschöpfte, entspannte, wohlige Wärme in mir spüre. Gegen sieben erreichen wir Puente del Inca, und als wir einen Fahrer mit Kleinbus finden, der uns nach Mendoza bringen will, zwängen wir alles und jeden für die fünfstündige Reise zu einer langen Dusche und einem weichen Bett hinein. Um zwei Uhr achtunddreißig sitze ich in Mendoza und lächle, als ich daran denke, dass in einer Woche, wenn ich heimkomme, die Winterferien beginnen. Timing ist eben alles.

Kapitel neun

Von Norden her

Die Personen

Everest-95-Team

Thor Keiser Expeditionsleiter

Javier Bergführer

Katarina Straskaba Skifahrerin, Bergsteigerin, Thors Freundin

*Tony Tonsing** Bergsteiger; Colorado

Pat Caffrey Holzfäller; Montana

Ray Dorr Bühnenbildner am Broadway; New York

Carlo Rocca Bergsteiger, Bypass-Überlebender, will als ältester Mensch auf den Everest

Jim Wheeler Neurologe; Colorado

Reinhardt Patscheider Erfahrener Achttausenderbesteiger, überlebte wie durch ein Wunder einen schweren Absturz am Annapurna; Österreich

Greg Miller Anwalt; Kalifornien

*Roger Gocking** Bergsteiger, Professor, Langstreckenläufer, Skifahrer; Trinidad

*Mike Roth** Pilot; Colorado

*Russell Brice** Expeditionsleiter; Neuseeland

*John Tinker** Bergsteiger; England

Moti La Sherpa

Kashi Sherpa

Pemba Sherpa

* *mit Everesterfahrung*

25. März 1995

Ich stehe im Hof des Summit Hotel, Klebeband in der einen Hand, in der anderen ein eingerissenes Zelt. Warm scheint die Nachmittagssonne und wie Nebel ziehen Dunst und Lärm vom Verkehr auf den Straßen Kathmandus herüber. Ich sehe mich zwischen den auf dem Fußboden herumstehenden Plastiktonnen um und frage mich, wie weit der Everest wohl noch entfernt ist.

Thor, Javier und ich reparieren Material für die Expedition. Das sind mindestens fünfundzwanzig Plastiktonnen hier draußen. In einigen ist Fleisch, das Thor in Denver gekauft und eingefroren hat, verpackt in Styroporflocken und nach zwei Wochen immer noch gefroren. In anderen sind Zelte, persönliche Ausrüstung, Bekleidung, Seile: alles wird zwecks Überprüfung und Reparatur herausgeholt. Langweilig für sie, aber aufregend für mich, wenn ich mit ihnen arbeiten darf und sie Kletterstorys erzählen und über die Berge sprechen. Aufregend für mich war auch unsere erste Nacht in Kathmandu, als ich Javier herumführte und ihn zu meinem bevorzugten Restaurant brachte. Normalerweise ist er es, der mich führt, aber in jener Nacht mit Jetlag und so war ich der alte Hase von Kathmandu. Ein Nachmittagsschauer kommt herunter und wir flitzen herum, um alles abzudecken. Dann kommt die Sonne raus, der Regen hat den Himmel sauber gewaschen und plötzlich können wir überall in der Entfernung die Berge sehen, weit weg, aber hoch und schneebedeckt, als ob jemand während des Regens einen neuen Hintergrund in unsere Filmkulisse gestellt hätte, der uns von neuem nachhaltig motiviert. Mit Klebeband reparieren wir eingerissene Zelte und überprüfen Seile, verstreuen unsere Ausrüstung über jeden Quadratzentimeter des Hofs, während wir unsere Besteigung des Mount Everest von Norden her vorbereiten.

Der Everest bildet die Grenze zwischen Nepal im Süden und Tibet im Norden. Den allerersten Besteigungsversuch unternahmen die legendären George Mallory und Andrew Irvine 1924 an der Nordseite. Niemand weiß, ob sie es damals geschafft haben: Sie starben am Berg.

Warum versucht man es heute von Norden? Auf der einen Seite ist es nicht so teuer. Eine sparsame Expedition wie unsere, mit demselben Umfang, denselben Nahrungsmitteln und demselben zeitlichen Rahmen kostet von der tibetischen Nordseite her etwa achtzehntausend Dollar und vierundzwanzigtausend Dollar von der nepalesischen beziehungsweise südlichen Seite. Unsere Expedition ist nichts für Leute, die bei der Besteigung Hilfe brauchen. Von uns wird stattdessen erwartet genauso zu arbeiten wie die Sherpas. Auch die Ausgaben für Träger und Yaks sind geringer – man kann direkt bis ins Basislager fahren und braucht Yaks nur für drei Tage bis ins vorgeschobene Basislager. Auf der Südseite stehen dir zwei Wochen Anmarsch mit Trägern und Yaks bevor, nur um ins Basislager zu kommen.

Und natürlich ist die Nordseite die größere Herausforderung – man könnte auch sagen: Sie ist gefährlicher. Ich habe eine Menge über den Everest gelesen, vor allem über die Nordseite, habe mit vielen Bergsteigern gesprochen und viele Videos angesehen. Hier sind ein paar von den Herausforderungen, die uns bevorstehen: Da sie sich den größten Teil des Tages im Schatten des Mount Everest befindet und vom Nordgrat ununterbrochen ein Wind herabweht, ist die Nordseite viel kälter. Die Route ist allgemein steiler als die von Süden und bei Erfrierungen, Lungen- oder Gehirnödem und Höhenkrankheit ist die Gefahr erheblich größer, da diese Seite so abgelegen ist. Das Basislager liegt auf

5 200 Meter, das vorgeschobene Basislager auf 6 400 Meter. Zwischen beiden liegt aber ein grimmiger Sechsundzwanzig-Kilometer-Marsch.

Wenn man im Vorgeschobenen Basislager (VBL) oder weiter oben einen Unfall hat, hat man keine Chance vom Berg runterzukommen. Hubschrauber können nicht wie auf der Südseite zur Rettung kommen. Das nächste Krankenhaus ist wahrscheinlich tausend Kilometer weit weg. Auch wenn alles gut geht, kannst du dich in 6 400 Meter Höhe nicht richtig ausruhen, sodass du mehr als nur ein paar Mal ins Basislager absteigen musst. Das ist nicht gefährlich, aber in dieser Höhe sind sechsundzwanzig Kilometer in jede Richtung anstrengend.

Bis jetzt haben nur siebenundsechzig Bergsteiger von Norden her den Gipfel erreicht, vielleicht siebenhundert haben es versucht. Ich denke nicht, dass das die Nordseite des Everest automatisch gefährlich macht – als ob ein Monster dir auflauert und dich mit seinen Klauen packen will. Aber der Everest von Norden her *ist* eine Herausforderung, und während ich hier in der Hitze des Innenhofs stehe, weiß ich, dass ich dafür bereit bin.

Vor meiner Abreise fragten mich die Leute zu Hause, warum ich hierher fahre, und so blöd es auch klingt, musste ich einfach sagen: weil ich auf den Everest will. Nicht unbedingt, um der Jüngste zu sein. Einfach, um ihn zu besteigen. Ich begriff, dass ich einen Aufhänger für Sponsoren, eine Sache fürs Marketing brauchte, um ihre finanzielle Unterstützung zu bekommen, sodass ich betonte der Jüngste sein zu wollen. Aber mein Hauptziel wird immer das Bergsteigen sein. Nicht der Rekord und nicht die Reklame und all die Öffentlichkeit. Nur der Gipfel. Am liebsten würde ich ganz im Stillen bergsteigen.

Seit September war alles Mögliche, aber keine Stille. Zuerst wurde ich von Paula Zahn auf *CBS This Morning* interviewt. Sie lächelte mich an und stellte mir Fragen darüber, was es für ein Gefühl sei, so jung den Everest zu besteigen. Was also sollte ich tun? Saß da, den Blick starr in die Kamera, und murmelte monoton vor mich hin. Ich kann mich bis heute nicht erinnern, was ich gesagt habe. Mein nationales Fernsehdebüt. Die Leute dachten wahrscheinlich, dass ich nach zu langem Aufenthalt in den Bergen tiefgefroren war.

Am gleichen Tag erschien im *Providence Journal* ein Artikel über meinen Everesttrip. Der Reporter Chris Rowland hatte mich und meine Eltern interviewt, über mein Training, die Unterstützung durch meine Eltern und jetzige Gelegenheit den Everest zu besteigen geschrieben. Aber er rückte die ganze Sache dadurch in ein schlechtes Licht, dass er Rick Wilcox zitierte, einen bekannten Bergsteiger aus New Hampshire, der schon auf dem Everest war und behauptet hatte, meine Fahrt zum Everest käme einer Form der Kindesmisshandlung gleich. Irgendwie dachte er wohl, dass meine Eltern mich zum Everest zwingen würden. Alle Freunde meiner Eltern, all die Leute von der Schule, die mich zu meinen Reisen ermutigt hatten, sie mussten jetzt in Rhode Islands einziger größerer Zeitung lesen, dass meine Eltern Kinderschänder wären. Wie sollte ich damit umgehen? Oder meine Eltern? Alles abstreiten? Auf so eine absurde Anklage hatten wir keine Antwort.

Dann kam ein anderer, noch unerhörterer Artikel, diesmal eine Geschichte von *actual press* über meinen Versuch am Everest, die an zahlreiche Zeitungen hinausging. Der Autor zitierte Sir Edmund Hillary, der 1953 als Erster auf dem Everest gestanden hatte und sein Leben dem Berg als Wächter, Historiker und Experte gewidmet hat. »Ein fünfzehnjähriger Junge hat nicht das Recht auf dem Gipfel zu stehen, weil diese großen

Expeditionen die Leute praktisch den Berg hochtragen.« Diese Worte schockierten mich in Anbetracht der Tatsache, dass er damals 1953 etwa zweihundert Träger für zwei Leute hatte! Verstehen Sie mich nicht falsch. Als Erstbesteiger gebührt Hillary große Ehre, aber er trägt auch eine große Verantwortung – jedes seiner Worte hat größtes Gewicht. Und er kennt mich nicht einmal! Oder meine Fähigkeiten. Im selben Artikel sagt Glenn Porzak, Präsident des amerikanischen alpinen Klubs, dass er auch einen Achtzehnjährigen nicht mit an den Everest nehmen würde, ganz zu schweigen von einem Fünfzehnjährigen. Fünfzehn sei zu jung, da könne man noch nicht einmal sein eigenes Gewicht tragen.

Wichtige Leute aus der Kletterwelt nannten meine Eltern Kinderschänder und sagten, dass ich nicht mal mein eigenes Gewicht auf den Everest schleppen könnte. Zuerst war ich wütend; ich hatte so hart gearbeitet und man schrieb über mich wie über irgendeinen Schwindler, der nicht in die Berge gehört. Dann machte ich einen langen Lauf, kam heim und dachte: Wen interessiert das? Hillary ist in Bezug auf den Berg ziemlich Besitz ergreifend und hat wahrscheinlich das Gefühl, jeder neue Rekord – wie meiner einer wäre – nähme ihm den Berg weg. Porzak hat keine Ahnung, wer oder wie ich bin. Und Kindesmisshandlung? Die ganze Everestsache ist meine Idee, nicht die meiner Eltern! Meine Eltern und ich sprachen darüber, Hillary, Porzak und Wilcox zum Abendessen einzuladen – nach meiner Besteigung. Und was würde es zum Essen geben? Eine Krähe.

Schließlich rief ein Reporter Al Burgess an. Al sagte mir, er habe ihm heimgeleuchtet. »Haben Sie schon mal einen Traum gehabt? Wahrscheinlich nicht«, sagte er. »Haben Sie wahrscheinlich nicht für möglich gehalten. Hier ist ein halbes Kind, das loszieht, um seinen Traum zu verwirklichen, und alles, was

Typen wie Sie tun können, ist schlecht über ihn zu schreiben.« Danach las ich positive Kommentare von Al und Thor. Sie beide verteidigten mich in den Zeitungen und stellten klar, wie gut ich vorbereitet war.

Und dann wurde es immer besser. ESPN rief an meinem letzten Schultag an und wollte mich im Klassenzimmer filmen. Ich sagte o.k. Bis zum Nachmittag waren es dann vier Kamerateams, die mir folgten, ESPN und drei lokale Sender. Meine Klassenkameraden alberten herum und toll aussehende ältere Mädchen, Lehrer und Leute, die ich gar nicht kannte, wurden plötzlich meine Freunde. Die Jungs, unsere Cheerleader, einfach alle wünschten mir Glück und lächelten in die Kameras. Mädchen lehnten sich aus den Fenstern heraus und schrien: »Wir lieben dich, Mark«, und jeder fragte: »Hast du Angst?«, oder: »Ist das nicht gefährlich?« Ich mochte die Kameras in meinem Gesicht nicht, aber ich muss zugeben, wenigstens war es was Positives.

Ebenso die NBC-Spätnachrichten, die Roger O'Neil für einen Kurzbericht über mich schickten, bevor wir Denver verließen. Er ließ Thor und mich ein bisschen klettern und laufen und natürlich reden – was mir jetzt schon viel leichter fiel als vorher bei CBS.

Porzak und andere hatten behauptet, dass junge Leute es in großen Höhen schwer haben. Ich las ein Buch von Dr. Peter Hackett über Höhenmedizin und rief ihn in Alaska an, um ihn um seine Meinung zu bitten. Er fragte mich nach Größe, Gewicht und Körperbau und erklärte, ich sei genauso leistungsfähig wie jeder Fünfundzwanzigjährige mit vergleichbarer Größe. »Wenn Jugendliche mit der Höhe nicht zurechtkommen«, sagte er, »dann deswegen, weil sie nicht wissen, in welchem Tempo sie gehen müssen und wie man sich akklimatisiert.«

Das Thema Kindesmisshandlung war immer noch in meinem Kopf. Mein Großvater ist Absolvent der FBI-Akadamie im Ruhestand und hat noch immer Verbindungen, also ließ meine Mutter ihn all meine Expeditionsleiter überprüfen. Meine Mutter kam oft mit mir zum Training: Nach New York zum Eisklettern, nach Kalifornien zur Steilwandrettung, besuchte mich in Denver, bevor wir abgereist sind, um hierher zu kommen. Mein Vater und ich besprachen jede Einzelheit im Zusammenhang mit Training, Ausrüstung und Sponsoren.

Meine Mutter wurde in einem Artikel mit folgenden Fragen zitiert: »Warum sollten wir ihn davon abhalten? Wie könnten wir ihn davon abhalten? Wenn er so ein brennendes Verlangen hat, sollten wir ihm dann seine Träume zerstören?« Ihre Antwort auf diese Fragen war jedes Mal Nein und statt mir den Everest auszureden, bestanden sie und mein Vater darauf, dass ich meinen Trainingsplan einhalte, egal, was los war. Wenn ich an kalten regnerischen Abenden zu Hause bleiben wollte, nahm mein Vater die Autoschlüssel und brachte mich zum Krankenhaus, damit ich meine Treppen renne. »Der Berg verzeiht nichts«, sagte er, »du willst den Everest probieren, dann musst du gut vorbereitet sein. Sonst tu es nicht.« Das ist keine Kindesmisshandlung. Oder ist es Kindesmisshandlung, wenn Eltern ihre eigene Furcht und Nervosität beiseite schieben, um ihrem Kind die Gelegenheit zu geben den höchsten Berg der Welt herauszufordern? Natürlich nicht. Alle Eltern müssen ihre Kinder loslassen, sie unterstützen in Dingen, die sie selbst nie wagen würden.

»Bis heute Abend müssen wir das ganze Zeug hier rausschaffen«, unterbricht Thor meine Gedanken. Sein Gesicht ist verschwitzt und verdreckt und beim Gedanken, solch ein Durcheinander in Ordnung bringen zu müssen, sinkt er zusammen.

»Ein hoher nepalesischer ‚Beamter kommt hierher zu einem wichtigen Ereignis und wir müssen hier draußen verschwunden sein.«

Also tun wir Folgendes: aufräumen, so schnell wie wir können. Vorbereitung. Arbeit, die nie irgendwo zu sehen ist. Mehr als die halbe Everestexpedition scheint aus so was zu bestehen. Ich bin vor über drei Wochen von zu Hause weg und ich bin noch nicht weiter als bis Kathmandu. Einige der Straßen nach Tibet sind durch Lawinen blockiert; unser Team ist immer noch nicht hier. Wir flicken Zelte in einem Hinterhof und ich habe seit sehr langer Zeit nicht mehr trainiert. Sogar mein Treffen mit Geoff Tabin wurde vermasselt. Geoff arbeitet hier drüben für die Weltgesundheitsorganisation und führt in den Bergen Augenoperationen durch. Ich hatte ihn seit unseren Klettertagen in der Rhode-Island-Kletterhalle nicht mehr gesehen. Wir waren in telefonischer Verbindung geblieben, aber es würde schön sein, ihn zu sehen – vor allem hier, unmittelbar vor meinem Versuch am Everest. Ich wollte ihm zeigen, wie weit ich in zwei Jahren gekommen war, und ihm dafür danken, dass er mich auf den Weg gebracht hatte. Aber nein. Er wartete auf mich im Mustang Holiday Inn. Stunden vor der verabredeten Zeit. Ich fand nur noch eine Nachricht vor, die besagte, dass er gehen musste. Irgendwie ein Missverständnis.

Warten und Geduld: Um mehr geht es vorerst nicht. Ich bin früh nach Denver gefahren, um zu trainieren und mich zu akklimatisieren, habe dann viel Zeit mit Warten verbracht, Warten auf Thor und Javier, die Besorgungen machen. So ist's, wenn man fünfzehn ist und nicht Auto fahren kann. Man wartet.

Vielleicht hat es was Gutes, wenn man Geduld lernt. Macht dich ein bisschen relaxter. Wenn die Fernsehkameras und meine so genannten Freunde von der Schule mich sehen könnten, wie ich in der Nachmittagssonne mit den Tonnen herumwuchte, würden sie die andere Seite all dessen sehen, was alles bei einer Everestbesteigung zu tun ist.

■ 30. März 1995

Endlich unterwegs! Wen interessiert es, dass wir gestern noch in einen Bus eingepfercht waren, der uns zur tibetanischen Grenze brachte. Oder dass Kardari, die letzte Stadt in Nepal, nur aus wenigen staubbedeckten Gebäuden bestand. Oder dass wir, nachdem wir die Freiheitsbrücke nach Tibet überquert hatten, warten mussten, bis wir eine Transportmöglichkeit nach Zhangmu fanden. So läuft es an der tibetischen Grenze: einfach den ersten Pick-up schnappen, der nach Zhangmu fährt. So ähnlich wie trampen. Einer steht an der Straße und alle anderen verstecken sich hinter einer Wand, bis jemand anhält. Dann springen neun Bergsteiger und sieben Sherpas auf, die dreißig Fässer dabeihaben (ein bisschen übertrieben vielleicht, aber nicht sehr).

Endlich fanden wir einen offenen Pick-up, der bereit war uns mitzunehmen. Wir stapelten uns auf der Ladefläche in der Rückseite und bald rumpelten wir so in Richtung Berge, schauten den Affen in den Bäumen zu, fuhren durch enge Serpentinen rauf und runter, wirklich bewegend.

Nicht mehr weit bis zum Everest, richtig?

Falsch. Wir befinden uns zwar schon auf tibetischem Boden, aber in den Bergen bei Zhangmu ist erst die Grenzstation. Die Zöllner überprüften jedes Stück Ausrüstung – jede einzelne Sauerstoffflasche –, den ganzen Tag und die ganze Nacht, während wir in dem halb verfallenen Hotel von Zhangmu sitzen. Warten. Geduld haben.

Diesen Morgen laden wir unser Zeug um in Toyota-Four-Wheelers, die von der chinesischen Regierung gestellt werden und in der Gipfelgebühr enthalten sind. Wir schaffen ein paar Meilen die Straße hinunter, bis wir von einem Waldbrand gestoppt werden. Eine riesige Feuerwand leuchtet in der Entfernung, aber ich glaube, nah genug, dass man die Straße etwa drei Stunden sperren musste. Der Everest schmilzt, bevor ich dort bin!

Wir rumpeln in die Berge und gewinnen schließlich den Eindruck, dass wir durch ein Niemandsland fahren. Es besteht aus Meilen unfruchtbarer Erdhügel, so staubig, dass man ein Taschentuch vors Gesicht halten muss, um atmen zu können, so staubig, dass man, wenn man für eine Unterbrechung aus dem Pick-up steigt, Staub in jeder Faser seiner Kleidung hat. Dann ist da irgendwo ein kilometerlanger Weg durch ein Schneefeld gegraben, gerade breit genug für einen Pick-up mit zwei, drei Meter hohen Schneewänden an jeder Seite, an der die Rückspiegel langschrammen. Ein andermal schlängelt sich eine zweieinhalb Meter breite schlammige Straße an einer Klippe entlang – eine dreihundert Meter hohe Wand auf einer Seite und ein siebenhundert Meter tiefer Abbruch auf der anderen. Manchmal muss man auf eine tibetische Straßenkolonne warten, die auf die Straße herabgestürzte Steine zerkleinert oder entfernt, oder vielleicht muss man den Trägern helfen alles über eine Unterspülung zu transportieren, vorsichtig, damit man nicht von der Kante der schleimigen, nassen Straße rutscht. Dann lädt man alles von neuem auf die nächsten Pick-ups. Man fährt einen Kilometer zum nächsten Erdrutsch, trägt alles durch einen weiteren tückischen Abschnitt und abermals in den nächsten Schwung Pick-ups.

Soweit das Auge reicht, nichts als Steine und nackte Erde. Matsch. Runde Hügel und lang gestreckte Höhenzüge. Und in der Entfernung, so weit weg, dass es aussieht wie eine weiße Fata Morgana, die einfach nicht näher kommt, unser Ziel: Mount Everest. Die Entfernung macht einen müde hier draußen (auf dem Rücksitz eines kleinen Pick-ups hocken auch). Ich frage Tony Tonsing, der mit luxuriöser Beinfreiheit vorne sitzt, ob er für eine Weile den Platz tauschen würde. »Nein«, lautet seine scharfe Antwort. Heißt das, dass wir Schwierigkeiten miteinander kriegen werden? Hoffentlich nicht.

Oft sind es zwanzig, dreißig Kilometer zwischen irgendwelchen Anzeichen von Leben, menschlichem oder anderem. Die Menschen, die man sieht, die Tibeter, sind ganz anders als die Nepalesen. Nepalesen lächeln, laden einen in ihre Teehäuser oder Hütten ein. Die Tibeter starren dich an, wenn du auf der Straße an ihnen vorbeifährst, als ob sie allen Fremden gegenüber misstrauisch wären. Da viele von ihnen als Nomaden leben, in Lagern aus Segeltuchzelten – immer unterwegs wie wir –, bekommt man sie kaum zu sehen. Noch weniger spricht man mit ihnen, außer um Zeugs wie Flaschen gegen Yakglocken zu tauschen.

■ 8. April 1995

In Nylam gibt es nicht viel zu sehen, genau wie in so vielen anderen Orten, durch die wir kommen. Es ist fast wie in diesen kleinen Städten in einem Clint-Eastwood-Western. Der Gute, also Clint Eastwood, kommt langsam in die traurige, kleine Stadt geritten und der Wind wirbelt Staub auf. Ein kleiner Hund jault zu den Füßen seines Pferdes; der Wind schlägt die lose Schwingtür des Hotels auf und zu; die weibliche Hauptrolle späht aus einem verrußten Fenster; die Bösen sitzen im Saloon und warten ab. So kommt Nylam mir vor.

Womit wir zu einem heiklen Punkt kommen. Gestank. Stechender, unausstehlicher Plumpsklogestank. Diese Westernfilme vermitteln einem davon nicht den geringsten Eindruck, aber wenn Nylam wie eine Stadt im alten Westen ist, bin ich froh, dass ich damals noch nicht gelebt habe. Die einzige Toilette für ganz Nylam ist ein kleines Holzhäuschen mit einem Brett und einem Loch. Wenn man reisen will, muss man sich daran gewöhnen. Es stinkt einfach unglaublich. Schrecklich. Ich erinnere mich, wie ich einmal Dünger aus einer Scheune geputzt habe, als ich klein war, ich habe große Stiefel angezogen und bin mit der Mistgabel zu dem riesigen, matschigen Haufen gegangen. Der Ammoniakgestank war so stark, dass ich mich fast übergeben habe. Genauso ist es an fast jedem Ort, an dem wir vorbeikommen. Und das in Verbindung mit dem Reisen in einer großen Gruppe, in der jeder nicht nur um das Privileg kämpft das Örtchen überhaupt zu benutzen, sondern auch sehr auf Spuren des Benutzers vor ihm achtet. Du wünschst dir damit warten zu können, bis du wieder zu Hause bist – Ende Mai.

Das Team hatte wirklich noch keinerlei Gelegenheit sich näher zu kommen. Wir sind in drei Gruppen aufgeteilt und sitzen den ganzen Tag im Pick-up. Abends gehen wir noch sehr förmlich miteinander um, freundlich zwar, aber nicht wirklich zusammengehörig. Ich glaube nicht, dass Roger Gocking mich akzeptiert. Ich weiß, dass er ein sehr erfahrener Bergsteiger ist, der Typen hasst, die immer nur rumjammern und ihren Job nicht machen. Es hat noch keine großen Bewährungsproben für irgendjemanden gegeben, mich eingeschlossen. Aber Ray Dorr hatte bereits einige Auseinandersetzungen mit Tonsing. Ray ist ein kleiner Dicker mit blassem Gesicht und roten Haaren und rotem Bart. Er arbeitet am Broadway und baut Bühnenbilder für Shows wie *Phantom der Oper* und *Les Misérables*. Und er ist jähzornig. In Kathmandu kamen wir aus dem Hotel und Tony, den wir schon Sokrates genannt haben, weil er so toll über alles Bescheid weiß, quasselte unentwegt über etwas, so wie es eben seine Art ist. Ray drehte sich zu ihm um, zeigte mit dem Finger in Tonys Gesicht und sagte: »Hey! Halt 's Maul!« Wenn so was unter Jugendlichen passiert, gibt es einen Riesenaufstand. Aber Tony hat's gemacht. Den Mund gehalten.

■ 11. April 1995

Ich kann den Everest sehen! Ich stehe auf dem Dach unseres Hotels in Shegar, unserem letzten Halt vorm Basislager, nachdem ich über die Feuerleiter raufgeklettert bin. Von hier sehe ich erst Hügel, dann schärfer hervortretende Gebirgskämme, dahinter schneebedeckte Gipfel und schließlich den Everest selbst, seine Nordflanke: eine schreckliche Schönheit aus schwarzem Fels mit weißen Sprenkeln, der Wind treibt eine wundervolle Schneefahne nach Süden, während sich das ganze Massiv wie eine schützende Masse über eine Landschaft von eng zusammenstehenden Bergen erhebt. Obgleich der Everest meine Aufmerksamkeit völlig vereinnahmt, stelle ich fest, dass mein Platz auf dem Hoteldach mir eine ungewöhnliche Perspektive gibt. Ungewöhnlich, weil es so viel von Tibet symbolisiert. Auf einer Seite sehe ich bis zu einer alten Klosterfestung oder *Dzong*, einer stufenförmig in einen Bergrücken gebauten Gebäudereihe, wo seit hunderten von Jahren Mönche ihr Leben im Gebet verbringen, fernab von der Stadt. Um mich herum stehen die einfachen flachen verputzten Häuser der Stadt und hinter ihnen wellblechgedeckte Verwaltungsgebäude der chinesischen Besetzer. Und nirgendwo Anzeichen von Bäumen oder Vegetation, nur die unfruchtbaren, braunen Hügel. Tibets Vergangenheit, Gegenwart und Zukunft auf einen Blick.

13. April 1995

Basislager. Russell Brice aus Neuseeland besitzt seine eigene Expeditionsgesellschaft und hat schon so oft Bergsteiger hierher geführt, dass er im Basislager den Ton angibt. Er grüßt unsere staubige Karawane und weist uns an unser Lager eine Viertelmeile von den wenigen anderen bereits anwesenden Teams aufzustellen. Basislager. Klingt so dauerhaft, so beständig. Ein Zielbahnhof, wo man all sein Material von den Pick-ups holt, den Staub abschüttelt und einzieht. Aber auch hier gibt es nur Steine und Erde. Mit einem zusätzlichen Element: Gletschereis. Wir stellen unsere Zelte auf eine dünne Schicht weißer Felsen, die auf der Oberfläche von schmelzendem, sich veränderndem und sich verschiebendem Gletschereis liegt. Nicht, dass wir viel Auswahl hätten.

Ich säubere eine Stelle und ebne sie für mein Zelt ein. Während ich kleine Steine wegräume und mit bloßen Hände in der Erde herumgrabe, um die Stellfläche für mein Zelt in Ordnung zu bringen, buddle ich aus Versehen eine alte Spritze aus. Die Spitze der Nadel ist stumpf; sie lag schon seit Jahren dort, kein Zweifel. Aber für mich ein unschönes Willkommen im Everestbasislager. Nach tausenden von Kilometern und langen Tagen des Reisens an einen der abgelegensten Winkel der Erde steche ich mich fast mit einer schmutzigen Nadel. Ich schaue mich um und entdecke weitere Souvenirs und Anzeichen der Anwesenheit anderer Bergsteiger: weißes Toilettenpapier, vom Wind abgerollt. »Gebetsfahnen des weißen Mannes« nennen es die Sherpas, weil es hier draußen nicht verrottet. Da sind leere Sauerstoffflaschen, diverse Plastikbehälter, übrig gebliebenes Zeug vom letztjährigen Basislager. So traurig es sich anhört: In einer der abgelegensten Regionen der Erde gibt es ein größeres Müllproblem als in manchen großen Städten. Gewiss achten die meisten Bergsteiger auf die Umwelt, aber es gibt keinerlei Regeln über »wieder mitnehmen, was man mitgebracht hat«, wie in der NOLS, und so ist das Basislager zum Abschluss einer Expedition in schlimmem Zustand.

Noch sind nicht viele Bergsteiger im Basislager, um die Dinge zu verschlimmern. Ein amerikanisches Team kam früh, um Seile zu fixieren, sich zu akklimatisieren und die gewaltige Menge an Ausrüstung für einen erfolgreichen Gipfelsturm zu sortieren. Sie waren so früh hier, dass sie noch einen der letzten Winterstürme abbekamen, so stark, dass es ein Zelt weggeblasen hat. Zu diesem Zeitpunkt stand ein Typ komplett eingeseift unter der Dusche (die Duschen sind primitiv – einfach heißes Wasser in einem Eimer) und rumms! war das Zelt futsch. Er stand nackt in der Welt und hatte nur Seife an, um sich warm zu halten.

Reinhardt Patscheider steigt in unsere Expedition ein. Ein gutes Beispiel dafür, wie Bergsteiger auf diesen Unternehmungen zusammenkommen. Die meisten gehören zu Teams, die länderweise zusammengesetzt sind, manche Teams sind kommerziell (das heißt, wir bezahlen, damit Thor uns führt), wieder andere werden von ihren Ländern oder von Firmen finanziert.

Und einige Bergsteiger sind wie Reinhardt. Zwei Freunde von ihm besitzen eine internationale Bergschule in Deutschland und kauften Thor die Hälfte seiner Genehmigung ab. Diese Freunde verkauften die meisten Teilnehmerplätze an eine Gruppe von Letten, die bald eintreffen werden. Reinhardt konnte sich einen der übrigen Plätze sichern und wird allein gehen. Er ist ein erfahrener Achttausendermann aus Südtirol, der am Annapurna einen fürchterlichen Sturz überlebte. Ich habe gelesen, dass er über zweihundertfünfzig Meter weit eine Eisflanke heruntergeflogen ist und sich halten konnte, kurz bevor es über einen Abbruch ging.

■ 15. April 1995

Wir reden, spielen Backgammon, lesen, tun wenig außer atmen. Es ist wichtig, zuerst eine Weile herumzuliegen, während sich der Körper auf die Höhe einstellt; schließlich ist allein der Gang ins Essenszelt schon eine Arbeit, die einen schnaufen lässt, als würde man rennen. Vier von uns erhalten mehr Training als vorgesehen, als wir beschließen ins Kloster Rongbuk hinunterzuwandern, nur zwei Meilen (wie wir glaubten) tiefer gelegen.

Greg Miller, der Rechtsanwalt, Jim Wheeler, Reinhardt Patscheider und ich wollten sehen, wie die Mönche dort auf sechstausend Meter leben, in der höchsten religiösen Einrichtung der Welt. Die Wanderung zum Kloster war viel länger, als wir gedacht hatten, acht Meilen in jede Richtung, weit mehr als das, worauf wir vorbereitet waren, aber es hat sich gelohnt.

Sobald ich mich in dem Kloster befand, wusste ich, warum

diese Mönche so fromm bleiben können. Im großen, offenen Hof konnte ich sie singen hören. Ich blickte auf einfache gestrichene Wände und hinauf zum sauberen, tiefen Himmel, hörte den heftigen Wind aus den Bergen und mir wurde klar, dass das alles war, was es hier gibt. Keine Vegetation, über hundert Meilen nicht mal ein Geschäft, um irgendwas zu kaufen. Nichts, das zwischen dir und dem steht, was die Buddhisten Erleuchtung nennen. Als das Singen endete, kamen die Mönche zum Hof, um uns anzuschauen. Ihre einfachen Kleider und ihre klaren Augen sagten mir, wie zufrieden sie mit ihrem Leben sind. Dann begannen sie miteinander zu reden, auf uns zu zeigen und zu kichern, froh darüber, Besuch zu haben.

Ein junger Mönch, nicht viel älter als ich, sah mich an und flüsterte ins Ohr eines alten Mannes, der neben ihm stand. Er zeigte auf mich, nickte und lächelte. Ich nickte zurück, wollte mit ihm sprechen, ihn fragen, wie es so ist, hier eingesperrt sein Leben zu verbringen, dieselben alten Hosen und Kleider, jeder Tag dasselbe Essen, tagein, tagaus am Beten, so nah am Everest und doch nie eine Chance in die Nähe des Gipfels zu kommen. Oder irgendwo anders hin. Dann fragte ich mich, wer es besser hat: ein Typ wie ich mit seinen tollen Trekkingklamotten, über tausende von Kilometern gereist, im Begriff den Everest zu versuchen, oder dieser junge Bursche, vermutlich bereit am Fuß des Everest den Rest seines Lebens mit Gebeten zu verbringen.

Ich war nicht sicher und bin es immer noch nicht. Wir sind beide jung, kräftig und entschlossen zu tun, was wir tun. Vielleicht kann ich durchs Bergsteigen ebenso viel lernen wie er durch Beten. Vielleicht ist er beim Beten genauso glücklich wie ich in den Bergen. Vielleicht haben wir es beide gut erwischt. Die Glocke wurde geläutet (ein alter, leerer Sauerstoffzylinder) und er wandte sich zum Gehen ab. Wir verbeugten uns zueinander und winkten uns zu, fast als ob wir miteinander geredet hätten. Immer wenn ich daran denke, Gott auf meinen Pilgerreisen in die Berge näher zu kommen, denke ich immer auch an diesen Ort, der dem Himmel näher ist, als jede andere Gebetsstätte es sein kann, und an den Blick dieses jungen Mönchs.

18. April 1995

Meine ersten Schritte am Everest sollten wie der Anstoß im großen Eröffnungsspiel sein, wie die ersten Szenen bei der Weltpremiere eines Films oder wie der erste Schultag. Weil es der höchste Berg der Welt ist, sollte er irgendwie anders sein, rosa vielleicht oder überall mit großen Neonlichtern, irgendso was. Aber zu Beginn des langen Marschs vom Basislager zu unserem ersten Zwischenlager empfinde ich den Everest nicht mehr so sehr als steilen schlanken Gipfel vor mir, sondern eher wie eine riesige Meereswelle aus Stein und Schnee.

Wie fühle ich mich am ersten Tag? Zuversichtlich. Man will nie glauben, dass dieser Berg einen besiegen wird. Man denkt in Schritten, Abschnitten, kleinen Teilen eines großen Plans, die sich bis hinauf zum Gipfel zusammensetzen werden. An diesem klaren, kühlen Morgen steigen wir zu dem ersten von zwei Zwischenlagern. Sie dienen nur zum Akklimatisieren und um ein paar Sachen dort aufzubewahren. Man muss bedenken, das vorgeschobene Basislager, wo wir die meiste Zeit verbringen werden, liegt sechsundzwanzig Kilometer weiter und tausenddreihundert Meter höher als das Basislager. Wenn es unser Ziel ist, auf 6 400 Metern keine Probleme zu haben, müssen wir sehr darauf achten, alles richtig zu machen.

Das ist der Plan: Der erste Aufstieg ins VBL (vorgeschobenes Basislager) dauert drei Tage wegen der Stopps in den beiden Zwischenlagern. An jedem dieser Tage ruhen wir ein paar Stunden aus, vor allem im vorgeschobenen Basislager, wo wir einen zusätzlichen Tag verbringen, bevor wir wieder runterkommen. Beim nächsten Mal, irgendwann nächste Woche, brauchen wir nur zwei Tage, um ins VBL zu kommen. Dann schließlich werden wir in der Lage sein die sechsundzwanzig Meilen ins VBL an einem sehr langem Tag zu schaffen. Einmal im VBL eingerichtet (die Sherpas bleiben die ganzen zwei Monate hier), kommen wir für gelegentliche Ruhepausen ins Basislager, aber den Großteil der restlichen Zeit werden wir auf 6 400 Meter verbringen. VBL ist nur der Anfang der Geschichte, weil es in Wirklichkeit unser Basislager ist, nur eben ein sehr hohes. Camp Eins liegt im Nordsattel, nur sechshundert steile Meter höher als VBL, Camp Zwei noch mal neunhundert Meter höher am Nordgrat, und das letzte, Camp Drei, ist genau unterhalb des Gipfelaufschwungs in 8 500 Meter Höhe.

Zwei Monate voll kleiner Schritte, zwei Monate voll strategischer Planungen werden mich und unser gesamtes Team auf den Gipfel bringen. Es wirkt merkwürdig, an all den Wind zu denken, die Kälte, steile Fels- und Eispassagen, die Möglichkeit von Verletzung und Krankheit, und dann alles auf einen kühl kalkulierten Schlachtplan zu reduzieren. Aber genau daran denke ich am ersten Tag, als Kat, Thor und ich in Richtung des ersten Zwischenlagers starten.

Worüber ich nicht nachdenken will und was ich aus meinen Gedanken ausblende, ist unser Team, wie es miteinander auskommt, was alles geschehen mag. Thor muss darauf warten, dass seine Freundin Kat so weit ist. Da wir drei als Letzte gehen, müssen wir Sachen tragen, die die anderen vergessen haben, wie ein extra Seil. Fünfzehn Minuten nach dem Aufbruch beklagt sich Kat, dass ihr Rucksack zu schwer ist. Obwohl ich mit meinem eigenen Rucksack und zusätzlicher Ausrüstung beladen bin, biete ich ihr meine Hilfe an. Doch was sie mir zu tragen gibt, stimmt mich aus gewissen Gründen bedenklich: zehn Pfund kosmetische Gesichtscreme. Ich nehme es, sage nichts, aber ich kann mir nicht helfen und muss mich fragen, wie der Rest der Expedition verlaufen wird, wenn wir auf Kat warten müssen, die darauf besteht, zehn Pfund Gesichtscreme den Everest mit raufzunehmen, und sie dann nicht mal selbst tragen kann.

Während wir so langwandern, denke ich über das Abendessen in Denver nach. Meine Mutter war gekommen, um uns zu verabschieden, und hatte alle zum Essen eingeladen. Javier, seine Frau Charro, Thor, seine Eltern und mich. Nicht dabei? Kat. Sie ließ sich ihre Nägel maniküren.

■ 21. April 1995

Vorgeschobenes Basislager. Kopfschmerzen spät in der Nacht. Pochende, schmerzende Augen – Bloß-nicht-zu-schnell-bewegen-Kopfschmerzen. Schwierig, sich hier oben auf 6 400 Meter überhaupt zu bewegen, geschweige denn schnell. Hab noch nie auf dieser Höhe übernachtet. Aber das ist es nicht, warum mein Kopf schmerzt. Ich gebe es ungern zu, aber ich habe kein Kissen. Mein Kopf lümmelt auf einem Bündel Kleidung und ich kann nicht schlafen. Und alle zwei Sekunden bimmeln Yakglocken wie Gongschläge. Genau wie auf meinem ersten Trip nach Nepal. Vollkommen ruhige

Nacht. Die Yaks schlafen. Aber ihre Glocken scheppern immer noch.

VBL liegt zwischen ein paar x-beliebigen Felsen neben einem Gletscher, der einer ohnehin schon kalten Nacht diesen zusätzlichen Schub Klimaanlage gibt, den du so überhaupt nicht brauchst. Wir halfen den Sherpas das Küchenzelt und das Essenszelt aufzustellen, dann hoben wir flache Stellen für unsere eigenen Zelte aus und gingen früh schlafen. Mit dem, was ich den Sherpa-Küchenschabenschritt nenne – zwanzig Minuten schnell gehen, fünf Minuten ausruhen –, kam ich ziemlich schnell vom Zwischenlager bis hier hoch. Ich bin müde jetzt, kann aber immer noch nicht schlafen. Wahrscheinlich Greg Millers Schuld.

Greg ist ein gesprächiger, energischer Bursche, der spät zu unserem Team stieß, aber er hatte so viele Klettergeschichten auf Lager, dass mir nie Zweifel an seiner Erfahrung kamen. Bis wir zum ersten Mal Steigeisen trugen. Seine komplette Ausrüstung war neu; ich meine, nagelneu. Als er seine Achthundert-Dollar-Überhose zerriss, wusste ich, dass er auch »neu« war. Nach ein paar Stunden in Eis und Schnee wird ein mit Steigeisen nicht vertrauter Bergsteiger leicht müde, seine Füße zeigen ab und zu nach innen, sodass die Zacken der Steigeisen sich im jeweils anderen Hosenbein verfangen. Ziemlich bald sind die Innenseiten der Hosen zerfetzt. Das ist genau das, was mit Greg und seiner Achthundert-Dollar-Goretex-Überhose passiert ist, als er heute die steilen Firnpassagen heraufkam.

Aber das ist es nicht, warum ich nicht schlafen kann. Ich teile das Zelt mit Greg und er hat über all meine Sachen Wasser verschüttet. Wasser, das sollte ich erwähnen, ist hier oben schwer zu bekommen. Wenn man es raufträgt, friert es ein. Man muss Schnee schmelzen. Man stellt einen Gaskocher auf und stopft Schnee in den Topf, bis er voll ist. Aber aus Schnee bekommt man nicht viel Wasser. Man braucht manchmal drei Stunden, um vier Liter zu schmelzen. Und mit vier Liter kommst du nicht weit, weil du einfach fässerweise trinken musst, um Dehydration zu vermeiden.

Noch schlimmer, als Wasser zu verschwenden, ist es über mein ganzes Zeug zu kippen, sodass alles vollkommen durchnässt wird. Entschuldigungen gleichen Unachtsamkeit nicht aus. Noch viel weniger, wenn einer eine Stunde später seine Urinflasche über genau die Sachen ausleert, die du gerade getrocknet hast! Urinflaschen sind ein notwendiges Übel des Zeltlebens. So ähnlich, wie wenn man im Krankenhaus ist und nicht aufstehen darf. Es ist so viel besser, im warmen Schlafsack in eine Flasche zu pinkeln als rauszugehen und Erfrierungen an allen möglichen Extremitäten zu riskieren – solange du die Flasche fest zumachst, was Greg eben nicht tat.

Gregs Fehler sind nicht das Problem. Das hätte jedem passieren können. Ich liege wach und grüble über andere Dinge: Während der Anreise dachte ich, dass dies hier sein würde wie die meisten meiner anderen Reisen, jeder hat voll Entschlossenheit das gleiche Ziel vor Augen – besonders am Everest. Aber ich sehe kleine Risse im Fundament. Thor verbringt viel Zeit mit Kat, die ständig ins Leere zu starren scheint, schmollend, so als ob sie gar nicht hier sein will. Carlo Rocca, dreifacher Bypass-Überlebender, ist höllisch wütend, dass der private Sherpa, den Thor ihm versprochen hat, krank ist. Pat Caffrey hat bereits Atemprobleme. Sogar Reinhardt wurde krank, verließ das Basislager, um zurück nach Kathmandu zu fahren, und versprach, er würde wiederkommen. Roger Gocking mag mich nicht, das ist nicht zu übersehen. Die Letten, etwa acht an der Zahl, schlossen sich uns im Basislager an und fühlten sich gleich so heimisch, dass sie unsere Lebensmittel aßen (und unsere 1 a Steaksoße über jede Kartoffel kippten, die sie finden konnten). Außerdem kamen im Basislager tibetische Yakhirten ins Küchenzelt und stahlen, was sie konnten, bevor unsere Sherpas sie verscheuchten. Ich weiß, ich jammere, ich weiß, ich hab ein bisschen Heimweh, aber Risse im Fundament, ganz gleich wie klein, haben die Tendenz größer zu werden, und das ist, was mich stört.

Trotzdem können all die Probleme meine Freude nicht schmälern an diesem Berg zu sein. Ich weiß nicht, ob die Mönche im Kloster Rongbuk sich jemals an diese blutroten Sonnenuntergänge gewöhnen und die zehn verschiedenen Grautöne in den Nachmittagswolken, aber ich gewöhne mich da sicher nie dran. Ich frage mich, ob die Sherpas solche Lawinen wie die, die ich heute Nachmittag sah, für etwas Selbstverständliches halten. Ich hab sie zuerst gehört, wie einen großen Pick-up, der im niedrigen Gang den Berg runterbrummt, und dann sah ich sie, ein weißer Kamm, der wie ein Wasserfall über einen weit entfernten Hang herabspritzte. Und heute Nacht gegen neun stand ich vor meinem Zelt und sah mich um. Über mir war der nachtschwarze Himmel, durchsetzt mit strahlend hellen Löchern von weißen Sternen. Unten, weit unten, etwa da, wo ich wusste, dass Rappi La sich befindet (der Pass zwischen dem Everest und den kleinen Bergen, die nach Nepal führen), konnte ich Blitze und Leuchten von stummen Gewittern sehen. So egoistisch es klingt, ich war froh allein zu sein, als ich es sah. Genau wie mit der Lawine. Genau wie mit dem Everest selbst. Du magst zu einem Team gehören, aber du kletterst allein, erreichst den Gipfel allein, machst die Erfahrung allein.

Das Basislager füllt sich; Thor sagt, dass es fast zweihundert

Bergsteiger und ihre Helfer sein dürften, insgesamt beinahe vierhundert, bevor die Saison vorbei ist. Morgen sind noch mal vier Teams fürs VBL angekündigt. All diese Leute wollen dasselbe wie ich. Wie viele Bergsteiger passen auf den Gipfel des Everest? Das ist wie die Frage, wie viele Engel auf eine Nadelspitze passen. Ich stellte mir immer vor, dass alle diese Engel seitlich von der Nadel runterfallen. Gleiche Vorstellung beim Everest. Zweihundert Bergsteiger zur gleichen Zeit am Gipfel und die Leute fallen seitlich runter. Aber so ist es nicht. Es ist alles meins. Egal, was es für Risse im Fundament gibt oder wer mich mag oder nicht, es hängt von mir ab, mich immer weiter bis zum Gipfel zu puschen, mich auf jeden Einzelnen vorsichtigen Schritt zu konzentrieren. Nein, niemand sonst wird beschuldigt. Keine Entschuldigungen. Es hängt von mir ab.

Kapitel zehn

Everest 95

Die Personen

Everest-95-Team

Thor Keiser Expeditionsleiter

Javier Bergführer

Katarina Straskaba Skifahrerin, Bergsteigerin, Thors Freundin

*Tony Tonsing** Bergsteiger; Colorado

Pat Caffrey Holzfäller; Montana

Ray Dorr Bühnenbildner am Broadway; New York

Carlo Rocca Bergsteiger, Bypass-Überlebender, will als ältester Mensch auf den Everest

Jim Wheeler Neurologe; Colorado

Reinhardt Patscheider Bergsteiger; Österreich

Greg Miller Anwalt; Kalifornien

*Roger Gocking** Bergsteiger, Professor, Langstreckenläufer, Skifahrer; Trinidad

*Mike Roth** Pilot; Colorado

*Russell Brice** Expeditionsleiter; Neuseeland

*John Tinker** Bergsteiger; England

Moti La Sherpa

Kashi Sherpa

Pemba Sherpa

* *mit Everesterfahrung*

■ 23. April 1995

Falls du jemals einen Film über eine Besteigung des Everest machen willst, dies wäre eine spektakuläre Eröffnungsszene. Beginne mit einer Panoramaansicht des kalten schwarzen bekannten Everestgipfels, dessen wunderschöne Schneefahne der *Jetstream* hinter sich herzieht. Zieh langsam hinunter, sodass die Kamera den Nordgrat findet, auf der einen Seite eine kompakte schwarze Felswand, aufgehellt von Schnee, und auf der anderen Seite die ruhige Welt von glänzendem steilem Weiß unterhalb eines tiefblauen Himmels, das Ganze in prallstem Sonnenlicht.

Lass die Kamera eine kleine Gruppe von winzigen Zelten entdecken, aneinander gekuschelt unterhalb des Schneegrats. Stell die Linse scharf auf eine winzige Reihe von schwarzen Punkten, die langsam den weißen Hang hinauf zu den Zelten steigen. Stell dein Zoom langsam genug ein, um dem Zuschauer eine Vorstellung der riesigen Dimensionen zu geben, in denen sich die Punkte bewegen. Geh immer näher ran, langsam, sodass die Zuschauer sehen können, wie aus den Punkten bunte Menschen werden. Achte auf das Luftschnappen, das Knirschen von Schnee, die ansonsten tiefe Ruhe. Lasse den Zuschauer eine Ahnung von der Größe des Bergs bekommen, dessen steile Hänge klägliche kleine Menschen hinaufkriechen. Nebenbei bemerkt, der da unten, das wäre ich. Dritter von hinten. Erste Gruppe.

WOW! 7 000 Meter. So hoch, wie ich noch nie gewesen bin! An Fixseilen, in Sechsergruppen, in hellem Sonnenschein des späten Vormittags, mit knirschenden Steigeisen auf festem, steilem Styroporschnee, mit einer Aussicht, in der die Berggipfel wie steile Wellenkämme stehen, eine nach der anderen und in immer größerer Entfernung. Wir sind unterwegs ins Camp Eins. Roger, Pat, Greg, Javier und ich sind vor Thor, Tony, Carlo, Kat, Jim und Mike Roth. Wir halten ein gleichmäßiges, aber langsames Tempo; ich fühle mich gut, aber ich werde langsam schlapp. Und ich dachte, ich wäre akklimatisiert!

Schlapp, na und! Wir sind schon fast in Camp Eins, und wenn wir zum Luftholen Pause machen, kann ich hinuntersehen auf das, was das Herz von Tibet zu sein scheint: Gletscher wie breite flache Autobahnen, die braunen Täler und hügelige Anhöhen so weit unter uns. Wenn ich nicht mehr daran denke, wie hoch ich schon bin, ich könnte keinen einzigen Schritt mehr tun. Aber ich kann natürlich doch – mache noch einen Schritt und noch einen und noch einen, schließlich bin ich durch das Seil mit den anderen Mitgliedern des Teams verbunden.

Ich wünschte, das Team wäre immer so gut miteinander verbunden. Wieder stellte ich Risse im Fundament fest, als wir gestern im Vorgeschobenen Basislager unseren Esstisch und unsere Stühle zusammengebaut haben. Ray, obwohl an der Hand verletzt, plagte sich mit den schweren Steinen herum. Und er war immer noch am Schuften, als Toni sich zum Boss emporschwang und Rays Arbeit runtermachte. Also spuckte Ray aus und regte sich darüber auf, mit Idioten wie Tony zu arbeiten. Wie kleine Kinder. Es erinnerte mich an die Decken. In Kathmandu kauften wir alle einander ähnelnde Decken für unsere Zelte. Wir kamen ins Basislager und alle fingen an sich um die Decken zu streiten. Als ob die alle verschieden wären. Echt, wie kleine Kinder. Und dann – natürlich – wollte Kat nicht mitgehen. Thor musste warten, bis sie in Stimmung war, sodass sie ins VBL konnten. Ich hoffe nur, sie ist oft in Stimmung.

Javier kann das größte Kind sein. Manchmal arbeitet er an einem Projekt wie dem Essenszelt nicht mit, denn schließlich ist er Bergführer und Bergführer tun bestimmte Dinge nicht. Manchmal aber, wenn eine Frage aufkommt, die eine autoritäre Entscheidung verlangt und Thor nicht in der Nähe ist, zuckt Javier mit den Schultern und sagt, dass er nur ein Kunde ist und ganz und gar kein Bergführer.

Alles nebensächliche Probleme, bin ich mir sicher. Thor wird es alles richten. Wichtiger, dass ich mich auf den blendenden Tag vor mir konzentriere. Ich sollte wirklich froh sein, dass ich mit Thor hier oben bin, denn er hat mich angespornt all die Bergtouren in Südamerika zu machen, hat mich angespornt jetzt hier zu sein. Von ihm habe ich mehr gelernt als von allen anderen, und wenn er nicht da war mir etwas beizubringen, dann war Javier zur Stelle.

Camp Eins ist ein großartiger Platz, um die Kontraste von Schwarz und Weiß am Everest aus erster Hand zu erfahren. Wenn man aus dem Zelt kommt, sieht man über die weiße steile schneebedeckte Felswand hinunter zu dem nun schon vertrauten Gletscher und dem Tal weit unten. So wild sie auch wirkt und so schwierig zu ersteigen, weißt du trotzdem, dass es geht, schließlich hast du es selbst gerade gemacht. Dort unten bereiten sich gerade Leute vor, ebenfalls genau das zu tun. Jetzt steigst du drei Meter weit den windgepressten Schnee hoch und siehst über die Kante des Nordgrats hinab: Da bekommt man einen ganz anderen Eindruck. Der Sog des eisigen Windes zerrt an deinem Gesicht, während du die kahle, schwarze Felswand hinabstarrst, die kilometertief und fast senkrecht abzustürzen scheint. Es ist, als ob du dem Tod ins Gesicht schaust. Und dann, während der Wind dich hin und her schüttelt, wird dir klar, dass du dich besser daran gewöhnst, das Schwarz und das Weiß zu sehen, denn wenn du am Berg den halbmeterbreiten, messerscharfen Grat hinaufsteigst, kann dich ein einziger Fehler die bodenlose schwarze Felswand hinunterwerfen oder dich über den weißen Hang aus Schnee und Eis in die Tiefe schicken. In jedem Fall würde ein Fehler den Tod bedeuten. Es ist alles da in Schwarz und Weiß.

26. April 1995

Basislager. Lang geschlafen, weil ich gestern vom vorgeschobenen Basislager herunterkam, die sechsundzwanzig Kilometer an einem langen Tag. Steif, Muskelkater, die Beine wie tot. Aber ich hab's geschafft. Ich komme aus meinem Zelt heraus und sehe, wie Javier, Mike Roth und Jim Wheeler ihre Sachen packen. Nicht für das vorgeschobene Basislager, sondern für zu Hause. Javier sagt, er ist krank; Roth klagt über das Essen; Wheeler will einfach weg. Nicht, dass es ungewöhnlich ist zu sehen, wie jemand einen Berg aufgibt. Die Ausfallquote ist immer hoch am Everest – für komplette Expeditionen liegt die Ausfallquote über die Jahre bei über sechzig Prozent, man stelle sich also vor, wie hoch sie bei einzelnen ist. Ähnlich wie in der Basketballliga. Wie viele Basketballspieler spielen am College? Wie viele von ihnen schaffen es bis zu den Profis? Genau wie am Everest. Die everesterfahrenen Bergsteiger erzählen mir, dass viele aus zahlreichen Gründen auf einmal aufgeben: Krankheit, Erschöpfung, Angst, Verlust des Willens.

Es ist ungewöhnlich, dass Leute einfach aufstehen und zusammen weggehen. Die meisten bleiben zumindest im Basislager, spornen ihre Teamkollegen an, helfen. Diese Leute steigen einfach in einen Jeep und verschwinden. Roth, in seinem anderen Leben Charterpilot, sagt, dass er nur noch vierhundert

Dollar sein Eigen nennt und dass er vorhat in ein Kloster einzutreten. Genau das Richtige für einen Typen, der abhaut, weil es keine Limonade gibt. (Wir haben in der Tat ein kleines Lebensmittelproblem. In anderen Lagern isst man, was man will, einfach um in der Höhe bei Kräften zu bleiben. In unserem Essenszelt gibt es diesen vertrauten Aufschrei »Iss das bloß nicht alles auf einmal!«.) Jim Wheeler will einfach weg. Hat getan, was er konnte. Fühlt sich damit zufrieden. Ich bin nicht sicher, ob Javier krank oder eingeschüchtert ist. Javier ist in Südamerika oft auf knapp siebentausend Metern Höhe gewesen. Aber da schaute er immer von einem Gipfel herunter. Vielleicht kommt er mit dem Gedanken nicht klar, noch mal tausendachthundert Meter hinaufzusehen, die man auch noch raufmuss. Aber wer wird hier nicht eingeschüchtert? Man muss sich auf die einzelnen kleinen und auf die eigenen Schritte konzentrieren.

Als wir Auf Wiedersehen und Viel Glück sagen, wünschte ich fast, ich ginge mit ihnen. Ich bin seit Jahren von zu Hause fort, wie es scheint. Ich vermisse mein Bett, das Essen meiner Mum, meinen Dad, meine Hunde. Während der Jeep langsam im Staub wegfährt, wird meine Liste länger und länger. Fernsehen, Musik, Duschen, saubere Klamotten, grünes Gras, Bäume. Ich kann mir nicht helfen. Zu Hause. Die da fahren zu alldem nach Hause und ich fühle mich, wie dieser junge Mönch, den ich im Kloster Rongbuk traf, sich fühlen muss, wenn Besucher gehen – tue ich das Richtige, wenn ich bleibe?

Später am selben Tag wird meine Frage von einem einfachen Besuch im amerikanischen Basislager beantwortet. Dort treffe ich Emily, die freundliche, gesprächige Dame, die hilft das Lager zu leiten. Wir sitzen zu Tisch in ihrem warmen Essenszelt, essen Schokoladenkekse und bald schon erzähle ich von meiner Mum und meinem Dad und wir lachen über meinen neuen jungen Hund. George Mallorys Enkel ist auf dieser speziellen Expedition, die geplant wurde, um der Expedition seines Großvaters zu gedenken. Ich frage Emily, ob ich Mallory junior erzählen soll, dass meine Eltern ebenfalls seines Großvaters gedachten – indem sie einen Hund nach ihm benannten. Dieses Lager, genau wie Emily selbst, lässt die Langeweile sich in Luft auflösen. Die Mitglieder des Teams laden mich zum Abendessen ein und wir lachen und juxen so viel, dass ich mein Heimweh vergesse. Außerdem geben sie mir eine ganze Dose Pringles-Kartoffelchips und eine Rolle weiches, weiches Toilettenpapier!

■ 30. April 1995

Der Everest steht zwischen uns und auch nur dem kleinsten wärmenden Sonnenstrahl. Wir sind auf 7 600 Meter auf dem Weg ins Camp Zwei, die Steigeisen graben sich in den harten Schnee der steilen, windigen Nordflanke. Der Wind heult dermaßen stark, dass ich den kompletten Daunenanzug trage und einen Skistock in der einen Hand und zum Gleichgewicht ein Eisbeil in der anderen, während ich die steile Flanke ansteige, wobei ich wie ein Segelboot mit dem Seitenwind kämpfe.

Wenn ich mir Zeit lasse und das Geräusch des Windes ausblende und es mir nicht erlaube, an Blätter zu denken, die von kalten Herbstwinden von den Bäumen gerissen werden, werde ich mich gut fühlen. Wenn ich mein Gleichgewicht halte und ein gleichmäßiges Tempo gehe und die gleichen Abstände zu Tony und Greg über mir und Thor und Kat unterhalb von mir einhalte, wird es mir gut gehen. Wenn nur meine Hände wärmer wären, wenn nur meine Daumen nicht taub würden. Ich kenne das Problem: In den Schlaufen von Skistock und Eisbeil wird den Daumen langsam ihre Durchblutung abgedrückt, auch bei wärmerem Wetter. Heute sind sie dem Risiko von Erfrierungen ausgesetzt. Ich muss eine Entscheidung treffen.

»Ich gehe runter!«, schreie ich zu Thor und zeige auf meinen Daumen. Zum Teufel damit. Es ist immer besser, nachzugeben, wenn dich etwas wirklich beunruhigt, wenn etwas gefährlich werden kann. Warum soll man es durchziehen? Wozu den Verlust der Daumen riskieren? Nur um weiterzumachen? Nur um gut auszusehen? Nein. Ich will nichts unnötig riskieren. Thor nickt. Er versteht.

»Ich gehe mit dir«, schreit Greg gegen den Wind. »Ich hab genug für heute.«

»Tu das nicht!«, rufe ich zurück. Ich brauche seine Hilfe nicht – will nicht, dass irgendjemand absteigt, nur weil ich absteige oder dass jemand nicht auf den Gipfel kommt, weil ich nicht auf den Gipfel komme. »Benutz mich nicht als Ausrede, nur um es dir leicht zu machen!«, schreie ich zu Greg.

»Ich weiß. Aber es ist mein erster Anlauf und ich hab überhaupt keine Energie mehr, also . . .«

Voll Abneigung gegen seine Ausreden, schüttele ich meinen Kopf und halte abwärts auf das VBL zu, um meine Daumen warm zu bekommen. Während des ganzen Abstiegs geht Greg hinter mir und ich frage mich: Bin ich zu nachgiebig mit mir, so wie ich es bei Greg vermute? Ich weiß, dass mein Instinkt Recht hat. Ich weiß, dass ich in gefährlichen Situationen immer kühlen Kopf bewahre. Aber ich muss sicher sein, dass ich nicht zu nachgiebig mit mir bin. Ich bin nicht spätnachts Treppen gerannt oder Fünfzehn-Kilometer-Strecken, um hierher zu kommen und nachgiebig mit mir zu sein. Niemals!

Ich bin weit vor Greg und mit dem Rückenwind gehe ich so schnell, dass ich das Blut durch meine Daumen pulsieren fühle, lang bevor ich zum vorgeschobenen Basislager komme. Meine Daumen werden o.k. sein, aber ich ärgere mich immer noch über das Geschehene. Aber warum? Was interessiert es mich, ob Greg umkehrt? Ich bleibe stehen, um auszuruhen, um bis zum Gipfel zurückzublicken. Wenn ich dort hinkommen will, muss ich ganz sicher sein, dass ich immer, egal, was passiert, genau den Unterschied kenne zwischen weich sein zu mir, was ich hoffentlich nie sein werde, und vorsichtig in Anbetracht wirklicher Gefahren. Was mich bei Greg wütend macht, ist, dass er diesen Unterschied wirklich nicht kennt. Und diesen Unterschied kennen kann über Erfolg oder Misserfolg entscheiden, über Leben oder Tod.

■ 3. Mai 1995

Sitzen beim Abendessen. Schön, wieder im vorgeschobenen Basislager zu sein mit dem Trost einer eiskalten Sitzgelegenheit aus Steinen. Zwei Tage heftiger Schneefall zwangen uns Camp Eins zu verlassen. Da oben, knapp unterhalb des messerscharfen Gratrückens, hörst du den brüllenden Wind über deinem Kopf, so als ob du unter einer U-Bahn wohnst und die Züge nie aufhören da durchzufahren. Hier im VBL essen wir leise, dankbar, an einem ruhigen Plätzchen zu sein. »Wo ist Thor?«, fragt Carlo zwischen zwei Bissen Yakfleisch. Wir sehen einander an, rollen unsere Augen und zucken die Achseln.

Gute Frage. Unser Führer scheint geführt zu werden. Wenn Kat nicht zum Nordsattel will, will Thor auch nicht zum Nordsattel.

Kat will überhaupt nicht hier sein. Das sieht man. Sie ist still und sieht meistens gelangweilt aus. Es ist schon hart genug, den ganzen langen Weg hierher zu kommen, fremdartiges Zeug zu essen, schreckliche Toiletten und Nacht für Nacht kalte Zelte zu erdulden, wenn man sich nichts so sehr wünscht wie hier zu sein. Für sie muss es ein Alptraum sein. Und deshalb ein Alptraum für Thor, der versucht unsere Bedürfnisse nach der Anwesenheit eines Führers mit den ihren in Einklang zu bringen – und, wie ich vermute, mit seinen eigenen.

Weitere Risse im Fundament: Pat Caffrey hatte es schwer, bis Camp Eins zu kommen. Musste dreimal gehen, um seine Ausrüstung raufzubringen. Dann ging er ins vorgeschobene Basislager zurück, verirrte sich in einem Schneesturm, biwakierte zwischen irgendwelchen Felsen. Am nächsten Tag war er so erschöpft, dass er für den Abstieg Stunden länger als normal brauchte und eine Erkältung bekam.

Dann hatten Tony und ich eine kleine Auseinandersetzung wegen Thor. Das eine Mal, als ich damit rechnen durfte, mit ihm ins Camp Zwei aufzusteigen, bestand Tony darauf, dass er mit ihm ginge.

»Hör zu, Tony, du hast doch schon zwei Achttausender gemacht. Lass mich gehen.«

Ich musste mich von Thor überprüfen lassen, vor allem um zu sehen, ob mein Tempo zu schnell ist. Zur Hölle mit Tony. Ich brauchte hier einen Trainer.

»Nein. Ich will gehen«, giftete Tony zurück wie ein kleines Kind, das mit seinem Daddy allein sein will.

»Vergiss es. Ich gehe«, knurrte ich, schnappte meinen Rucksack und folgte Thor aus dem Zelt hinaus. Hätte Tony mit seinen Füßen gestampft und sich hingesetzt und geheult, es hätte mich nicht überrascht. Wir verhielten uns beide wie Babys. Falls wir jemals den Everest besteigen wollen oder auch den Trip überleben, brauchen wir Teamwork, Kooperation. Wo sind sie?

Bei den Sherpas, genau dort. Ich stelle fest, dass ich immer mehr Zeit mit Moti La, unserem Klettersherpa, verbringe (genau genommen ist er vom Gurung-Volk, nicht vom Volk der Sherpas). Moti spricht fließend Englisch und Japanisch und ist die Vaterfigur für alle übrigen Sherpas, weil er der älteste ist, der erfahrenste. Er hat eine Ehefrau in einem Tal, eine andere in einem anderen Tal, eine dritte in der Stadt und Kinder überall. Moti hat gerne etwas zu tun. Nicht schlecht für jemanden, der als Büffeljunge, als Wasserbüffeltreiber angefangen hat. Im VBL ist Moti mein respektloser Muntermacher. Er öffnet mein Zelt, zieht meinen Schlafsack hinaus in die Kälte und ruft: »Fauler Mann! Du stehst auf!« Später besuche ich Moti jeden Morgen in seinem Zelt – eine Herausforderung, weil er so schlecht riecht. Aber er hält mich bei Laune hier oben, auf die gleiche Art, wie Emily mich im Vorgeschobenen Basislager bei Laune hält – beide freundlich, voller Späße. Ein guter Gegensatz zu den sich verschärfenden Spannungen im Team. Genauso ist auch Kashi, ein junger Sherpa, so voller Energie und Bewegung, dass ich ihn Kami Kashi nenne, nach den japanischen Kamikaze-Piloten aus dem Zweiten Weltkrieg.

Aber ich muss zugeben, all diese kleinen Risse im Fundament machen es schwierig, Vertrauen und gute Laune zu bewahren, besonders jetzt, wo der Gipfeltag näher rückt. Vielleicht sind wir alle ein bisschen Kamikaze.

5. Mai 1995

Der Weg hinauf ins Camp Zwei macht Spaß; nach der Jammerei ist es die reine Erleichterung, sich auf das Klettern im steilen, windgepressten Schnee zu konzentrieren. Heute steigen wir wegen der Akklimatisierung auf. Wir wollen bis auf 7 600 oder 7 900, vielleicht bis Camp Zwei, dann zurück ins VBL. Gut akklimatisieren, leichter atmen, starke Beine bekommen. Mit Thor vor mir, der mich in einem gleichmäßigen Tempo gehen lässt, fühle ich mich sicher 7 600 zu erreichen. Thor dreht sich um, lächelt mir zu, nickt Anerkennung. Anerkennung – etwas, worüber ich mir, glaube ich immer noch nicht sicher bin. Ich frage mich, was Roger Gocking über mich denkt oder Russell Brice. Greg und ich haben Russell und den britischen Bergsteiger John Tinker im asiatischen Trekkingbüro in Kathmandu kennen gelernt. Kaum dass wir sie getroffen hatten und ohne auch nur einen Willkommensgruß begannen sie mit Regeln herumzubellen: Keine Rettungen dieses Jahr für keinen von ihnen beiden. (Russell war schon siebenmal am Everest und hatte nie den Gipfel erreicht, weil immer wieder irgendeine Rettungsaktion an ihm hängen geblieben war). Jeder, der beim Diebstahl erwischt wird, ist auf Lebenszeit vom Berg verbannt (letztes Jahr wurden Sauerstoffmasken und -zylinder gestohlen, ja sogar Zelte).

Sie betrachteten uns offensichtlich als Aufschneider – ein Junge und ein Typ mit nagelneuen Klamotten –, und sie wollten, dass wir den Unterschied zwischen Bergsteigen und Bergsteigen an Achttausendern wissen. Zum Bergsteigen in der Todeszone braucht man viel mehr Standfestigkeit, Schmerztoleranz und Durchhaltevermögen, ganz zu schweigen von der Ausdauer, die nötig ist, um zwei Monate lang durchzuhalten. Es ist nicht das Gleiche wie zum Beispiel die acht oder neun Tage am Aconcagua. Leute wie Russell und John haben eine große Abneigung gegen Aufschneider.

Darum will ich heute mit Thor hier hinauf, nicht nur um ins Camp Zwei zu kommen, sondern um klarzustellen, dass ich kein Angeber bin. Ich will ihnen zeigen, dass ich mit 7 600 Metern umgehen kann, dass ich bereit bin für die Todeszone und den Gipfel.

Aber heute habe ich ein anderes Problem. Eins, das ich selbst verursacht habe. Jetzt bin ich endlich hier mit meinem Coach, alles ist bestens. Aber letzte Nacht habe ich Thor verpfiffen. Na ja, nicht direkt verpfiffen. Ich habe über Funk mit meinen Eltern gesprochen – ab und zu kommt so ein Kontrollanruf von ihnen – und erwähnt, dass Thor nicht viel Zeit mit uns verbringt. Daraufhin wollten sie Charro anrufen, Javiers Frau in Denver, die dann Thor ein Fax über meine »Sorgen« schicken sollte. Das Problem ist, dass das Telefax im amerikanischen Basislager ankommen und jeder es lesen wird, bevor wir spät am heutigen Nachmittag ins VBL kommen. Jeder wird wissen, dass der fünfzehn Jahre alte Junge sich seines Expeditionsleiters wegen »Sorgen« macht. Ich kann jetzt nichts darüber sagen, weil ich keine gute Tour vermasseln will. So viel zu Kommunikationsproblemen!

Der Aufstieg verläuft ausgezeichnet, ich lerne, wie man in den Steilstücken im richtigen Gehrhythmus bleibt. Als wir auf 7 600 Meter umkehren und Richtung VBL absteigen, sehe ich das Blau und Weiß der Welt über mir, aber ich habe erste Krämpfe in meinen Beinen. Ich weiß, dass ich noch mehr vertragen könnte, es bis ins Camp Zwei hätte schaffen können, aber ich bin schon zufrieden, dass es bis hier so gut gelaufen ist.

Am Vorgeschobenen Basislager steht Thor außerhalb des

Essenszelts und studiert das Stück Papier in seiner Hand, wobei er mit den Fingern durch seinen Bart streicht. Er steht vor dem Hintergrund von einem dieser blutroten Sonnenuntergänge, die zum dramatischen Finish des Tages ihre Wolken sammeln. Ich hatte das Fax vor ihm bekommen wollen, aber jetzt hat er es. Ich muss mit ihm reden.

»Wusste nicht, dass Charro dies Fax schicken würde.« Warum klinge ich so entschuldigend? Warum hasse ich diese Art von Gesprächen?

»Ich wusste nicht, dass du Probleme hattest.« Thor ist ernst, formell. »Worin bestehen die?«

»Dass du nicht genug am Berg bist. Ich mach mir Sorgen über meine Fortschritte, meine Akklimatisierung.« Ich hoffe, dass meine Stimme nicht so wackelig ist, wie ich mich fühle. »Das Tempo.«

Lange Pause, während wir beide in den Sonnenuntergang hinausschauen. »Wirst du mehr am Berg sein? So wie heute?«

»Ja. Ich werde mehr am Berg sein.« Thor blickt wieder in den Sonnenuntergang, blickt auf das Papier und geht weg.

Oha! Eine Auseinandersetzung. Ich hasse Auseinandersetzungen. Kann's nicht mit ansehen, wie manche Kinder Lehrer oder Schiedsrichter anschreien oder sich wegen Kleinigkeiten anfangen zu prügeln. Mann, ich kann mich nicht mal mit Thor »auseinander setzen«. Auf der einen Seite ist er mein Trainer und Lehrer, auf der anderen bezahle ich ihn und will, dass er genug tut für sein Geld. O.k.?

■ 9. Mai 1995

Ray und ich sind unterwegs ins Camp Eins, übermorgen geht's weiter zum Gipfel. Ich sollte eigentlich mit Thor gehen und wollte ihn im Camp Eins treffen. Ich hatte ihn angefunkt, damit er am nächsten Tag oben ist – das war gestern. Hätte es wohl wissen sollen – er hat es keine zwei Tage ausgehalten. Halb so wild, ehrlich. Thor musste nicht mit mir oder irgendjemand anderem auf den Gipfel. Als Leiter musste er uns einweisen, sagen, wo es langgeht, aber uns nicht an der Hand nehmen (nebenbei bemerkt, wäre es angenehm, allein in Camp Eins zu sein – du wirst von niemandem gestört, du isst, wann du willst. Mir gefällt das). Ray und ich waren beide so weit, also schlossen wir uns für den Gipfelgang zusammen. Das amerikanische Team plant, stellt Strategien auf, geht in Teams zum Gipfel. Die meisten Expeditionen machen das so. Wir improvisieren.

Ray und ich starten spät vom Vorgeschobenen Basislager, gegen drei, um aufgeweichten Schnee, Eisschlag und Lawinen zu vermeiden. Wir wollen Camp Eins vor Dunkelheit erreichen und Camp Drei morgen am späten Nachmittag. Jim Litch vom amerikanischen Team kommt uns entgegen und berichtet, dass viele aus seiner Gruppe auf dem Gipfel waren und jetzt in Camp Eins sind. Während wir so stehen und reden, merke ich, wie sehr Jim hustet. Er spricht vielleicht einen Satz oder zwei, dann kommen ein paar Berghuster. Dann bemerke ich, dass es bei Ray genau dasselbe ist. Sie husten ein Duett. Schließlich dämmert es mir, dass es bei mir auch nicht anders ist. Wir alle drei reden, schlucken die dünne Luft herunter und husten. Und alles, worauf ich höre, sind die Wörter, das Gespräch. Wir blenden die Huster aus, hören zu oder husten selbst. So ähnlich wie bei einem Windglockenspiel im Hof oder einer Standuhr – nach einer Weile bemerkt man es nicht mehr. Das Problem ist, wir alle husten hier oben – die meiste Zeit. Die Luft ist so dünn, das Immunsystem so überlastet, wir fangen alle an zu husten.

Wir verlassen Jim und gehen wieder weiter. Ich sage Ray, dass ich etwas müde bin. Er nickt, er versteht, warum. Gestern bin ich spät am Tag vom Camp Eins heruntergekommen. Heute ist mein fünfter Weg zum Camp Eins – die meisten Bergsteiger gehen nur dreimal und meine Beine sind schwer.

Nach drei Viertel der Strecke wird das gewohnte Berghusten plötzlich zu einem gewalttätigen Hustensturm. Fünf, zehn Hustenanfälle, die mich attackieren, als ob es etwas in mir gäbe, das hinauswollte. Es krümmt mich zusammen und ich spüre, wie etwas in meinem Brustkasten nachgibt, wie ein langes scharfes Messer durch meine Rippen fährt. Was ist das? Ich versuche mich aufzurichten. Kann nicht. Etwas hält mich gekrümmt.

Ich muss ins Camp Eins. Dort ist ein Arzt vom amerikanischen Team. Muss mich hinlegen. Ich beginne einen steilen Abschnitt hinaufzujümarn und atme Glasscherben. Was ist jetzt? Das Seil, in der Kälte des Spätnachmittags mit Eis bedeckt, rutscht durch, blockiert den Jümar. Ich torkle das Seil hinauf, trotz dieser messerartigen Schmerzen in meiner Brust. Ich kann die Zelte sehen. Das Messer schneidet bei jeder Bewegung und ich schleppe mich in Richtung des amerikanischen Zeltes. Ich sehe den Lichterschein, das Geräusch von lauten, fröhlichen Stimmen. Ich kann nicht einmal mehr meinen Rucksack abnehmen. Was kann das sein? Taumelnd gehe ich in das Zelt und werde von den lachenden Gesichtern der Gipfelsieger begrüßt.

Wo ist der Arzt? Jemand zieht mir das Hemd hoch, klopft ein bisschen herum.

»Hast 'ne Rippe gebrochen, würde ich sagen. Viel gehustet?«

Ich nicke. »Ja. Bin aber nicht gestürzt oder so.«

»Man braucht nicht zu stürzen. Wenn man hier heftig genug und lange genug hustet, halten die Rippen das nicht aus.«

»Kann ich mich hier ausruhen? Und später aufsteigen?«

Der Arzt schüttelt den Kopf. »Kann ich dir nicht empfehlen.«

Ich bahne mir meinen Weg durch das überfüllte Zelt und fühle mich wie der Verlierer im Superbowl in der Umkleide der Siegermannschaft, achte drauf, mit keinem der lachenden, fäusteschwingenden Bergsteiger zusammenzustoßen, und gratuliere denjenigen, die ich kenne. »Wünschte, du wärst mit uns gegangen. Es war großartig da oben!«, schreit mir jemand überschwänglich ins Gesicht. Ich lächle schwach zurück. Ich kann jetzt nicht reden. Es ist aus für mich. Kein Gipfel. Erledigt. Die Arbeit eines Jahrs verröchelt mit jedem dieser qualvollen Atemzüge. Im Moment kann ich gar nicht drüber nachdenken. Muss in mein Zelt, muss in meinen Schlafsack und die Kodeintabletten nehmen, die Ray mir gab. Versuche zu schlafen. Versuche dies Messer nicht zu spüren, das in meinen Rippen hin und her schneidet. Oder ist das mein Herz?

■ 11. Mai 1995

Die Sonne ist sehr warm und wird vom Schnee reflektiert, als Pemba und ich den langen Weg vom VBL hinab ins Basislager machen. Ich habe Pemba engagiert, um meinen schweren Rucksack zu tragen. Ich selbst trage nur eine Wasserflasche. Wir gehen langsam und pausieren oft, um zu trinken und das rasende Feuer in meinen Rippen zu besänftigen. Die Enttäuschung, die Frustration begann gestern Morgen, als ich meine

Eltern anrufen musste, um es ihnen zu erzählen, um ihnen tatsächlich die entscheidenden Worte zu sagen. Sie klangen erleichtert, glaube ich. Nicht glücklich, weil ich eine Rippe gebrochen habe, oder glücklich, weil ich den Gipfel nicht versuche, sondern einfach glücklich, weil ich bald zu Hause sein werde.

Beim letzten Mal hier runter war ich so stark, Kopf und Beine konzentriert auf Beinarbeit, Effizienz, Geschwindigkeit. Jetzt suche ich wie ein alter Mann meinen Weg hangabwärts, bemüht den Schmerz auf jede mir mögliche Art und Weise zu verringern. Ich bewege mich so langsam, dass ich eine Aufmerksamkeit für den Berg entwickle, wie ich sie vorher nicht gekannt habe. Die gewaltige Ruhe, diese viel stärkere Beschaffenheit von Licht – so hell, dass es fast wie ein Schlag gegen den Körper ist. Den Schnee spüren, die Formen der Ausblicke ringsum und unterhalb von mir, schwarze Felswände, weiße Gipfel und braune Täler, die alle so weit weg sind. Ich bin glücklich hier am Everest zu sein, auch wenn ich nicht am Gipfel war.

Glücklich auch, dass ich nicht mehr im VBL bin. FSO wie Fortgeschrittene Seifenoper sollte man es nennen. Es fing an, als Tony John Tinker anfunkte und ihn praktisch anbettelte eine von den Sauerstoffflaschen benutzen zu dürfen, die Tinker als Reserve am Berg hatte. Tony war auf dem Gipfel gewesen, hatte zu lange gebraucht und nun war sein Sauerstoff alle. Tinker war verärgert, dass Tony nicht gut geplant hatte, wollte aber unbedingt eine Rettungsaktion vermeiden und stimmte widerwillig zu. In der Abenddämmerung funkte Kashi, der Sherpa, der Tony begleitet hatte, und sagte, Tony wäre vermisst. Wir behielten die Funkgeräte im VBL die ganze Nacht an, aber kein Wort von Kashi oder Tony. Tinker musste schließlich doch eine Rettungsmannschaft hochschicken. Um fünf Uhr morgens funkte das

Sherparettungsteam ins VBL, dass sie Tony gefunden haben. Er wäre die ganze Nacht draußen gewesen, ohne Schlafsack oder Zelt, er wäre fast erfroren; wenn er lebendig runterkomme, hätte er Glück gehabt.

Da Jim Wheeler uns verlassen hatte, war ich der qualifizierteste Sanitäter, also wurde ich »Expeditionsarzt« und bereitete das Küchenzelt und die medizinischen Einrichtungen auf etwas vor, das erheblich schlimmer sein würde als ein paar angeknackte Rippen. Dann, später am Morgen, kam ein Funkruf von Camp Eins. Tonys Retter hatten ihn in ein Zelt gebracht, wo es ihm in seiner Dankbarkeit schon wieder gut genug ging, eine Tasse Tee nach einem Sherpa zu werfen, weil kein Zucker drin war. Gegen drei Uhr nachmittags funkte Tony selbst, um zu sagen, dass er jetzt runterkäme. Einfach so – Tony war von den Toten zurück.

Russell Brice war augenblicklich in unserem Küchenzelt, gefolgt von John Tinker. Beide aufgeregt, beide sehr verärgert darüber, dass Tony eine aufwändige Rettung gebraucht hatte, sagten sie mir, dass Tony einen Haufen Dollars für seine Verantwortungslosigkeit bezahlen müsse, so als ob ich etwas damit zu tun hätte. Etwa um vier kam Tony in das Küchenzelt gestolpert. Er sah völlig fertig aus, grau, schwach. Von niemandem wurde er mit offenen Armen empfangen. Zuerst behauptete er, er habe die Nacht auf 8 500 Metern – dreihundert Meter unter dem Gipfel – ohne Sauerstoff verbracht, was dem widersprach, was er vorher über Funk gesagt hatte: dass er »mit der Flasche, mit der ich schlief, runterkomme«. Dann sagte er mir, dass jetzt die NBC und ESPN hinter ihm her seien. Er dachte, er wäre ein Held.

Tony hatte es nicht kapiert. Niemand sonst war der Meinung, dass eine Nacht im Freien auf 8 500 Metern eine große Sache wäre oder auch nur im geringsten Maße heldenhaft. Weder die Ärzte der anderen Teams, die sich weigerten ihn zu untersuchen, noch die Leute aus dem amerikanischen Team, die Videoaufnahmen seiner Füße machten, damit er keine Verletzung durch Erfrierungen reklamieren konnte, und ganz gewiss nicht Russell und John, die Tony sehr deutlich klarmachten, dass sie Kletterfreunde in aller Welt hatten und dass er, falls er versuchte sich auf irgendeine Weise zum Helden zu machen, nirgends mehr willkommen sein würde. Dann straften sie ihn mit einer dicken Rechnung für Sherparettung, Sherpabonusgelder und Extraverpflegung.

Fortgeschrittene Seifenoper in meinen Augen. Wirkliches Leben für professionelle Bergsteiger wie John und Russell. Sie ertragen keine »Helden« – Schwindler, die durch verantwortungsloses Verhalten das Bergsteigen schlecht machen, nach eigenen Dummheiten gerettet werden müssen und sich dann im Rampenlicht aalen, als ob sie etwas Wunderbares geleistet hätten. Was Russell und John besonders wütend zu machen schien, war der Zwischenfall mit dem Tee. Viele Männer hatten sich bei Tonys Rettung engagiert, in dunkler Nacht, kurz vor dem Gipfel des höchsten Bergs der Welt. Als er Tee zurückwies, weil kein Zucker drin war, wies er ihre Bemühungen, ihr Risiko einfach als etwas Triviales zurück. John und Russell konnten so etwas nicht erlauben.

Ich versuche meinen schwitzenden Rentnerkörper den steilen Abschnitt hinunter in den kühlenden Nachmittagsschatten zu bekommen, Richtung Basislager, Richtung Heimat, sodass es schwer fällt gleichzeitig über diese Komplikationen nachzudenken.

12. Mai 1995

Ich packe zusammen und organisiere bei dem amerikanischen Team eine Mitfahrgelegenheit nach Kathmandu. Wie ich hörte, hat ein Typ namens George meine Eltern vom Basislager aus angerufen und ihnen gesagt, dass ich meine Rippe auf 7 900 Meter gebrochen habe. Ohne bei mir nachzufragen, erzählten sie es einem Reporter, der mich anrief, als ich gestern ins Basislager kam. Im Gespräch erwähnte er, wie hoch ich gekommen sei: 7 900 Meter. Ich hätte ihm sofort widersprechen sollen. Aber ich tat es nicht. Um mein Gesicht zu wahren, sagte ich, ich wäre in Camp Zwei gewesen, weil das auf 7 900 Meter liegt. Aber das war gelogen. Ich war nur bis 7 600. Es hat mich wirklich die ganze Nacht gestört. Ich musste die ganze Zeit daran denken. Ich wollte gar nicht lügen; es kam einfach so. Schlimm genug, dass diese Rippe bei jedem Atemzug an mir nagte; jetzt hatte ich auch noch eine eiternde Lüge in meinem Kopf. Ich wusste nicht, was schlimmer war, aber ich wusste, dass Lügen etwas Dummes war. Lügen. Wofür? Ich wollte kein Tony sein. Ich versuchte nicht den Helden zu spielen. Für eine schnellere Heilung der Rippe konnte ich nichts tun, aber mit der Lüge wusste ich, was zu tun war. Frühmorgens rief ich den Reporter an, erklärte ihm die Verwechslung und dass ich gelogen hatte. Er hat sich sehr gut verhalten. Als wir auflegten, fühlte ich mich viel besser. Er wird es im Artikel nicht erwähnen. Niemand weiß es außer mir.

Als ich beim Packen bin, kommen Leute zu meinem Zelt, um Auf Wiedersehen zu sagen. Greg Miller will mit uns gehen, aber es gibt nicht genug Platz. Er ist in Camp Zwei ausgestiegen. Er wollte es so sehr, er wollte sogar Reinhardt Patscheider anheuern ihn zum Gipfel zu bringen. Reinhardt war aus Kathmandu zurückgekehrt, fühlte sich besser und beschloss allein zu gehen. Bei Mondschein erreichte er den Gipfel, er war so stark, so schnell im Auf- und Abstieg, dass wir uns fragten, wer dieser Typ in Hellgelb sein konnte, der in der Morgendämmerung ins VBL kam.

Pat Caffrey überreicht mir eine Plakette für meinen »Gipfelversuch«. Er selbst kam infolge von Höhen- und Atemproblemen nicht sehr hoch. Carlo Rocca ging der Sauerstoff aus. Vielleicht wäre einiges anders gewesen mit einem persönlichen Sherpa. Carlo ist in großartiger Form für einen dreiundsechzig Jahr alten dreifachen Bypass-Überlebenden. Aber der Älteste, der den Everest je bestiegen hat, war Dick Bass mit fünfundfünfzig. Jetzt, wo ich gehe, frage ich mich, ob Thor den Publicitywert des jüngsten und des ältesten Everestkandidaten innerhalb desselben Expeditionssteams hinlänglich bedacht hat. Man muss sich vorstellen, wie er in der Kletterwelt dastünde, wenn wir beide es geschafft hätten.

Aus unserem Team haben es nicht viele geschafft. Genau genommen war es nur einer. Roger und Moti schafften es zur zweiten Stufe über Camp Vier, kamen in furchtbares Wetter und kehrten fünfhundert Meter unter dem Gipfel um. Ray wurde in Tonys Rettung verwickelt und hatte für einen Gipfelvorstoß nicht die richtige Ausrüstung dabei. Kat und Thor kamen bis ins Lager Drei. Und am Ende war Tony der Einzige aus unserem Team, der den Gipfel erreicht hat. Und ich bin im Begriff in einen Lastwagen mit einem Team zu steigen, das jedes Mitglied auf dem Gipfel hatte.

12. Mai 1995

Wir sitzen in einem rumpelnden Lastwagen Richtung Freiheitsbrücke. Steinlawinen und Unterspülungen machen unsere Rückreise gruseliger als den Everest. In einem alten Lastwagen schlammige Bergstraßen runterzukurven, vorbei an diesen riesigen Abbrüchen, ist erheblich nervenaufreibender als der Abstieg vom Camp Eins. Dann transportieren wir unsere gesamte Ausrüstung in andere Lastwagen, die uns bis zur nächsten Unterspülung bringen. Mein mit Abstand gefährlichstes Stück Kletterei auf dem gesamten Trip sind fünfzehn Meter durch so eine Unterspülung: Meine Rippe pocht, Wasser spritzt aus den schlammigen Rissen in der Straße, ich rutsche unter dem Gewicht der schweren Seesäcke, wehre tibetische Träger ab, die nach dem Gepäck grabschen, damit man sie bezahlen muss, und das Ganze in solch einer tückischen Umgebung, dass die russischen Bergsteiger auf dem Lastwagen vor uns Seile fixiert haben, um hier sicher durchzukommen. Es ist wie der klassische Alptraum: Du rutschst in Richtung Abgrund, weit unten kleine Bäume und Tiere, klein wie winzige Punkte. Es wird zu viel gedrängelt und geschoben im rutschigen Schlamm. Du merkst, wie du schwankst, schwankst, schwaaaaaa –!

Später in Nepal spazieren wir durch ein heißes, kleines Dorf. Alles ist so grün. Ich wusste nicht, wie sehr meine Augen nach Grün hungerten. Alles sieht so wunderbar aus. Bäume. Gras. Pflanzen. Und ein kleiner Fluss mit Kindern, die darin schwimmen. Jemand schreit dem Fahrer zu, er solle anhalten. Wir alle springen vom Lastwagen und ziehen vor den erstaunten Blicken der Kinder unsere Schuhe und Hemden aus und springen mit ihnen hinein. Das Wasser ist warm, die Bäume sind grün, die Kinder lachen und wir lachen auch.

▲ *Auf dem Weg zum Everest Basislager*

▼ *Mount Everest*

◀
Klettertraining in den Buttermilk Mountains, Kalifornien

Aufstieg am Fixseil an der Ama Dablam ▶

Jake, sechzehnjähriger Trekker aus New Mexico, und ein Yak ▼

Mark und sein Vater, zu Hause in Rhode Island ▼

▲ *Im vorgeschobenen Basislager am Everest, 1995*

Mount Everest und Lhotse. Mark schoss dieses Foto vom Gipfel des Cho Oyu. ▼

▲ *Auf dem Gipfel der Ama Dablam: Mark und die Sherpas Lhapka und Phurba*

Vier Bergsteiger beim Aufstieg auf die Ama Dablam. Mark ist der dritte von oben. ▼

▲ *Klettern an der Ama Dablam*

Das Ama Dablam Team. Marks Mutter befindet sich in der hinteren Reihe, links. ▼

▲ *Sternschnuppen über der Ama Dablam*

Scott Fischers Team, Everest, 1996 ▼

MOUNT EVEREST
8848 m
Südgipfel
8751 m
Nordostgrat
Bei Peak
7583 m
Westgrat
Khumbutse
6665 m
Lager II
Vorgeschobenes Basislager
6492 m
Rongbuk-Gletscher
Lho La
Lager I
5943 m
Lingtren
6749 m
Pumori
7165 m
Khumbu-Gletscher
Khumbu-Eisbruch
Basislager
5364 m
»Everest«-Expedition 1996,
Südsattel-Route

Lhotse
8501 m
Nuptse
7861 m
Cho Polu
6695 m
Baruntse
7168 m
Namche-Basar
29 km
BERANN

Klettern im Khumbu-Eisbruch

Vorhergehende Seite: Die Everest Südroute, 1996

▲ *Eine Luftaufnahme des Mount Everest. Im Mai 1996 erreichte Mark das in 7925 Meter Höhe liegende Lager IV der Everest - Südroute.*

GREGORY

▲ *Camp Vier am Morgen nach dem Sturm*

◀ *Eine einfache Aluminiumleiter dient als Steg über eine Gletscherspalte.*

Mount Everest und Lhotse mit den typischen Schneefahnen ▼

13. Mai 1995

Kathmandu. Ich drehe mich im Bett, die Rippe bringt mich um, mich jede Minute daran erinnernd, dass ich es nicht geschafft habe; die Gedanken durchdringen jeden meiner Atemzüge. In einem Moment fühle ich mich am Boden zerstört, weil ich den Gipfel nicht geschafft habe, im nächsten Augenblick glücklich, weil es nach Hause geht. Dann wieder schrecklich, weil ich so viele Leute enttäuscht habe, dann wieder großartig, weil ich am Everest so hoch gekommen bin. War ich gut genug vorbereitet? Was sage ich all denen, die mir Glück gewünscht haben? All meinen Sponsoren? Wie viel habe ich auf der einen Seite gelernt. Was hatte ich für große Angst über 7 600 Meter zu gehen – es ist, als ob da oben jemand den Sauerstoff ausgeschaltet hätte und du schrumpfst zusammen und stirbst bei jedem Atemzug ein bisschen. Jetzt weiß ich, dass ich dort überlebe, genau wie andere auch. Ich habe jetzt viel Wissen über den Berg angesammelt und viel Information.

Und eins weiß ich: Ich bin froh, dass ich hier war. Glücklich, dass meine Eltern und so viele andere mich auf so vielfältige Art und Weise unterstützen. Ich könnte in diesem Augenblick in meiner kleinen Stadt in Rhode Island sitzen, im Englischunterricht der zehnten Klasse. Ich bin lieber allein in Kathmandu, wälze mich schlaflos vor Schmerzen durch eine gebrochene Rippe hin und her. Mit Zielen ist es komisch: Je höher sie gesteckt sind, desto weiter kommt man auch tatsächlich. Als ich letztes Jahr auf einen Treck ging, sah ich diesen Moment meiner Zukunft im Leben nicht voraus. Die meisten, die in diesem Englischunterricht sitzen, denken nicht im Traum daran, einen Reisepass auch nur zu beantragen – sie glauben nicht, dass sie je einen brauchen. Aber fast jeder von ihnen könnte das Gleiche tun wie ich oder etwas Ähnliches.

Auf das Risiko hin, dass das blöd klingt oder ich mich zu wichtig nehme – ich würde mich gerne vor meine Klassenkameraden stellen, ihnen meinen Reisepass zeigen (der voller Stempel aus vielen Ländern ist) und dann Antragsformulare für Reisepässe verteilen. Ich frage mich, wie viele sie wohl ausfüllen würden. Wie viele würden ihre Träume entdecken und ihre Vision von ihrem eigenen Leben. Wie viele würden sich vorstellen können, dass sich auch ihre Reisepässe einmal füllen könnten? Sie könnten es. Ich habe den Pass und die gebrochene Rippe als Beweis.

Kapitel elf

Der Talisman meiner Mutter

■ Die Personen

Chris Fowler ESPN-Sportreporter; New York

Drew Fowler Chris Fowlers Bruder

Sean Bergführer am Mount Rainier

Allison Heargreaves bestieg als erste Frau den Everest ohne künstlichen Sauerstoff
Starb am K 2.

Ama-Dablam-Team

Al Burgess Expeditionsleiter; Utah

Travis Spitzer Stellvertretender Leiter

Ace Kvale Abenteuerfotograf; Colorado

Anne Smith Ace Kvales Freundin

Allison Palmer Krankengymnastin; England

Bob Mante Ingenieur; Arizona

Prua Sherpa

Lapka Sherpa

Christine Pfetzer Marks Mutter

Peter Habeler war 1978 zusammen mit Reinhold Messner ohne künstlichen Sauerstoff auf dem Everest.

14. Oktober 1995

Ich bin im Himalaja, sitze auf einem Hocker im Basislager, löse Geometrieaufgaben und sehe hinauf zum Gipfel der Ama Dablam. Wir sind vielleicht sieben Kilometer vom Everest entfernt, allerdings lassen sich Entfernungen in diesem Meer von Gipfeln schwer schätzen. Ich probiere das nächste Geometrieproblem, aber ich werde vom Berg abgelenkt und starre hinauf zu seinem höchsten Punkt, 6 856 Meter hoch. Ich fühle mich wie eine kleine Ameise vor einem riesigen, hohen Gebäude – ein Stück weit eingeschüchtert, aber es juckt mich, endlich zu klettern. Der Berg heißt Ama Dablam, weil vom Gipfel ein langes steiles Schneefeld in der Form eines *dablam* herunterzieht, eines Anhängers an der Halskette einer Frau. Ama Dablam oder auf Deutsch »Talisman der Mutter« ist ein klassischer Himalajagipfel: faszinierend, steil und schön. Ich habe wirklich Glück hier zu sein.

Auf dem Rückweg vom Everest traf ich Al in Kathmandu. Er lud mich auf seine Expedition ein und hier bin ich, mit geheilter Rippe und bereit für die nächste Bergtour. Warum also beschäftige ich mich mit Geometrieaufgaben? Normalerweise lautet meine Antwort Mr Krupowicz, der stellvertretende Oberschulrat, der mir immer schulfrei gibt, solange ich meine Aufgaben mache. Ich versuche auf all meinen Reisen zum Lernen zu kommen. Aber der spezielle Grund, warum ich an diesem wundervollen Morgen hier sitze und Geometrie lerne, ist meine Mutter. Sie zwingt mich. Sie lässt mich nicht von diesem Hocker, bevor ich nicht zwanzig Aufgaben gemacht habe. Und sie kann überprüfen, ob ich auch wirklich alle gemacht habe, weil sie hier ist! Im Basislager.

Meine Mom entschloss sich mitzukommen und bereitete sich

auf den langen Treck vor, indem sie täglich kilometerlang stramm marschierte. Jetzt ist sie hier und es geht ihr sehr gut. Mein Vater zieht es vor, zu Hause zu bleiben und »das Herdfeuer in Gang zu halten«, wie er sagt. Mit neunzehn Jahren Nachtschicht im Polizeidienst hat er bereits ein komplettes abenteuerliches Leben hinter sich. Wenn ich in seinem Album mit Fotos und Zeitungsartikeln blättere, sehe ich, wie er zwischen anderen Uniformierten steht, groß und gepflegt blinzelt er in die Kamera, bereit es mit der ganzen Welt aufzunehmen. Ich sehe Berichte, die daran erinnern, wie er in die Narragansett-Bucht getaucht ist, um ein fünfzehnjähriges Mädchen aus einem versinkenden Auto zu retten, oder wie er einen nach vorne gebeugten Mann entwaffnet, der mit einer Schrotflinte eine ganze Bar voller Menschen wegblasen wollte. Neunzehn Jahre Schlafdefizit hatten ihren Preis. Er hatte Halluzinationen und musste alle möglichen Medikamente nehmen. Der Schlafexperte sagte, er hätte noch nie von jemandem gehört, der länger als vier Jahre Nachtschicht durchgehalten hat. Dad hat neunzehn Jahre lang mit zwei, drei Stunden Schlaf pro Tag durchgehalten. Er wollte meine Schwester und mich sehen können und so schlug er die Gelegenheit aus in die Schicht von fünfzehn bis dreiundzwanzig Uhr zu wechseln, weil er wusste, dass wir immer in der Schule wären, wenn er daheim war, dass wir daheim wären, wenn er bei der Arbeit war. Nach neunzehn Jahren zwangen die Halluzinationen ihn sich als arbeitsunfähig pensionieren zu lassen. Kein Wunder, dass er die Ordnung und den Komfort zu Hause so schätzt.

Wie ich mir vorkomme, wenn meine Mom hier ist? Wie würde jeder fünfzehnjährige Junge sich fühlen, wenn er seine Mutter mitnimmt, während er mit seinen Freunden unterwegs zu einem unglaublichen Abenteuer ist? Vor allem, wenn sie rumnörgelt, ich solle meine Hausaufgaben machen, meine Sit-ups und mir die Zähne putzen? Eigentlich gefällt mir, dass sie hier ist. Wir kommen gut klar, spielen jede Nacht Backgammon, reden. Und es ist lustig zu sehen, wie sie ihre Erfahrungen in Nepal sammelt.

Man stelle sich eine energische, kleine amerikanische Lady mit kurzem grauem Haar vor, zum ersten Mal beim Einkaufen im Tollhaus dieses Marktplatzes in Namche Bazaar. Man beobachte sie beim Feilschen mit den Verkäufern. Ein Paar handgestrickte Socken aus Yakwolle für hundertfünfzig Rupien (etwa 2,95 Dollar), eine Korallenhalskette für dreihundertfünfzig Rupien, eine Mondsteinkette, noch mal dreihundertfünfzig Rupien, eine Schnitzerei, eine Kette und einen Anhänger für hundertfünfzig Rupien, lauter leichte kleine Sachen. Das ist meine Mom! Wahrscheinlich hat sie mehr bezahlt als jeder Nepalese, aber egal – es ist immer noch sehr günstig. Genau wie das Hotel in Namche Bazaar. Drei Nächte, drei Mahlzeiten täglich für uns beide: fünfundfünfzig Dollar. Stolz breitete sie ihre Schätze vor mir aus, hielt ihre Kette und den Anhänger vor mir hoch und sagte: »Ich hab meinen *dablam,* jetzt bist du dran.«

Dann, auf dem Treck hierher ins Basislager, hat sie mich zu Tode erschreckt. Ich war vor ihr, mittlerweile auf fast 5000 Meter, der Weg ging steil bergauf, und das seit etwa fünf Stunden. Normalerweise hatte ich sie in einiger Entfernung hinter mir immer im Blick. Ich kam auf den Gratrücken, von wo aus ich die Wegstrecke unterhalb von mir gut überblicken konnte. Ich entdeckte Mutters Anorak fast 700 Meter tiefer auf dem Boden und meine Mutter steckte drin! Liegend! Tot? Wusste ich nicht. Ich rannte den ganzen Weg nach unten und schrie: »Mom! Mom!« Sie rührte sich nicht. Herzinfarkt? Lebensmittelvergiftung? Sie hätte niemals mitkommen dürfen.

Als ich bei ihr war, sprang sie auf und behauptete, *ich* hätte *sie* zu Tode erschreckt! Sie sei bloß ein bisschen eingeschlafen.

»Hör auf deinen Körper, hast du gesagt. Hab ich gemacht. Mein Körper sagte, geh schlafen. Also hab ich mich hingelegt.«

Ich dachte, sie sei tot, und sie hielt ein Nickerchen.

Meine Mom hat sich sehr gut an das Leben in einem Basislager im Himalaja gewöhnt. Und sie ist prächtig gelaunt. Aber mit einigen Dingen, die mir mittlerweile gleichgültig sind, hat sie es ziemlich schwer. Das merkt man daran, dass sie ständig über so Sachen wie duschen spricht oder sauberes Haar, ihr Bett zu Hause, Auto fahren, amerikanisches Essen – als ob sie all das nie wieder sehen würde. Und das lässt sie an mir und der Geometrie aus! »Mach deine Hausaufgaben! Du hast es Mr Krupowicz versprochen. Und du gehst nicht los, bevor du alle zwanzig Aufgaben gemacht hast!«

Warum ließ ich sie mitkommen? Ich bin der einzige Mensch in der Geschichte des Himalajabergsteigens, der mit seinen Geometrieaufgaben festsitzt. Es könnte schlimmer sein. An einem wunderschönen Tag wie diesem könnte ich in einem Klassenzimmer in der Middletown High School festsitzen statt hier im besten Basislager des Himalaja, vielleicht der ganzen Welt. Wir sind auf einer Wiese, vom Wind geschützt, mittendrin ein Bach mit klarem Wasser und Ama Dablam als Kulisse. Die Art Basislager, die dich zum Faulenzer werden lässt, ein Platz, der daheim in den Staaten mit Wohnmobilen zugeparkt wäre, Leute, die Fernsehen kucken und der Geruch von hunderten Hamburgern auf den Grillrosten. Nicht, dass das Basislager einsam wäre. Es müssen hundertfünfzig Leute hier sein. Aber hier draußen ist es so sauber und friedlich und ruhig, dass es schwer fällt weiterzugehen.

Meine Mutter ist da drüben in der Nähe ihres Zelts und

wartet, dass ich mit diesen Aufgaben fertig werde, und ich muss zugeben, so langsam reicht es mir. Sie unterhält sich mit Al und Travis Spitzer, unseren Expeditionsleitern, die unterwegs ins Camp Zwei sind, um Fixseile anzubringen. Warum haben sie mich nicht gefragt, ob ich mitwill? Ich habe genug von geführten Expeditionen. Es stinkt mir, ein Passagier zu sein, wie so eine kleine alte Lady auf einer von diesen Pauschalreisen – man könnte mich auch in einen Bus setzen und mir sagen, wo ich aussteigen muss, um das nächste Schloss anzuschauen, so wie die amerikanischen Touristen in Europa. Heute Morgen habe ich meiner Mutter erklärt, dass ich so weit bin allein klettern zu können. Schwerer Fehler. »Du tust genau das, was Al dir sagt. Er hat dreiunddreißig Jahre Erfahrung und lebt immer noch und kann es vermitteln!« Dann sagte sie, meine Einstellung müsse sich drastisch ändern. Und dann steigerte sie die ursprünglichen zehn Geometrieaufgaben auf zwanzig.

Während ich hier sitze und mit der Geometrie ringe, denke ich: Sie hat Recht. Tu, was Al sagt. Sonst hätte ich vielleicht nicht noch mal so ein Glück wie im August. Auf den Extreme Games in Newport, in der Nähe bei mir zu Hause, hatte ich Chris Fowler getroffen, einen Moderator von ESPN. Chris, sein Bruder und ich entschlossen uns den Mount Rainier in Washington zu machen, 4 392 Meter hoch, der am stärksten vergletscherte Berg auf dem Festland der Vereinigten Staaten.

Wir stiegen über den Gletscher in Richtung Gipfel, als ich eine kleine Senke im Schnee bemerkte. Der Instinkt riet mir die Senke mit dem Eispickel zu testen. Der Schaft ging sehr leicht durch den Firn und hinterließ ein handgroßes Loch, durch das ich eine tiefe Spalte sehen konnte. Ich suchte nach festem Firn und stieß den Eispickel zu unserer Linken in den Schnee. Er ging leicht durch. Rechts von uns. Wieder durch. Wir standen auf einer dünnen Verbindung aus Eis und Schnee, einer Schneebrücke, unter uns drei nichts als eine mehrere dutzend Meter tiefe Spalte. Wenn wir da reinfielen, würde man uns nie finden.

Ich erinnerte mich an meine Erfahrung mit der Wächte letztes Jahr in der NOLS und wie ich die Angst bekämpfte, die mir im Hals höher stieg. Ich wusste, alles würde gut gehen, wenn wir einen klaren Kopf behielten. Und es ging gut. Vorsichtig und genau in unserer eigenen Spur gingen wir langsam rückwärts bergab, bis wir wieder auf festen Boden kamen. Dort setzten wir uns etwas hin, schlürften Wasser und gewannen langsam wieder unsere Fassung.

Was mich nicht losließ, als ich ein paar Tage später in Oregon am Strand spazieren ging, war dieses schreckliche, hilflose Gefühl, wie mein Eispickel durch den Schnee brach. Wir hatten den Gipfel erreicht und eine großartige Zeit in Oregon und Vancouver gehabt, aber dies Gefühl, wie das Eisbeil ins Leere stieß, erinnerte mich daran, wie nah wir dem Tode gewesen waren. Als ich dann zurückkam nach Rhode Island, hörte ich vom Tod zweier junger Bergsteiger. Sean, ein Bergführer aus der Gegend des Mount Rainier, stürzte während einer Rettung ab. Allison Hargreaves, die erste Frau, die den Everest solo und ohne Sauerstoff aus der Flasche bestieg, war mit fünf anderen am K2 ums Leben gekommen. Ich kannte beide. Sean war ein nettes zweiundzwanzigjähriges Kind, das ich in einem Lager am Rainier gerade eine Woche zuvor getroffen hatte. Allisons Zelt am Everest stand in der Nähe von meinem, sodass wir oft miteinander sprachen.

Ich sehe Allison vor mir, Sean, wie der Eispickel ins Leere fährt, und wie nah ich dran war den beiden zu folgen. Keiner dieser Gedanken wird mich von den Bergen abschrecken. Nicht, dass ich keine Angst hätte, ich werde noch oft Angst haben. Aber die

Gedanken an Allison und Sean sind wie Warnleuchten – große, rote Warnleuchten: Aufpassen! Und zwar bei jedem Schritt auf jeder Tour.

Also gut, ich werde auf Al hören, Mom. Ich werde tun, was er sagt. Und nicht nur, um mir noch mehr Geometrie zu ersparen.

15. Oktober 1995

Auf dem Weg ins Camp Zwei. Ich warte, dass Al sich aus dem Seil aushängt, damit ich um die Ecke auf ein schmales Band kommen kann. Schließlich ruft Al herunter, dass er sich ausgehängt hat – ich kann ihn von hier unten nicht sehen –, aber ich weiß, dass ich noch warten muss. Nichts ist schlimmer, als wenn zwei Leute in verschiedenen Richtungen am selben Seil zerren, wenn man gerade über ein Steilstück hinaufjümarn muss. Und das *ist* steil. Und gruselig. Wir hängen in einer senkrechten Felswand. Und in dieser Wand ist ein Vorsprung, den man mühsam von der Seite erreichen muss, dann muss man da raufkommen und weiter hinauf über die Felswand.

Was Angst macht, ist, dass man sich in einer Wand befindet, die 1 700 Meter gerade runtergeht. Ich klinke mich ins Seil und beginne das Band zu queren. Ich muss mit einem Bein gegen die Wand spreizen, zur Seite nach einem Griff suchen, dann herumschwingen und mich seitlich gegen den Fels lehnen, sodass ich mich mit den Füßen auf zwei kleinen Noppen im Fels ausbalancieren kann. Dabei *muss* ich zu meinen Füßen hinabschauen und somit weit runter ins rötlich braune Tal. Felskletterer machen so was ständig. Ich habe das selbst auch schon ausprobiert, aber da gibt es ein paar große Unterschiede. Wie den fünfundzwanzig Pfund schweren Rucksack, den ich trage und der am Fels hängen bleibt. Wie den unglaublichen Eindruck von Tiefe auf dem rasiermesserscharfen Grat an der Ama Dablam. Wie die Anflüge von Panik, die ich mit aller Kraft bekämpfen muss.

Ich bin nicht furchtlos, kein Bergsteiger ist das. Ich versuche nur die Angst unter Kontrolle zu halten. Ich fürchte mich vor diesem Band und bin gleichzeitig so gerne hier. Aber ich muss die Angst kontrollieren. Ich muss dem Denken eines Anfängers widerstehen. Keine Gedanken wie *Oh nein, oh nein, oh nein, oh nein.* Keine Gedanken wie *Ich komm nicht weiter, kann nicht vor und nicht zurück.* Denn dann wäre ich völlig handlungsunfähig, würde erstarren wie eine Statue. Ich bleibe ruhig. Denke positiv. Ich nehme mir die Zeit und bekämpfe Gedanken wie *Ich könnte jetzt sterben.* Unfälle in den Bergen haben oft mit Panik zu tun, daher spielt die Fähigkeit, Angst und Nervosität zu bekämpfen, eine große Rolle. Ein Trick dabei ist, dass ich großes Vertrauen in meine Ausrüstung entwickle. Ich muss an die Seile und Haken glauben. Daran glauben, dass sie mich halten werden. Es ist ein bisschen wie beim Abseilen. Du musst dich diesen ersten Schritt über den Abbruch trauen, wenn du für den Bruchteil einer Sekunde das Gefühl vom freien Fall hast. Du musst fest daran glauben, dass alles o.k. ist. Falls ich von diesem Band falle, 1 700 Meter über dem Boden, kann mir nicht viel passieren. Von den paar Mal, als ich beim Abseilen weggerutscht bin, weiß ich, dass ich nur so weit fallen werde, wie das Seil sich dehnt. Aber es ist nicht so einfach, cool zu bleiben, wenn du von ein paar Haken und einem dünnen Seil abhängst und unter dir nichts siehst außer ein paar Felsen 1 700 Meter tiefer.

Ich wackle hin und her und zittere mich nach oben. Was für

ein Herzklopfen! Es ist diese anspruchsvolle Kletterei, die die Ama Dablam zu einem so klassischen Berg macht. Es gibt schwierigere Stellen an anderen Bergen, aber das hier ist trotzdem ein Nervenkitzel. Für alle sieben Teammitglieder: Travis, dann Al, dann ich, gefolgt von Ace Kvale, einem Abenteuerfotografen aus Colorado, Anne Smith, Aces Freundin, Allison Palmer, eine Krankengymnastin aus England, und Bob Mante, Ingenieur aus Tucson. Abgesehen von Bob, der an Wochenenden in der Wüste klettert, bin ich der Unerfahrenste, womit ich mich leicht abfinde. Das heißt, dass ich jedes Mal, wenn ich zu diesem Band komme und zur Angst und zur Freude, an Selbstvertrauen und Vertrauen in das Team gewinne.

16. Oktober 1995

Man weiß nie, wo das nächste Abenteuer passiert. Phrua, ein Sherpa, und ich sitzen mit einem Buch auf einem Felsen bei Camp Eins. Ich helfe ihm bei seinem Englisch, aber wir sind faul und abgelenkt von dem Panorama, das sich dem Auge bietet: ein langes Band voller Zelte von diversen Expeditionen. Hinter uns ist ein steiler Abschnitt mit Geröll, der in ein Schneefeld übergeht. Unter uns sehen wir tausend, zweitausend Meter tief auf Wolken, rote Erde, Schnee, grüne Täler und kleine Vögel, die in den Aufwinden fliegen. Phrua lernt gerne Englisch und nach dem heutigen Aufstieg ins Camp Zwei bin ich sehr entspannt. Wir lachen über mein Nepali und sein Englisch.

Jetzt zum Abenteuer. Etwa dreißig Meter über uns kommt eine Frau über das Geröllfeld herunter. Sie gehört zu dem spanischen Team, das kann ich an ihrem Anorak erkennen. Sie stolpert und löst eine Lawine kleiner Felsblöcke aus, die genau in unsere Richtung fallen. Wir stehen hier wie zwei menschliche Kegel beim Bowling! Ein Treffer dieser holpernden Blöcke würde ein Zelt ebenso zerschmettern wie unsere Schädel. Wenn es ein Zelt erwischt, erwischt es unsere Ausrüstung – Expedition vorbei. Wenn es mich erwischt, brauche ich die Ausrüstung im Zelt allerdings auch nicht mehr. Bevor ich auf diese Reise ging, sagte mir ein Lehrer, wie anders ich sei als die meisten Jugendlichen. Er sagte, ich sei der einzige Teenager, den er getroffen hat und der sich nicht für unzerstörbar hielt. Jetzt, wo diese strandballgroßen Felsen auf uns zustürmen, glaube ich, ich weiß, was er gemeint hat.

Die Frau schreit »Sorry! Vorsicht!« und noch was auf Spanisch. Die Felsen rumpeln und werden immer schneller. Zwanzig Meter noch. Ich versuche mir einen auszusuchen, dem ich ausweichen will, aber es sind fünf oder sechs, die alle ständig ihre Richtung ändern. Wenn ich einem aus dem Weg springe, komme ich genau in den Weg eines anderen. Ich bin sprungbereit in alle Richtungen, das Getöse wird lauter und die Blöcke kommen so nahe, dass man etwas von ihnen lesen könnte, wenn etwas draufstünde. Ohne Ausweichmöglichkeit stehen Phrua und ich da, bereit unser Schicksal anzunehmen wie zwei Stierkämpfer, wenn es losgeht.

Dann ist es vorbei. Zehn Meter vor den Zelten werden alle sechs Blöcke von einem kleinen Hügel abgefangen. Die Bowlingkugeln bleiben liegen. Ein feiner Staub rieselt über unsere Köpfe, die Frau hält ihre Hände nicht länger vor die Augen und winkt zur Entschuldigung. Phrua nimmt sein Buch und wir setzen uns wieder und widmen uns der ruhigen Aussicht und dem Studium des Englischen.

■ 19. Oktober 1995

Gipfeltag, Camp Drei. Eisiger Wind. Da Ace, Anne und Allison gestern wegen Kälte aufgeben mussten – der schlimmsten, die Al hier je erlebt hat –, brechen wir spät auf und hoffen auf etwas Sonnenwärme. Travis, dann ich, gefolgt von Bob, Phrua und Lapka, einem weiteren Sherpa. Al hatte es heute Morgen vor uns probiert, aber er musste ins Lager zurück, um sich die Hände zu wärmen. Er sagt, es sind mindestens dreißig Grad Miese plus Windauskühlung – die Form von Kälte, die im Hals wehtut. Die Sherpas haben zusammen nur ein Paar dicke Handschuhe, aber das hält sie von einem Gipfelversuch nicht ab. Ihre Liebe zu den Bergen ist zu groß. Außerdem ist es eine Revierfrage. Nicht viele der Nepalesen von außerhalb des Khumbu-Tals kommen hierher und klettern hier, daher können sie es kaum abwarten, den Jungs daheim stolz die Aktion zu präsentieren.

Wir beginnen das *dablam,* ein steiles Eisfeld, und durch den Wind höre ich Rufe auf Nepali. Ich sehe mich um und da ist Al, der uns schon beinahe eingeholt hat und einen der Sherpas anschreit, der in der klassischen *komm-nicht-mehr-hoch-komm-nicht-mehr-runter*-Manier blockiert ist. Al schreit ihn an wie ein störrisches Yak und langsam taut Phrua so weit auf, dass er weitergehen kann. Obwohl es so kalt ist, kommen wir über den hart gepressten Schnee gut voran und nähern uns langsam dem Gipfel: Travis, ich, Al, Bob, Phrua und Lapka, die die Handschuhe beständig hin- und hertauschen, wobei sie immer eine Hand in der Tasche behalten.

Bald stehe ich allein auf dem Gipfelblock, der nicht größer ist als das Dach eines VW-Käfer. Der Wind stößt mich so stark hin und her, dass ich mich mit müden Beinen setze und nach hinten sehe, hinab in den unglaublich steilen, dreitausend Meter tiefen Abbruch der Ama-Dablam-Nordwand, dann rüber zur Südflanke des Everest, wo genau in diesem Augenblick Leute zum Gipfel hinaufkrabbeln. Die große Schneefahne verrät, dass der Wind dort sogar noch stärker ist als hier. Ich bin sehr zufrieden mit dem Gipfel der Ama Dablam, meinem höchsten Gipfel im Himalaja. Ich bin der Jüngste, der den Gipfel erreicht hat. Ich reiße weder die Arme hoch, noch springe ich herum oder mache auch nur das Victory-Zeichen. Ich sitze allein, ein goldener warmer Strom läuft durch meinen Kopf und Körper und ich sehe hinaus auf ein Meer von Bergen, in der Entfernung schneebedeckte Gipfel wie weiße Wellenkronen zu Hause bei mir am Atlantik. An sehr klaren Tagen wie diesem haben schon welche behauptet vom Everest die Erdkrümmung wahrgenommen zu haben, andere sagen, man könne den Indischen Ozean sehen, hunderte von Kilometern weit weg. Ich weiß, jetzt kann ich mindestens zwei- oder dreihundert Kilometer weit sehen, und das gibt mir das Gefühl sehr klein zu sein – ein winziger Punkt auf dem Gipfel eines kalten sturmumtosten Berges, der darauf wartet, dass drei andere Bergsteiger zu ihm aufschließen. Bob kommt hoch, filmt uns beide mit Video, dann Phrua und Lapka, die feixen wie zwei kleine Kinder. Nach zehn Minuten gehen wir wieder runter.

Absteigen ist ein Frage des Gleichgewichts. Die Seile hier oben sind sehr dünn (wer will hier ein hundertfünfzig Kilogramm dickes Seil raufschleppen?), sodass die Beine den größten Teil unseres Körpergewichts übernehmen müssen, und die Oberschenkel schmerzen heftig. Schlimmer als die Krämpfe in den Beinen ist das Akkutan. Am Everest habe ich Probleme mit Aknezysten bekommen – die Art Akne, die kleine Eruptionen unter deiner Haut verursacht und dein Gesicht wie eine Peperoni-Pizza aussehen lässt. Der Hautarzt gab mir Akkutan und sagte, ich soll keinerlei Sport in der Sonne treiben. Jetzt weiß ich, warum. Die Höhensonne und die große Dosis Vitamin A lassen meine Gelenke anschwellen und meine Sicht verschwimmen, meine Fingernägel sind entzündet, die Lippen aufgesprungen, ich sehe grauenhaft aus. Ich muss zugeben, es ist alles meine Schuld. Hätte auf den Arzt hören sollen. Oder wenigstens das Akkutan nicht nehmen. Aber ich höre nicht auf mit Bergsteigen und es gibt zu viele gut aussehende Mädchen da draußen, um mit einem Gesicht wie eine Pizza herumzulaufen, wenn es sich vermeiden lässt. Also leide ich.

Travis sieht mich kurz an und besteht darauf, mit mir in Camp Drei zu bleiben. Ich kann kochen, Schnee schmelzen, mich um mich selbst kümmern, brauch keinen Babysitter. Aber Travis geht nicht weg. Um den Gipfel zu feiern, kochen wir diese schrecklichen Instantnudeln mit Zwiebeln und Knoblauch – dann, weil wir nicht noch mehr Schnee schmelzen wollen, mischen wir Getränkepulver mit Pfirsichgeschmack in das Nudelwasser und trinken es. Dehydration und Kopfschmerzen wären mir beinahe lieber als diese Pfirsichbrühe, in der Zwiebel- und Knoblauchstücke schwimmen.

20. Oktober 1995

Ich treffe einen Bergsteiger in einem leuchtend orangefarbenen Anorak, der sich im Aufstieg befindet. Zu spät, denke ich, um es vor Einbruch der Dunkelheit zum Gipfel und zurück zum Camp Drei zu schaffen. Wir unterhalten uns. Tatsächlich will er zum Gipfel und zurück bis zum Basislager, nicht nur ins Camp

Drei. Er wendet sich ab und geht weiter und ich raste auf einem Felsen unterhalb von ihm, drehe mich um und merke, dass er ein Bild von mir macht. Laut einem Bergsteiger, den ich später im Camp Zwei treffe, war es Peter Habeler, einer der besten Höhenbergsteiger der Welt. 1978 bestieg er mit Reinhold Messner den Everest ohne künstlichen Sauerstoff (wie gern ich diese Aufnahme hätte: ich auf einem Felsen an der Ama Dablam, fotografiert von Peter Habeler, einem Mann, über den ich so viel gelesen habe). Ich bin fast unten in Camp Eins und denke an das Foto und wuuusch! ist dieser orangefarbene Anorak wieder da, überholt mich erneut, sagt »Hallo« und ist verschwunden, als ob er mit hundert Sachen durch eine Fünfzig-Stundenkilometer-Zone fährt.

Als ich wieder ins Basislager komme, wartet meine Mom auf mich und ist mit ihren Gefühlen ganz durcheinander. Ja, sie ist glücklich, dass ich es in einem Zug geschafft habe, aber was ist los mit meinem Gesicht? Nach ihr ist Habeler einer der Ersten, den ich sehe. Er wirkt so ruhig und ausgeruht, als ob er den ganzen Tag im Basislager gesessen hätte anstatt in ein paar Stunden durch eine Tour zu rauschen, für die ich zwei Tage gebraucht habe. Er übersieht mein rotes, offenes Gesicht und die blutenden Lippen und gratuliert mir. Macht eine Bemerkung über mein Tempo. Sagt, dass er sich freut zu sehen, wie ich mir Zeit nehme. Ältere Leute wie er neigen sonst oft zur Selbstgefälligkeit und manchmal verletzen sie dann andere. Er lächelt, wünscht mir noch eine lange Zukunft beim Bergsteigen.

23. Oktober 1995

Letzter Tag im Basislager. Morgen geht es nach Hause. Eine Gruppe von uns verbringt den Morgen mit einen Gespräch über die Möglichkeit nächstes Frühjahr an den Everest zu gehen. Komisch, hier in diesem wunderschönen Basislager zu sitzen mit Blick auf den Everest, der sich so friedlich in der Entfernung erhebt, und schon wieder Pläne für eine Besteigung zu schmieden. Der Everest ist nicht weit weg, weder räumlich noch zeitlich. Nur vier Monate, um Sponsoren zu finden, zu trainieren, genau zu planen. Im März werde ich wieder hier sein. Ich weiß es.

Wir stellen uns fürs Gruppenbild auf. Alle lachen, sind locker. Ace, Allison und Anne sind bereit für den nächsten Gipfelversuch, morgen, bei deutlich wärmerem Wetter. Mom und ich gehen zuerst nach Lukla und fliegen von dort nach Kathmandu, dann Bangladesch, Singapur, Amsterdam und New York. Heute Abend gibt es einen besonderen Schokoladenkuchen, den unser Koch Kadir gebacken hat. Nachher gehen wir raus und versuchen Meteoriten und Sterne über der Ama Dablam zu fotografieren. Hoffe, dass sich ein paar blicken lassen.

In der Zwischenzeit ist es einfach herrlich, hier zu stehen, aneinander gekuschelt für dieses Foto: eine große Gruppe von Leuten, die so gut harmoniert hat. Ich schaue hinüber zu meiner Mom, lächelnd und braun gebrannt, stolz die Entbehrungen eines Basislagers im Gebirge so gut überlebt zu haben. An ihrem Hals sehe ich die Halskette, um die sie in Namche Bazaar gefeilscht hat. Sie hat sich ihre Halskette verdient und ich mir meine. Vorne an der Kette hängt das *dablam*. Am Gipfel sehe ich eine Reihe von Kletterern, die gerade das *dablam* angehen, und ich muss lächeln.

Da war ich.

Das wäre geschafft.

Kapitel zwölf

Mit Kameras ins Basislager

Die Personen

Jeff Swimmer Fernsehproduzent, der Marks Versuch am Everest filmte; New York

Everest-96-Team

*Henry Todd** Expeditionsleiter; Schottland

Jabion Sherpa, Marks Freund

*Ray Dorr** Bühnenbildner

*Brigeete Muir** Bergsteigerin; Belgien

*Paul Deegan** Outdoor-Ausbilder, Royal Air Force; England

Neil Laughton Soldat; England

*Graham Ratcliffe** Automechaniker, England

Thomas und Tina Ehepaar aus Schweden

Michael Jorgesen Dänemark

Jake Sechzehnjähriger Trekker, mit dem sich Mark anfreundet; New Mexico

Göran Kropp Schwedischer Bergsteiger, fuhr mit dem Fahrrad von Schweden bis zum Mount Everest

Scott Fischer Expeditionsleiter von MOUNTAIN MADNESS; Washington

Anatoli Boukreev Bergsteiger, Bergführer bei MOUNTAIN MADNESS; Kasachstan

* *mit Everesterfahrung*

26. März 1996

Ich sehe Rocky V. Als er zu Boden geht, ist alles voll mit Rocky Balboas Blut und ein Scheinwerfer leuchtet mir ins Gesicht, eine Kamera nähert sich mir bis zu meinem Sitz und beobachtet mich, wie ich Rocky Balboa beim Boxen zugucke. Die Leute um mich herum versuchen alle zu schlafen oder den Film zu sehen oder zu lesen, bis das helle Scheinwerferlicht ihre Ruhe stört. Wir befinden uns über dem Pazifik, nach acht Stunden eines Zwölfstundenflugs, dem ersten Teil meiner Reise zum Everest. Ein merkwürdiger Platz, eine Videokamera im Gesicht zu haben.

Ich kann mich nicht beklagen wegen der Kamera. Ich hab die Sache selbst angeschoben. Geschäftliche Entscheidung. In den letzten Monaten habe ich einen Haufen Zeit am Telefon verbracht – auf der Suche nach Sponsoren, Firmen oder Einzelpersonen, die mir helfen meine Ausgaben zu decken. Die täglichen Sponsorenanrufe wurden genauso sehr ein Teil meiner Everestvorbereitungen wie die Workouts mit tausend Wiederholungen. Und genauso wichtig. Ohne die Hilfe von Sponsoren wäre ich noch zu Hause.

Sponsoren lieben die Öffentlichkeit. Deswegen schließlich sponsern sie mich oder irgendjemand anders – damit die Leute sehen, was ihre Produkte am Everest alles aushalten. Wenn Sponsoren durch mich mehr Öffentlichkeit bekommen, dann werden sie mir für meinen nächsten Trip noch mehr Unterstützung geben, mehr Geld, mehr Ausrüstung. Im Moment werde ich komplett gesponsert: *Tag Heuer* (Uhren), *Power Bar* (Energieriegel), *Uvex* (Sonnenbrillen), *Black Diamond* (Kletterausrüstung), *Gregory* (Rucksäcke), *Polarmax* (Unterwäsche) und *Globe Manufacturing.* Und ich befinde mich auf einem Billig-Trip, rund 24 000 Dollar. Die meisten Expeditionen an die Süd- bzw. nepalesische Seite kosten über 30 000, manche bis zu 65 000 Dollar. Daher ist jede Gelegenheit wichtig, durch Öffentlichkeit und Publicity Geld aufzutreiben.

Vor etwa zwei Monaten rief mich ein New Yorker Produzent an, der meinen Everesttrip filmen und *National Geographic* für einen Sonderbericht über mich interessieren wollte. Das darf er sich nicht entgehen lassen, sagte er. Ein Filmteam würde mich von Los Angeles bis ins Basislager begleiten und dann am Berg würde ich selbst filmen.

Ein Sonderbericht über mich im *National Geographic!* Ich sagte ihm, ich müsse drüber nachdenken. Klingt blöde. Darüber nachdenken müssen im Mittelpunkt eines landesweiten Fernsehberichts zu stehen, der meine Reise zu einem neuen Weltrekord verfolgt? Eine Gelegenheit, die man mit beiden Händen am Schopf packt, oder nicht? Ich wollte drüber nachdenken.

Ich klettere nicht für die Öffentlichkeit. Ich habe nie eine Zeitung oder einen Fernsehsender angerufen. Bei Interviews fühle ich mich immer merkwürdig und ich sage sie ab, als wären es Zahnarzttermine. Ich möchte einfach bergsteigen, ohne jede Publicity. Aber mein Leben interessiert die Leute, die Publicity kann mir in der Zukunft helfen Sponsoren zu finden und ich weiß, dass ich die Gelegenheit nutzen sollte. Aber ich habe immer noch Schwierigkeiten damit umzugehen.

Erst kam diese AP-Story über meinen letztjährigen Versuch am Everest, als ich fünfzehn war und Sir Edmund Hillary mich kritisierte. Vor kurzem versuchte ein kleines Mädchen namens Jessica Amerika zu überfliegen, und ich wurde so ein bisschen mit ihr verglichen. Auch die Publicity in der Zwischenzeit war irgendwie verrückt. CBS *This Morning,* NBC Spätnachrichten, Zeitungsartikel – ich habe nie darum gebeten, vor allem nicht um die Storys, die meine Eltern kritisierten und in Frage stellten, weil sie mir erlaubten an den Everest zu gehen. Mit der ganzen Publicity schien ein kleiner dunkler Schatten über meine Eltern und mich zu fallen.

Nach all der Vorbereitung auf den Everest – Bergtouren in Peru, Argentinien, Equador, die Everestaktion letztes Jahr in Tibet, all die Workouts mit tausend Wiederholungen, das Treppenrennen, all die Kosten und Hoffnungen – daraus wurde Publicity und die lief hinaus auf eine Videokamera. Je länger ich darüber nachdachte, desto genauer wusste ich, dass ich mitmachen würde, weil ich wusste, dass ich nach dem Everest noch weitere Achttausender würde machen wollen. Und Sponsoren geben kein Geld an irgendeinen Teenager, von dem noch kein Mensch etwas gehört hat.

Wenn schon irgendwann mal in deinem Leben eine Kamera auf dein Gesicht gerichtet war, hast du gelächelt, *ich-bin-jetzt-im-Bild*-mäßig geguckt, etwa zehn Minuten lang unbefangen gespielt und es dann mehr oder weniger vergessen. Du kannst dich nicht immer *ich-bin-jetzt-im-Bild*-mäßig benehmen, also fängst du einfach an wieder normal zu sein. Na ja, auf diesem Flug heißt normal für mich, dass ich mich verhalte wie ein Pendler im Berufsverkehr. Dies ist meine vierte Reise nach Nepal innerhalb von drei Jahren, das heißt, was beim ersten Mal aufregend war, ist jetzt ziemliche Gewöhnung. Hätten mich diese Leute vor zwei Jahren gefilmt, hätten sie ein lächelndes Kind gehabt, glücklich über den Film, das Essen und ein Kissen. Jetzt bekommen sie das ausdruckslose Gesicht eines routinierten, die Stunden zählenden Reisenden.

Die Rollen scheinen sich umzukehren. Ich bin der ruhige Reisende und die Leute vom Kamerateam, allesamt gebildete New Yorker, benehmen sich wie kleine Kinder. Bei einem

Zwischenstopp in Korea weist die Polizei das Filmteam an auf dem Flughafengelände keine Kameras zu benutzen. Sie filmen mich trotzdem. Ich habe gelernt während des zwölfstündigen Aufenthalts in Thailand auf keinen Fall den Flughafen zu verlassen, sondern mir einen Tagesraum zu sichern, wo man schlafen kann, und nichts anderes als Schokoriegel zu essen, bis ich wieder im Flugzeug sitze. Das Team fährt ins Zentrum von Bangkok, eine Gegend, die gefährlicher ist, als es der Everest je sein wird, und kommt noch gerade rechtzeitig zu unserem Flug zurück. Nach zwölf Stunden in Bangkok sehen sie ziemlich erschöpft aus, aber glücklich.

Vierzig Stunden nachdem wir Los Angeles verlassen haben, landen wir in Kathmandu und ich renne gleich zum Zoll, um schneller durchzukommen. Ein Trick, den ich mittlerweile gelernt habe. Das Team hängt sich an meine Fersen, aber diesmal rate ich ihnen wirklich nicht zu filmen. Ihre Kameraausrüstung würde sofort von der einheimischen Polizei beschlagnahmt werden, so als ob sie mit ihren Kameras ein Geheimnis des nepalesischen Alltags einfingen.

Und ich habe gelernt nicht ins Zentrum von Kathmandu zu gehen. Bergsteiger, die viel in der Stadt herumschlendern, gehen ein hohes Risiko ein krank zu werden und nicht einmal mehr bis zum Berg hinzukommen. Womit das Filmteam nicht sehr viel Material bekäme.

Das mit Jabion, meinem Sherpa-Kumpel, ist noch so eine Geschichte. Stell dir vor, du triffst einen guten Freund nach vielen Monaten zum ersten Mal wieder. Und jetzt stell dir vor, du darfst nicht mit ihm reden, bevor die Kamera so weit ist. Und wenn sie so weit ist, darfst du endlich reden und lachen und »Hallo« sagen – sechsmal und jedes Mal musst du so tun, als wäre es das erste Mal. Jabion lächelt wie immer, sieht aber etwas durcheinander aus, nachdem er sich zum dritten oder vierten Mal dafür bedankt hat, dass ich ihn auf diesen Trip eingeladen habe.

■ 28. März 1996

Erstes Treffen und gemeinsames Abendessen des Teams in unserem Hotel. Zunächst ist da Brigeete, Bergführerin aus Belgien und mit John Muir verheiratet, einem Schotten, der verrückt genug ist die australische Wüste zu durchqueren – und dabei Wasser für vierzig Tage auf einem Handkarren hinter sich herzuziehen. Sie ist stämmig, mit blondem, sonnengebleichtem Haar, etwa dreiunddreißig, ein gute und kluge Bergsteigerin, die schon einmal auf dem Everest war. Dann ist da noch Ray Dorr. Ihn kenne ich noch gut vom Everest 95. Paul Deegan ist ein langer schlaksiger Outdoor-Ausbilder bei der britischen Royal Air Force. Sein Kumpel, Neil Laughton, ist ebenfalls vom britischen Militär, ein drahtiger Dreißigjähriger, der genauso still ist wie Paul lustig. Auch Graham Ratcliffe ist aus England. Er ist in den Vierzigern, verheiratet und hat zwei Kinder. Letztes Jahr hat er von Norden her den Everest bestiegen. Alle haben Erfahrung in großer Höhe. Die meisten sind gut bekannt mit Henry Todd, unserem Leiter, und ich fasse sofort Vertrauen zu ihnen.

Schließlich sind da noch Thomas und Tina aus Schweden, beide blond und um die vierzig und haben ihr Vermögen als Klopapierlieferanten gemacht. Für den Everest haben sie jeden Tag vier Stunden Karate trainiert und waren am Mount McKinley auf 6 000 Meter Höhe höhenkrank. Henry hatte mir von ihnen erzählt und dass er sie brauchte, um das Team aufzufüllen, weil es sonst für alle Übrigen mehr kosten würde. Wir können nur hoffen (ich drücke ihnen die Daumen), dass sie viel *innere* Kraft besitzen. Michael Jargesen aus Dänemark fehlt noch. Er wird im Basislager zu uns stoßen.

■ 12. April 1996

Ein zweiwöchiger Marsch bringt uns ins Basislager. Genau so ein neunhundert Jahre alter Weg, wie ich ihn mit Al gelaufen bin, als ich vierzehn war. Es scheint schon so lange her zu sein, da war ich noch ein kleiner Junge. Jetzt bin ich viel stärker, gehe mein eigenes Tempo, fühle mich in Gesellschaft so wohl wie alleine, finde in alten kleinen Dörfern wie Lukla, Pangboche, Namze Bazaar oder Dingboche den Weg zu den Teehäusern, in denen wir allabendlich sitzen. Dabei kommen wir immer höher hinauf in den Himalaja und gewöhnen uns langsam an die Höhe. Wir schaffen sechs, sieben Kilometer pro Tag, was recht schnell ist, aber auch langsam genug, um sich ganz von allein zu akklimatisieren. Manchmal kann ich die gleichen Pflanzen riechen wie an der Ama Dablam. Bei strahlendem Sonnenschein und kalten Nächten vergeht die Zeit wie im Flug und auf einmal sehen wir den Everest so nahe vor uns, dass es nur noch Minuten zu dauern scheint, bis wir ihn erreichen. Dann marschieren wir noch mal fünfzehn Kilometer und er scheint immer noch genau so weit zu sein.

Jedes Mal, wenn ich glaube, ich kann eine gute Aufnahme machen, muss ich mich entscheiden, ob ich ein Foto für Sponsoren oder Diavorträge will oder Videomaterial für den Bericht.

Wenn in einem kleinen Hof in Namche Bazaar zum Beispiel ein paar kleine Kinder spielen und ihr Lächeln zum Ausdruck bringt, wie viel Freude sie trotz ihrer schmutzigen Gesichter und zerrissener Kleider haben. Oder ich entdecke einen wunderschönen Vogel vor dem Hintergrund einer weißen Wand oder von Schnee oder das Flattern der bunten Fahnen vor dem tiefblauen Himmel. Mache ich ein paar Fotos? Nehme mir die Zeit, um die Videokamera herauszuholen? Wenn ich zögere, verliere ich die ganze Szene. Und wenn ich das eine tue, verliere ich das andere.

Ich weiß. Es ist meine eigene Schuld, dass ich einverstanden war Videoaufnahmen zu machen, aber ich hätte nie gedacht, dass es gleich in so viel Arbeit ausarten könnte. Es ist ein weiterer Teilzeitjob, den ich machen muss.

Noch zeitraubender ist es, wenn ich selbst im Bild sein soll. Das Team verlangt von mir alles zwei- oder dreimal zu machen. An einem Morgen muss ich sechs Takes machen: einfach nur aus der Tür der *Rhododendron-Lodge* in Deboche kommen. Irgendwann bin ich einfach schnell abgehauen, um auf die Strecke zu kommen. Um allein zu sein.

Wie wär's mit einem Videotagebuch? Jeff Swimmer, der Produzent, bittet mich darum, als er und sein Team schließlich abreisen. Ich stelle die Kamera auf ein Stativ, hänge mir ein Mikro ans Hemd und fange einfach an zu reden. Eine lange Liste mit Fragen darüber, was ich jeden Tag so mache und wie ich mit Henry Todd und den anderen auskomme, sagte mir, was ich erzählen soll. Ich werde der Kamera nichts über irgendwelche Unstimmigkeiten mit Ray erzählen, weder darüber, dass Thomas und Tina wie auf einem anderen Stern leben, noch dass Henry manchmal sehr ungeduldig ist. Wenn mir nichts mehr einfällt, soll ich über mein Ziel für die Zukunft sprechen – ich will Arzt in der Notaufnahme werden – oder körperliche und mentale Vergleiche zu letztem Jahr anstellen: Ich bin viel stärker und selbstbewusster.

Ich versuche zu lächeln, fernsehgerecht zu sein und in die Kamera zu reden, als ob sie ein guter Freund wäre, aber nach einer sechs- oder siebenstündigen Wanderung in der dünnen Luft bin ich doch etwas träge. Andere würden die Gelegenheit mit beiden Händen ergreifen. Siehst du auch immer diese Leute, die bei Übertragungen oder Interviews im Hintergrund winken und gesehen werden wollen? Ich bin nicht so.

Bevor ich den Hubschrauber nach Lukla bestieg, rief ich zu Hause an. Zum letzten Mal für vier Wochen sollte ich mit meinen Eltern sprechen, aber Jeff war dabei und die allgegenwärtige Kamera guckte mir ins Gesicht. Ich versuchte zu sprechen und die Kamera wartete darauf, dass ich weinte oder etwas Tiefsinniges von mir gab, damit sie Millionen von Zuschauern zeigen konnte, was dieses Kind seiner Mutter gesagt hat, bevor es zum Everest aufbrach. Ich drehte mich von der Kamera weg. Kommt nicht in Frage. Ich lächelte und redete, als stünde ich weiter unten auf der Straße und wäre zum Abendessen zu Hause.

Ein weiterer Höhepunkt: Yaks treiben. Eines Morgens kann ich nicht erwarten endlich loszukommen. Das übrige Team kommt nur langsam in die Gänge. Ich sehe den Weg und einen warmen Morgen und ich sehe mein Ziel gegen Mittag bei der japanischen Gedenkstätte zu sein, den Bach runtergehen, also breche ich auf. Ich laufe einen knappen Kilometer, gerate in eine Horde Yaks, die für Rob Halls Mannschaft Material ins Basislager tragen. Das war's! Yaks, wie du dich erinnern wirst, sind wie Kühe mit langen Haaren. Weibliche Yaks heißen Naks. Yaks und Naks können unterhalb von 3 000 Metern schlecht existieren. Zums und Zoes, eine Kreuzung zwischen Yaks und

Rindern, sehen aus wie Yaks und Naks, aber ihnen geht es bis hinunter auf 1 500 Meter gut. Es gibt übrigens viel mehr Zums und Zoes als Yaks und Naks, falls du dich das gerade gefragt hast. Und die meisten von ihnen sind ziemlich ruhig. Aber pass auf mit denen, die einen Ring in der Nase haben, und mit den großen, die in freier Wildbahn leben und manchmal oben in den Bergen herumziehen.

Man nehme dreißig schwer beladene Yaks in einer Reihe. Man treibe sie auf einen Pfad, der so schmal ist, dass du die Steinmauern zur Linken und zur Rechten mit ausgestreckten Armen berühren kannst. Sie stapfen im Yaktempo vor sich hin und damit hat man einen Stau mitten im Himalaja. Du kannst es so eilig haben, wie du willst, die Yaks wird das nicht im Geringsten stören. Wirf mit Steinen nach ihnen, schrei sie an (die Yakhirten tun das den ganzen Tag) – nichts wird sie dazu bringen, sich schneller als in ihrem üblichen Zeitlupen-Yaktempo zu bewegen. Versuch sie zu überholen und sie werden dich an den seitlichen Felsen zerquetschen oder dir auf den Fuß trampeln oder du wirst über den Abbruch einer Felswand gestoßen. Ich stecke hinter ihnen fest.

So werde ich zum Yaktreiber. Es gibt nichts, wo ich hinkann, es gibt nichts sonst zu tun. Ich schmeiße Steine gegen Yakhintern und versuche die hohen Schreie der Sherpas zu imitieren, was von Seiten der Yaks beides komplett ignoriert wird. Und ich laufe Stunde um Stunde im Yakmist und im Yakgestank.

Die anderen Yaktreiber sehen mich an, als ob ich verrückt wäre. Sie tragen grimmige zerrissene Mäntel und verbringen ihre Tage, Monate, Jahre, ihr Leben damit, beladene Yaks die Pfade des Khumbu-Tals rauf- und runterzutreiben. Sie rufen, werfen Steine nach den Hörnern und Hintern, halten sie in Bewegung, genau wie ihre Väter und Großväter es seit Jahrhunderten tun. Nichts anderes als Yaktempo, den ganzen und jeden Tag. Wenn man aufhört die Tiere anzuschreien und mit Steinen zu traktieren, bleiben sie sofort stehen. Stell dir eine Herde von dreißig Yaks vor, die einfach dastehen und den Weg blockieren, und alles ist deine Schuld!

Also siehst du zu, dass das nicht passiert. Also schreist du sie weiter an und bewirfst sie mit Steinen und gehst Yaktempo dein Leben lang.

Die Yaktreiber wissen nicht, was sie mit mir anfangen sollen. Ich bin sauber und stecke in Kleidern, die sie sich nie leisten könnten, ein amerikanischer Teenager, der Yaks treibt. Warum?!, müssen sie sich fragen. Sie machen hier die niedrigsten Arbeiten, die es für Sherpas gibt, treten ständig in den Yakmist und haben nichts als eine Schüssel Reis und eine lausige Decke für die Nacht. Und ich kreuze hier auf in meinen neuen Bergsteigerklamotten, mit Rucksack, und treibe aus Spaß die Yaks vor mir her? Wir wechseln kein Wort. Wir rufen nur und werfen Steine.

Schließlich erreichen wir eine breitere Stelle des Weges. Ich lege den Überholgang ein und lasse alle dreißig ruck, zuck hinter mir. Bald klingeln die Yakglocken in großer Entfernung und ich gehe in meinem Tempo, nicht Yaktempo.

Und das nächste Highlight: Ich treffe Jake, einen Trekker, der den gesamten Weg ins Basislager mit uns kommt. Er ist sechzehn, hat zum Zwecke des Wanderns (mit niemand Geringerem als seiner Mutter) die Schule abgebrochen, trägt ausgebeulte Hosen, hat einen schrägen Musikgeschmack und ist immer anderer Meinung als ich, egal, worüber wir uns unterhalten.

Aber wir haben einen Haufen Spaß zusammen und machen eigentlich nur Blödsinn. Eines Tages überqueren wir eine wacklige Brücke, so eine, die mehr als dreißig Meter über einem ruhigen Fluss hängt, und die Yaks haben so viele Löcher in den

Holzboden gebohrt, dass du bei jedem Schritt genau aufpassen musst. Es ist kurz nach der Mittagszeit und über dem Dorf liegt mittägliche Stille. Jake kämpft sich ab, als ob er einen Toten schleppt. Als er näher kommt, erkenne ich, dass es ein großer Stein ist. Er hievt ihn mühsam bis auf Höhe des Geländers, zögert, wirft mir einen böswilligen Blick zu und lässt den Stein mit einem mordsmäßigen Platscher fallen. Er kichert wie ein Verrückter und ich habe Angst, dass man uns aus der Stadt wirft, weil wir so viel Lärm veranstaltet haben.

In der nächsten Nacht hat er alles vorbereitet, um die Leute vom Filmteam in ihrem Zelt einzusperren. Na und, könnte man sagen. Da ist schon Schlimmeres passiert. Aber nicht mit den Leuten vom Filmteam. Sie alle haben Durchfall. Das geht schnell in der Dritten Welt – eine Cola aus dem Glas getrunken, ein Eiswürfel darin und schneller, als du ahnst, wünschst du, du könntest dein Bett in einem schönen sauberen Badezimmer aufstellen, denn dort auf der Toilette wirst du noch sehr viel kostbare Zeit verbringen. Also hat Jake die Idee, dass er (hihihi) diese vier Leute in ihrem Zelt einsperrt. Mal gucken, was dann morgens alles aus dem Zelt kommt. Hihi. Zum Glück für sie ist es uns viel zu kalt, um noch einmal aufzustehen. Typische Teenageraktion.

In einer kleinen Stadt beginnen zwei Sherpamädchen in unserem Alter mit uns zu flirten. Ich gebe ihnen Bilder von meiner Familie und meinen Hunden. Als ich die Bilder zurückwill, lachen sie und rennen mit den Bildern los. Wir jagen sie eine Straße rauf und die nächste wieder runter. Sie rennen ganz leicht in dieser Höhe. Wir dagegen schnaufen wie alte Männer. Jedes Mal, wenn wir näher kommen, lachen sie einfach und laufen weg. Schließlich sind sie so nahe, dass wir uns ihre Schals schnappen können. Sie sehen sehr gut aus, aber sie sind, sagen wir mal, ungewaschen. Genau genommen riechen sie. Streng. Genau genommen sind ihre Gesichter und Hände sehr dreckig. Jake und ich nehmen die Schals und die zwei Mädchen sitzen auf einem Stein in der Nähe des Teehauses und warten, dass wir irgendwas tun. Jabion kommt vorbei, sieht die Schals, lächelt uns an und sagt: »Glückwunsch. Ihr seid verliebt.«

»Verliebt?«, frage ich. »Was meinst du mit verliebt?«

»Wenn du den Schal nimmst – Zeichen von Liebe in Nepal.«

Die Mädchen sehen uns von dem Stein aus an, warten ab, ob da möglicherweise etwas Gutes in ihrem Leben passiert.

»Vielleicht heiratet ihr?«

Jake und ich werfen die Schals in die Luft, und bevor sie auf der Erde sind, ergreifen wir unsere Rucksäcke und sind weit weg. Aus der Entfernung hören wir das Echo der kichernden Mädchenstimmen: »Kommt zurück, kommt zurück!«

■ 17. April 1996

Das Basislager ist verrückt, ein Karneval von bunten Zelten und Fahnen, eine kleine Stadt mit etwa dreihundert Einwohnern aus den Vereinigten Staaten, Neuseeland, Taiwan, Schweden, Schottland, Südafrika, Spanien, Russland und England. Eine kleine Stadt ohne Organisation, ohne zentrale Verwaltung von irgendwas, keine Straßen, nicht mal Bäume oder Gras oder auch nur ein fester Boden, nur ein Meer von hellen bunten Zelten auf einem felsigen Hügel oben auf einem Gletscher, der fließt und sich ständig bewegt. Infolgedessen kommen Leute zurück vom Berg und plötzlich stehen ihre Zelte schief. Nachts hat man das Rauschen von dem großen Fluss aus Schmelzwasser unten im Gletscher ganz nah am Ohr und man könnte schwören, er ist nur wenige Zentimeter weit weg. Die Gegend fühlt sich lebendig an, als ob ein Zeitlupenerdbeben die Oberfläche permanent neu erfindet.

Müde vom letzten langen Anstieg, den ich allein gegangen bin, komme ich an. Es ist früher Nachmittag, aber es sind nur wenige Leute da. Ich wandere von Zelt zu Zelt, blicke in Gesichter aus verschiedensten Ländern, aber das Lager von Henry Todd kann ich nicht finden. Plötzlich habe ich mich verlaufen. Keine Ahnung, wie ich meine Gruppe finden soll.

■ 18. April 1996

Wir sitzen einfach herum und tun die typischen Basislagersachen: reden, Karten spielen, lesen, kaum was tun. Das muss man machen, habe ich letztes Jahr gelernt, um sich zu akklimatisieren. Und viel Wasser musst du trinken. Ich habe das Lager gefunden und Jake hatte schon angefangen einen Platz für unser Zelt herzurichten, indem er eine Plattform aus Steinen baute. Es hat uns den ganzen gestrigen Tag gekostet, unser Heim zu errichten. Und dann habe ich die ganze Nacht das Krachen und Stöhnen von berstendem Eis gehört und das Wasser unter mir klang wie ein Wasserfall.

Die viele Zeit hier unten gibt mir Gelegenheit die Leute um mich herum zu beobachten, was ich schon seit drei Jahren tue. Ein Typ, den ich treffe, ist Göran Kropp, der mit dem Fahrrad von Schweden zum Everest gefahren ist. Er will allein auf den Gipfel, und falls er es nicht schafft, will er zur Strafe mit dem Flugzeug nach Hause statt mit dem Fahrrad. Ein weiterer Solobergsteiger, den Jake und ich auf dem Anmarsch getroffen haben, sah aus wie eine Schaufensterpuppe mit nagelneuen Alpinklamotten. Er hatte etliche Sherpas und sprach mit niemand. Und schließlich habe ich Michael kennen gelernt, unser fehlendes Gruppenmitglied, das letzte Nacht gekommen ist. Michael ist beim dänischen Militär, erreichte letztes Jahr über die Nordseite den Gipfel und will seinen Aufstieg für seinen Sponsor, das staatliche dänische Fernsehen, auf Video aufnehmen.

Später sitze ich im Zelt von Scott Fischer, der die *Mountain-Madness*-Expedition leitet, und Anatoli Boukreev, sein russischer Bergführer, kommt herein, mit Walkman und einem breiten Grinsen. Er nimmt die Kassette aus seinem Walkman und schon dröhnt russische Volksmusik aus Scotts Rekorder. »Wenn du diese Lieder singst, wirst du genau so ein guter Bergsteiger wie ich«, sagt er mir, während wir den Quietschestimmen zuhören.

Er sitzt da. Wenn er grinst, schimmern seine Goldzähne und er zieht eine Art Wurst hervor. Er beißt ab, zeigt damit auf mich und gibt mir den nächsten Ratschlag. »Wenn du das isst, kommst du leicht rauf.«

Wenn ich das esse, bin ich wahrscheinlich morgen wieder in Kathmandu und liege krank im Bett. Es heißt *Speck* und ist fast reines Fett, wahrscheinlich ist das der Grund, warum die Russen so gute Bergsteiger sind.

»Schätze, dann werde ich nie so ein Bergsteiger wie du«, gebe ich zur Antwort. »Ich kann weder das eine noch das andere.«

Scott lacht in Richtung Anatoli. Zwei der größten Namen im Alpinismus und sie sitzen hier und behandeln mich wie einen der Ihren. Das trifft auf die meisten Bergsteiger zu – keiner von ihnen behandelt dich wie einen Neuling. Sie wissen, dass deine Situation die gleiche ist wie ihre.

Kapitel dreizehn

Everest 96

Die Personen

Rob Hall Expeditionsleiter von ADVENTURE CONSULTANTS, Neuseeland

Pete Athans Bergsteiger; Colorado

Neal Beidleman Bergführer, Luftfahrtingenieur, Ultra-Marathonläufer; Colorado

David Breashears Expeditionsleiter, Regisseur des IMAX-Filmes über den Mount Everest

Jon Krakauer Journalist, Autor, Teilnehmer der ADVENTURE CONSULTANTS Expedition; Seattle

Makalu Gau Leiter der taiwanesischen Expedition

Andy Harris Bergführer der ADVENTURE CONSULTANTS Expedition

Charlotte Fox Teilnehmerin der ADVENTURE CONSULTANTS Expediton

Sandy Hall Pittmann Teilnehmerin der MOUNTAIN MADNESS Expediton

Yasuko Namba Teilnehmerin der ADVENTURE CONSULTANTS Expediton

Beck Weathers Teilnehmer der ADVENTURE CONSULTANTS Expediton

Jabion Sherpa

Pemba Sherpa

Pasang Sherpa

Ang Rita Sherpa

Ang Tserin Sherpa

Babu Sherpa

19. April 1996

Auf der Südseite müssen wir zwei Wochen marschieren, um ins Basislager zu gelangen, dafür ist Camp Eins nur eine Halbtageswanderung vom Basislager. Aber wir müssen uns mit den Widrigkeiten des Khumbu-Eisbruchs herumschlagen. Man nehme einen Teller voll Kartoffelbrei mit hier und da hervorstehenden Klumpen, lasse das Ganze trocknen, sodass man überhängende Teile bekommt, unebene Brocken, scharfe Kanten und tiefe kleine Einschnitte. Jetzt vergrößere man es auf ein Gebiet von drei Quadratkilometern, ziehe es auf 800 Meter hoch und friere es ein. Und man muss noch einige Bereiche abbröckeln und andere aufbrechen lassen, wie bei kleinen Erdbeben Tag und Nacht, dann hat man etwa eine Vorstellung vom Khumbu-Eisbruch. Jeder, der den Everest von Süden besteigen will, muss durch den Khumbu-Eisbruch, ein gefährliches, drei Kilometer langes Bollwerk.

Über sechzig Menschen sind im Eisbruch ums Leben gekommen. Sobald du den Eisbruch betrittst, weißt du auch, warum: Ein Stück Eis kann abbrechen und dich am Kopf treffen. Eine Gletscherspalte kann sich genau unter deinen Füßen öffnen. Du kannst auf einer der hundert Leitern ausrutschen, die du überqueren musst. Und der Eisbruch ist immer in Bewegung. Schmilzt. Verändert sich. Du weißt nie, was los ist. Deshalb nennen sie das auch Bergroulette. Wie russisches Roulette, wo die Wahrscheinlichkeit, statt einer leeren Kammer die Kugel zu erwischen, eins zu sechs ist, aber man kann eben nie wissen. Vor allem nicht, wenn man *jeden Tag* russisches Roulette spielt. So ähnlich muss man die Sache schon sehen, weil man nämlich bei jedem Aufstieg vom Basislager da durchmuss.

Henry führt uns etwa ein Drittel des Weges hinein und es

scheint ziemlich einfach zu sein. Das Eis ist zu schönen Skulpturen geformt, die Sonne scheint warm und es macht Spaß, wirklich am Everest zu sein. Ich sehe auch, in welcher Verfassung die Mitglieder unserer Mannschaft sind. Einige, wie Thomas und Tina, schlendern in gemütlichem Yaktempo und legen regelmäßig eine Pause ein. Andere, wie Michael, Paul, Neil und Graham, haben eine großartige Kondition, gehen zügig und machen dann eine Pause, dieser zügige Küchenschabenrhythmus, in dem anscheinend auch viele Sherpas gehen.

Ich finde meinen eigenen Rhythmus – ein lockeres, gleichmäßiges Gehen etwa eine Stunde lang und dann eine Pause, um zu verschnaufen.

Wegen der Leitern ist es kaum möglich, im Eisbruch sehr schnell zu gehen. Die Metallleitern werden benutzt, um Gletscherspalten zu überbrücken, um steile Wände zu überwinden, Hindernisse auf dem Weg ins Camp Eins. Diese Leitern zu überqueren ist jedoch, wie ich schnell bemerke, gar nicht so einfach.

Stell dir eine ganz normale Leiter aus Aluminium vor, wie man sie zu Hause benutzt. Leg sie über eine Gletscherspalte, eine, sagen wir einmal zweieinhalb Meter breite und zwanzig Meter tiefe Kluft im Eis. Du hast natürlich Steigeisen an, sodass die kleinen Steigeisenzacken der einzige Berührungspunkt zwischen den Füßen und den dünnen, vereisten Sprossen der Leiter sind, die zudem von den Bewegungen des Gletschers und durch das Benutzen verdreht und verbogen ist. Jetzt wickle das lose Seil an jeder Seite der Leiter um die Hände, lehn dich nach vorne, bis die Seile straff sind, und lass sie durch die Hände gleiten, während du die wackelige, scheppernde Leiter überquerst. Pass auf deine Füße auf, damit die Steigeisen sich nicht in den Sprossen verheddern, und, nur so zum Spaß, gib dir noch einen fünfzehn Kilogramm schweren Rucksack auf den Rücken, kalte Windböen ins Gesicht und dazu noch fünf Leute, die darauf warten, dass du endlich gehst. Bei jeder Durchquerung des Eisbruchs warten vielleicht einhundert Leitern, jede ein Abenteuer für sich.

Wir überstehen unser erstes Zusammentreffen mit dem Eisbruch, jeder von uns überquert mit Ratschlägen von Henry seine ersten Leitern. Weil meine Füße groß genug sind auf zwei Sprossen gleichzeitig zu stehen, kann ich mein Gleichgewicht halten und komme relativ einfach hinüber. Mir macht es Spaß. Wer kleinere Füße hat, wie Ray, muss an jeder Sprosse sehr vorsichtig sein.

■ 20. April 1996

Bei meinem ersten Gang ins Camp Eins merke ich selbst, dass jeder Aufstieg ein Glücksspiel ist, denn ich lerne die »Mausefalle« kennen, einen besonders gefährlichen Teil des Eisfalls: Henry, Paul, Neil, Brigeete und ich steigen auf einen kleinen Hügel, überqueren zwei Leitern und queren seitwärts über ein schmales Band. Oberhalb dieses Bandes, direkt über unseren Köpfen, befindet sich ein Überhang aus Schnee, der wie ein Dach über uns hinausragt und groß genug ist uns alle fünf mit einem Schlag zu töten, Ein Blick auf den Winkel macht mir klar, worum es beim Roulette-Bergsteigen geht. Der riesige Schneekeil könnte jederzeit herunterkommen – eine leichte Verschiebung des Gletschers, ein kräftiger Wind, vielleicht reicht sogar schon ein Niesen, was weiß ich – und wir wären verschüttet, gefangen wie Mäuse. So schnell wir können, klettern wir durch die Mausefalle, in höchstens zehn Minuten, kämpfen uns zur nächsten Leiter durch und freuen uns über unseren kleinen Erfolg.

Einmal aus dem Eisfall draußen, steigen wir in strahlendem, warmem Sonnenschein zum Camp Eins. Ich folge Brigeetes zügigem Schritt und mir wird sehr warm. Ich kremple die Ärmel hoch und bekomme ziemlich schnell Sonnenbrand an den Armen. Wir gehen weiter, benutzen Fixseile an dem steilen Hang, gehen zwanzig Schritte, rasten, noch mal zwanzig, rasten erneut, steigen weit über den Eisfall.

Bald kommt mir David Breashears entgegen, der für den IMAX-Film verantwortlich ist. »Mach besser weiter mit deinem Videotagebuch«, sagt er und lächelt. Der New Yorker Produzent hat bereits mit ihm über das gesprochen, was ich für *National Geographic* mache, und ich denke, er wollte mich bloß wissen lassen, dass er damit einverstanden ist, dass ich hier filme, oder zumindest nicht dagegen ist.

Er macht gerade die offizielle Everest-Dokumentation für diese IMAX-Kinos, wie man sie in naturwissenschaftlichen Museen hat. Und so arbeite ich mit meiner Kamera so unauffällig wie möglich, filme hier und da ein wenig und lasse die Kamera nur selten sehen. Hauptsache, ich halte mich fern von den Verbindungsoffizieren, Beauftragten der nepalesischen Armee, die uns beaufsichtigen sollen. Breashears musste für eine offizielle Dreherlaubnis viel Geld bezahlen, und wenn mich sein Verbindungsoffizier zufällig beim Filmen sehen würde, könnte ich viel Ärger bekommen. Jeff hat mir immer gesagt, ich solle keine Schwierigkeiten riskieren, aber er möchte natürlich so viel Filmmaterial wie möglich. Gut zu wissen, dass es mir David Breashears nicht noch schwieriger macht.

In Camp Eins helfen wir Jabion und den anderen Sherpas die

Zelte aufzustellen und bald schon liegen wir drin. »Wir haben die Getränke vergessen«, stellt Henry fest.

»Ich geh runter, werde vor Einbruch der Dunkelheit wieder hier sein«, erkläre ich mich bereit. Hin und zurück sind das sechs Stunden Gehzeit, die mich total fertig machen können, aber ich bin zu allem bereit.

Henry sieht erschrocken aus: »Nein! Das kannst du nicht machen! Spar dir deine Kräfte. Ich werde morgen wieder aufsteigen.« Und geht.

Ich gehe nach draußen und setze mich alleine in die Sonne, schaue über den Eisfall unter uns auf den sturmgepeitschten Gipfel des Everest hoch über uns, breite meine Socken zum Trocknen auf meinen Beinen aus und lausche Brigeete, Neil und Paul, wie sie sich im Zelt über ihre ersten sexuellen Erfahrungen austauschen. Eine sehr interessante Art, den Nachmittag zu verbringen.

Wir schlafen in Camp Eins, um uns zu akklimatisieren. Die ganze Nacht höre ich den Gletscher ächzen, ein gedämpftes Krachen, wie wenn ein riesiger Baum auseinander brechen würde. Und die ganze Nacht durch habe ich Kopfschmerzen. Ich stelle fest, dass man sich in der Höhe einfach daran gewöhnen muss, so ruhig wie möglich da zu liegen, sie pochen zu lassen und viel Wasser zu trinken, um nicht auszutrocknen. Aber Wasser ist wieder ein echtes Problem hier oben. Ich habe ungefähr zwei Liter dabei zum Unterwegs-Trinken und dann, genauso wichtig, zwei Flaschen mit Benzin, um Schnee zu schmelzen, sobald ich im Zelt bin. Schnee ist natürlich reichlich vorhanden, aber es dauert fast zwei Stunden vom Aufstellen des Kochers, bis man genügend Schnee zum Trinken geschmolzen hat – nicht gerade das, was man mitten in der Nacht bei minus zwanzig Grad machen möchte. Da ziehe ich die Kopfschmerzen vor.

21. April 1996

Als ich vom Camp Eins zurückkomme, ist Jake immer noch im Basislager und ganz scharf aufs Bergsteigen. Er hat Henry gebeten ihn in den Eisfall hinaufsteigen zu lassen, er flehte Scott Fischer an mit seinem Team klettern zu dürfen. Aber er hat keine Genehmigung weiter als bis zum Basislager zu gehen. Und so, ich kann es nicht lassen, ärgere ich ihn ein bisschen: Ich erzähle ihm, wie gruselig es ist, durch den Eisfall abzusteigen, wie wackelig die Leitern sind und wie von dort oben das Basislager auf dem fernen öden Grau und Weiß des Gletschers aussieht wie ein kleiner bunter Zirkus. Ich bin ausgedörrt und müde, sitze nur da, ziehe meine Schuhe aus, dehne meine Beine und fühle, wie er mich anstarrt, so neidisch auf das, was ich mache, dass er nicht still sitzen kann, frustriert, weil er nur zuschauen darf.

Wir bleiben vier Tage im Basislager und ich weiß ziemlich genau, was ich tun werde: essen so viel ich kann, viel trinken und ausruhen. Möchtest du in einem Monat fünfzehn Kilo abnehmen? Dann iss Sampa zum Frühstück (klebrig dickes Gerstenmehl mit Milchtee), Sherpaeintopf zum Abendessen (Yakfleisch mit Curry), Tee um vier Uhr nachmittags (Kekse) und zum Mittagessen Reste. Dazwischen kannst du so viel Junkfood essen, wie du willst, und du wirst trotzdem abnehmen. Du musst nur hierher kommen und jeden Tag klettern. Garantiert. Man verbraucht vier- bis fünftausend Kalorien am Tag. Um das auszugleichen, kann man gar nicht genug Sampa oder Sherpa-Eintopf essen. So nimmt man zehn bis fünfzehn Kilo ab. In meinem Fall geht das von der Muskelmasse ab, da ich nur sehr wenig Fettgewebe habe. Und deswegen sitze ich rum, spiele Perudo, ein altes peruanisches Kartenspiel, das ich daheim bei

K-mart gekauft habe, treffe und unterhalte mich mit Leuten aus der ganzen Welt.

Hier sind über hundert Bergsteiger, dazu die Sherpas, die Crew des Basislagers und deren Helfer, dazu noch die nepalesischen Verbindungsoffiziere für jedes Team, die darauf achten, dass wir keine Gesetze übertreten. Insgesamt sind über fünfhundert Leute im Basislager, hinzu kommt noch, dass bei jedem Team noch eine ganze Reihe Besucher vorbeischaut. Wir hören nachts keine laute Musik. Das kommt nie vor, nicht einmal bei Jake. Die ernsthaften Höhenbergsteiger sind eine kleine Gruppe von Leuten und wir sehen einander regelmäßig genug, um Freunde zu werden oder wenigstens Weggefährten. Fast jeder spricht Englisch und es ist immer sehr schwierig zu sagen, wo der Einzelne her ist, obwohl Europäer immer helles, leuchtendes Blau, Pink oder Grün tragen, die Russen furchtbar veraltetes Material besitzen und die Asiaten für sich bleiben. Aber wir alle haben den gemeinsamen Wunsch den Everest zu besteigen und respektieren uns genug, um keine Regeln im Camp zu benötigen oder wenigstens nicht viele.

Unser Team hatte aber eine Abmachung über das Fluchen: Jeder, der im Basislager beim Fluchen erwischt wurde, musste einen Mund voll Marmite essen, eine furchtbar schmeckende, seltsame Substanz aus Gemüse, die sogar Schweine zum Würgen brächte. Ich weiß natürlich nur vom Hörensagen, wie sie schmeckt, ich habe nie welche gegessen. Na ja, nur selten. Wenn ich diese Regel und das Marmite mit nach Hause und in die Schule brächte, kenne ich einige Jungs, die sich den ganzen Tag mit Marmite voll stopfen müssten.

Eines Tages fehlte Ausrüstung. Obwohl die meisten Leute Besucher verdächtigten, trafen sich die Leiter der Teams und legten harte Regeln bezüglich Diebstahls fest: Jeder Bergsteiger, der dabei erwischt wird, muss abreisen, jeder Sherpa wird gefeuert, jeder Führer darf nie wieder an den Everest. Strenge Regeln, aber man sollte Material liegen lassen können, ohne Sorge zu haben, dass es gestohlen wird.

22. April 1996

Auf dem Weg zu Camp Zwei bin ich so wütend, ich könnte Funken sprühen, wenn ich die Kraft dazu hätte. Von Camp Eins zu Camp Zwei sind es nur fünfhundert Höhenmeter und weniger als drei Kilometer – zu Hause würde ich das in fünfzehn Minuten laufen – und wir sind schon fast vier Stunden unterwegs, weil wir so oft anhalten mussten. Die Sonne ist so heiß, dass ich Schnee esse, weil ich kein Wasser mehr habe, ich packe sogar zum Abkühlen Schnee unter meine Mütze. Und um alles noch schlimmer zu machen, müssen wir wegen Lawinengefahr dicht an der Lhotse-Nuptse-Wand gehen, wo wir gefährlich nah Steine herunterprasseln hören.

Und alles nur wegen einer dummen Auseinandersetzung, die uns bis nach zehn Uhr in Camp Eins hielt und uns in die wärmsten Stunden des Tages geraten ließ. Heiß. Im Schnee, auf dem Gletscher, am Everest auf fast 6 000 Metern Höhe. Sehr heiß. Direkte Sonneneinstrahlung, dazu noch vom Schnee reflektiert; rasendes Herzklopfen schon von ein paar Schritten mit Rucksack, das Hemd völlig verschwitzt, kein Lufthauch, nur wenig Wasser. Heiß.

Was ich vorhin sagte, dass der Everest uns alle vereint und wie kooperativ jeder ist, trifft auf unsere Mannschaft sicherlich nicht zu. Zumindest nicht heute Morgen. Henry funkte uns wegen des Tagesablaufs vom Basislager an (normalerweise verständigt man sich am Berg mit Sprechfunkgeräten, es gibt sogar einen Notrufkanal, auf den sich alle Expeditionen bei Notfällen schalten). Während unseres Aufstiegs zu Camp Eins und die ganze Nacht hindurch hat es geschneit und so sprach er mit Paul über die Verhältnisse. Als wir frühstückten und zusammenpackten, um nach Camp Zwei zu steigen, diskutierten Paul und Michael, beides erfahrene Bergsteiger und beide schon öfter mit Henry unterwegs, leise über Henrys Funkruf. Thomas – und seine bessere Hälfte Tina –, die es gestern noch gerade vor Einbruch der Dunkelheit ins Camp Eins geschafft hatten, gerieten sofort in Rage: »Keine Geheimnisse vor der Gruppe!«

Ja, das war der Anfang. Bald schrien sie sich alle an.

»O.k. Henry möchte, dass wir ein paar Töpfe und Kocher ins Camp Zwei mitnehmen. Hast du das kapiert, Thomas!«

»Ich werde keine Töpfe tragen!«

»Ich habe keine 24 000 Dollar bezahlt, um Töpfe zu schleppen.«

Ich mische mich ein: »So viel haben wir alle bezahlt. Wenn du es vornehmer willst, geh doch rüber zu Rob Hall und zahl 65 000 Dollar!«

»Wenn Henry das sagt, wirst du diese Töpfe tragen!«

In der Zwischenzeit stieg die Sonne höher und diese Leute standen ohne Gletscherbrillen vor dem Zelt und riskierten schneeblind zu werden, nur um zu streiten. Nachdem ich sie daran erinnert hatte, holten sie ihre Sonnenbrillen und stritten weiter.

»Du glaubst wohl, du kannst besser planen, Thomas?«, sagte jemand. Und alles ging wieder von vorne los. Schlimmer als Erstklässler.

Schließlich gingen wir alle in kleinen Gruppen los. Brigeete und ich wollten nur außer Hörweite. Neil, Michael und Paul stapften sich ihre Wut aus dem Leib. Thomas und Tina blieben zurück, um zu schmollen.

Das Ganze erinnerte mich an die Everestexpedition letztes Jahr.

Erwachsene.

Sie sind der Grund, warum ich mich jetzt so nach Camp Zwei quälen muss, ich bin so geladen, dass ich schneller laufe und bald Rob Halls *Adventure Consultants Team* einhole. Rob ist als Leiter bekannt für seine hohen Expeditionsgebühren (fast das Dreifache von dem, was ich bezahlen musste) und seine präzise Planung. Heute zum Beispiel: Alle seine Bergsteiger sind sicherheitshalber angeseilt und ich komme ohne Seil daher und bin so von der heißen Sonne ausgedörrt, dass ich Schnee esse. Wir legen eine Pause ein und ich treffe Rob und Beck Weathers, einen Arzt aus Texas, Andy Harris, einen Bergführer, und Yasuko Namba, eine Japanerin. Während sie mich damit aufziehen, wie ich schulfrei bekommen habe und mit sechzehn am Everest bin, frage ich mich, welcher wohl Jon Krakauer ist, der Schriftsteller, der eigentlich im vergangenen Jahr mit unserem Team an den Everest sollte. Ich lache mit, beneide sie aber insgeheim um das Wasser, das sie trinken. Ich habe Durst, aber ich werde sie nicht um Wasser fragen. Es ist mein eigener Fehler, so unvorbereitet zu sein. Ich kann von Bergsteigern nicht erwarten, Wasser, das sie selber brauchen, an jemand Leichtsinnigen wie mich abzugeben. So werde ich halt Schnee essen und warten, bis ich Camp Zwei erreiche.

Während ich mich Camp Zwei nähere, kommt mir einer unserer Sherpas beim Abstieg entgegen und sagt mir, ich solle nach einem großen weißen Zelt Ausschau halten, das ich schon aus der Entfernung zwischen all den bunten Zelten erkennen würde. Camp Zwei ist eigentlich ein Vorgeschobenes Basislager, darum hat es so viele Zelte – es müssen an die hundertfünfzig sein, für all die Helfer und Vorräte. Es ist schön, unser Zelt gleich zu erkennen.

Je mehr ich darüber nachdenke, wie Erwachsene sich benehmen, desto mehr wundere ich mich. Der Aufstieg ins Camp Eins gestern war eine langsame Wanderung in Wind und Schneetreiben. Ich wollte nur noch ins Zelt und in meinen warmen Schlafsack. Ich hatte zuvor einen Schlafsack dort gelassen; wir alle benutzen zwei Stück, sodass wir sie nicht ständig rauf- und runtertragen müssen. Als ich dort ankam, war Henry bereits im Zelt und in meinem Schlafsack, warm wie ein Toastbrot.

So gerieten wir gestern in einen ähnlich dummen Streit wie die Leute heute Morgen. »Henry, das ist mein Schlafsack!«, sagte ich.

Natürlich meinte Henry, es wäre sein eigener – die Schlafsäcke sehen gleich aus: »Deiner muss im anderen Zelt sein.« Es war spät, es war kalt und es war ein anstrengender Aufstieg. Das Einzige, worin ich sonst hätte schlafen können, wäre mein Daunenanzug angewesen. Ich hätte den Kerl umbringen können. Er lag in meinem Schlafsack! So fing ich an zu schreien, genau wie Thomas. »Henry, ich habe ihn genau dort liegen lassen, wo du jetzt liegst!«

Henry sah sich um und sagte langsam: »Also gut. Jemand muss meinen gestohlen haben. Ich werde wieder absteigen.«

Eins zu null für mich, nehme ich an. Aber während des langen Aufstiegs nach Camp Zwei muss ich ständig daran denken, wie töricht es ist, über solche Kleinigkeiten zu streiten. Hier oben müssen wir uns aufeinander verlassen, um zu überleben, und wir veranstalten einen Kinderkram, von dem ich dachte, ich hätte ihn letztes Jahr in der Mittelstufe hinter mir gelassen.

Ich trotte hinter Robs Gruppe her, und als ich schließlich an seinem Essenszelt vorbeigehe, lädt er mich zum Tee ein. Rob stellt mich Jon Krakauer vor und wir drei sitzen an einem Tisch und trinken vorzüglichen, warmen, durstlöschenden Tee und sprechen über Robs fünf Expeditionen zum Everest.

»Fünf? Genauso viel wie Russell Brice«, sage ich. Ich kenne Russell, Robs Kollegen aus Neuseeland, vom Everest 95.

»Mit einem Unterschied«, meint Rob mit einem Lächeln, »ich war jedes Mal oben.«

Wir unterhalten uns noch eine Weile über die Expedition 95, die Jon verpasst hat. Bald kommt Michael vorbei und wir gehen weiter zu unserem Lager. Als wir schließlich zu dem großen weißen Zelt kommen, sieht es aus, als wäre es in aller Eile verlassen worden, Töpfe auf den Kochern, jede Menge Ausrüstung, sogar Packungen mit Schokoladenkeksen. Ich schaue mich kurz um und merke, dass dies nicht unser Zelt ist, dass unseres noch gar nicht aufgebaut ist und dies hier wahrscheinlich Mal Duff gehört. Mal ist wie Henry ein schottischer Bergführer und Expeditionsleiter und ein guter Freund von Henry. Obwohl wir wissen, dass es nicht unser Zelt ist, bleiben wir. Wir probieren sogar ein paar Schokoladenkekse (nur eine kleine Packung). Paul, Neil und Brigeete kommen herein, immer noch wütend, aber Thomas und Tina lassen sich nicht sehen. Auch recht.

23. April 1996

Gerade als wir morgens gehen wollen, kommt natürlich niemand anderes daher als Mals Mannschaft, die sich wundert, wer wir sind. Wir versuchen unseren Irrtum mit dem »großen, weißen Zelt« zu erklären. Sie sehen etwas verärgert aus, aber zumindest berechnet uns Mal nicht 100 Dollar wie sonst üblich, wenn man ein fremdes Zelt benutzt. Michael und ich verlieren kein Wort über die Kekse, wir schleichen lieber schnell hinaus.

25. April 1996

Das dritte Mal durch den Eisbruch. Zurück nach Camp Eins. Michael und ich haben unsere Videokameras dabei. Wir tauschen die Kameras, um uns gegenseitig beim Klettern zu filmen. Wir klettern ein bisschen, halten dann an und einer dreht eine Sequenz vom anderen an einer schwierigen Leiter oder wir nehmen schöne Perspektiven einer Gletscherspalte auf. Henry ruft uns zu, wir sollen schnell durch den Eisbruch, aber wir wollen gutes Filmmaterial und filmen uns gegenseitig immer wieder neu. Es macht wirklich Spaß, heute zu filmen, die Veränderungen im Eisbruch festzustellen, an hausgroßen Eisblöcken vorbeizusteigen, die letztes Mal noch gar nicht da waren, dann der kurze, steile, mörderische Hang zum Camp Eins.

Im Camp Eins rasten wir und hoffen auf Bewölkung, die den Aufstieg ins Camp Zwei einfacher machen würde. Tatsächlich fällt mir das Steigen jetzt leichter. Ich bin kaum müde und habe noch genug Reserven, um ins Camp Zwei zu gehen, und das alles in einem Tag. Auch der Abstieg gestern ins Basislager war schon einfacher. Das Akklimatisieren funktioniert.

Ich muss aber ehrlich sagen, dass ich zwar genug Kraft habe, um noch ins Camp Zwei zu steigen, aber meine Beine sind wie tot, nicht wirklich stark. Wenn man einmal damit angefangen hat, mit schwerem Rucksack am Berg auf- und abzusteigen, bekommt man seine Beinkraft nicht mehr zurück. Aber man entwickelt so einen Energiespargang, der sich immer wieder selbst einlegt: Statt über einen Felsblock drüberzusteigen und erst mal sein Gewicht mit allen vieren hochzuhieven, geht man einfach außen rum. Dasselbe gilt für das Absteigen. Man versucht die Beinmuskulatur zwischen den Schritten so gut wie möglich zu entspannen. Nach einer Weile gehört das zum Gehstil, mit jeder Bewegung so effektiv wie möglich zu sein, etwas Treibstoff im Tank zu lassen.

Und im Basislager gibt es kein Volleyballnetz, nur Kartenspiele.

All das Konditionstraining zu Hause zahlt sich wirklich aus für mich, aber ich stelle fest, dass ich da eine Ausnahme bin. Mag sein, dass Al Burgess Bergauf-Läufe macht und Roger Gocking bei Langstreckenrennen mitläuft. Neal Beidleman, ein Mitglied von Rob Halls Team, läuft Marathon, aber die meisten Höhenbergsteiger hier sind nicht besonders in Form. Henry hat einen großen Hintern und trainiert mit ein bisschen Radfahren. Thomas und Tina haben Karate gemacht, um sich in Form zu bringen. Sogar Reinhold Messner, der alle vierzehn Achttausender ohne künstlichen Sauerstoff bestieg, wurde untersucht und man stellte fest, dass er eine ziemlich normale Lungenkapazität hat. Das einzig Besondere an ihm sind seine mentalen Fähigkeiten. Und das haben alle Höhenbergsteiger gemeinsam: die Fähigkeit sich immer zum nächsten Schritt zwingen zu können und zu wissen, egal, was passiert, immer können sie diesen nächsten Schritt tun. Man muss wissen, dass man viel weiter gehen kann, als bis dahin, wo man seine Leistungsgrenze vermutet.

Michael und ich steigen und filmen unsern Weg hoch ins Camp Zwei. Ich schaue zurück und sehe unter uns Henry mit Scott Fischer aufsteigen – zwei weiße Punkte auf dem gleißend hellen Schnee.

Hinter ihnen sehe ich, wie durch das Western *Cwm* Nebel aufzieht. (Cwm ist ein walisischer Begriff für Tal oder Kar.) Die Sonne fällt so auf den Nebel, dass er in einem braun-orangefarbenen Licht schimmert und es aussieht, als ob eine riesige feste Decke sich schweigend auf mich zubewegt. Erst sind Henry und Scott noch in der Sonne, dann buuuf! – weg, von der Decke verschluckt, und im nächsten Augenblick buuuf! – bin ich auch drin. Ich habe nur etwa einen Meter Sichtweite und kann nur den Seilen folgen und den Bambusstäben, die im Schnee stecken, um bei schlechtem Wetter die Route zu markieren. Aber das macht nichts. Camp Zwei wird leicht zu finden sein, auch im Nebel. Ich sollte es nicht Nebel nennen. Nebel dringt unten in die Täler ein oder in die Stadt. »Wolken« wäre passender. Wir Bergsteiger dringen in die Wolken ein!

26. April 1996

Im Basislager sieht man Trekker, Besucher und Helfer; die einzigen Leute, die man hier in Camp Zwei sieht, sind Teil eines exklusiven Clubs, die beim Aufstieg auf 6 492 m eine Pause einlegen. Camp Zwei kann fast 200 Leute beherbergen, ist aber meistens nur halb belegt – buchstäblich eine »gehobene Klasse« von Bergsteigern. Aber das Essen ist weit davon entfernt, exklusiv zu sein: zu jeder Mahlzeit Hühnchen mit Reis in Rahmsoße. Und die Schlafgelegenheiten sind noch schlechter: Man stecke Henry, Michael und all unsere Ausrüstung in ein kleines Zelt und versuche dann in der Mitte zu schlafen. Dann knurrt Henry mich noch an, ich soll still sein, auch wenn ich kein Kissen habe. Wie können sie von mir erwarten auf zusammengeknüllten Klamotten zu schlafen statt auf einem Daunenkissen! Zumindest sind die Kopfschmerzen nicht besonders schlimm und es geht mir gut, bis Henry mir auf die Pelle rückt, ich solle mich schneller anziehen. Ein Typ, der nie schneller als Yaktempo geht, sagt mir, ich soll in die Gänge kommen. Er ist immer hinter mir her, beobachtet mich, denn wenn mir irgendetwas passieren sollte, würde man ihn wohl einen Kinderschänder nennen.

27. April 1996

So seltsam es scheint, am Everest wimmelte es von Leuten, die von einem Lager zu einem anderen steigen, um sich zu akklimatisieren. (Sogar Mitglieder desselben Teams werden getrennt, weil jeder sich individuell akklimatisieren muss. Zum Beispiel sehe ich Ray Dorr nur sehr selten, weil er einen anderen Akklimatisierungsplan hat als ich.) Alle von uns steigen mehrmals auf siebzig Prozent der Höhe von Everest, um sich auf den Gipfelgang vorzubereiten. Infolgedessen ist beim Aufstieg ins Camp Drei auf fast 7 315 Meter hohes Verkehrsaufkommen das Hauptproblem. Man stelle sich einen steilen, schmalen Wanderweg vor, gerade breit genug für eine Person, alle benutzen den Weg in beide Richtungen. Dann bekommt man eine vage Vorstellung von dem Stau. Der Weg ist in unserem Fall das Fixseil ins Camp Drei. Weil es so steil, windig und kalt auf dieser Höhe ist, klinkt man sich immer in das Seil ein. Jeder macht das und daher der Stau.

Wenn man jemandem begegnet, der herunterkommt, oder an einem vorbeigeht, der aufsteigt, muss man einen kleinen Tanz vollführen. Man klinkt sich aus dem Seil aus – in dieser steilen Lage nicht ungefährlich – hält sich am anderen fest und schiebt sich außen an ihm vorbei, während der sich mit beiden Händen am Seil hält. Dann klinkt man sich wieder ein. Wenn man das vier-, fünfmal gemacht hat, liegt der Vergleich mit einem Verkehrskollaps auf 7 300 Metern Höhe nahe.

Graham Ratcliffe und ich sind die ersten zwei Mitglieder unserer Gruppe, die ins Camp Drei gehen. Wir haben letztes Jahr am Everest einige Zeit miteinander verbracht, als er in Henrys Team war. Er ist in den Vierzigern, ein guter Bergsteiger – er war bereits auf dem Gipfel – und ein feiner Kerl, mit dem man gut reden kann.

Graham und ich wollen dieses Jahr wirklich zusammen auf den Gipfel.

Sicherlich wollen wir alle zusammen auf den Gipfel, aber realistischerweise wissen wir, dass das nicht so sein wird. Sogar in unserer Gruppe gibt es verschiedene Niveaus von Können, von Leistungsfähigkeit.

Neil, Paul, Michael und Brigeete sind allesamt starke, leistungsfähige Bergsteiger, aber Henry bestimmt, dass Graham und ich die Ersten des Teams sind, die zum Gipfel gehen. Hat Henry dabei meinen Rekord im Hinterkopf? Überhaupt nicht. Ich ebenso wenig, alle anderen auch nicht. Ich bin eben hier, um jetzt aufzusteigen. Henry weiß, dass Graham und ich bereit und dazu im Stande sind, und er musste seine Teams eben einteilen. So schickte er Graham und mich voraus ins Camp Drei.

Um in optimale Ausgangsposition für den Gipfel zu kommen, müssen wir in das Camp Drei gehen, dann absteigen auf etwa 4 000 Meter, um drei Tage auszuruhen (das Basislager auf 5 364 Meter ist noch zu hoch, um sich gut genug zu erholen). Dann geht man den ganzen Weg wieder hinauf zu Camp Vier, einen Tag vor dem Gipfelversuch. Die anderen folgen in Ein-Tages-Abständen. Alles sehr sorgfältig geplant.

Der einzige Nachteil beim Abstieg auf 4 000 Meter ist das Risiko, dass man krank wird. Machen wir uns nichts vor: Das hier ist die Dritte Welt, vieles ist schmutzig, man kommt mit vielen kranken Leuten in Kontakt: Trekker, Nepali und Sherpas in den Teehäusern am Wegesrand, sodass man fast unvermeidlich krank wird.

Auch in dieser Höhe komme ich noch gut voran, wenn ich meinen Rhythmus von fünf mal zwanzig Schritten halten kann, dann eine Pause, in der dünnen Luft um Atem ringend. Und wieder fünf mal zwanzig Schritte und Pause. Viel Zeit zum

Nachdenken, hier auf dem Weg nach Camp Drei. Ich denke an den kalten Wind und den Schnee und an die vielen kleinen Schritte, mit denen ich auf den höchsten Gipfel der Welt komme, und stelle mir die Menschen vor, die genau im gleichen Moment in kurzen Hosen und Hemden in den kleinen grünen Dörfern tief unter uns herumlaufen, und den leeren Stuhl im Geschichtsunterricht, auf dem ich säße, wenn ich in diesem Augenblick zu Hause wäre. Ich sehe hoch zum Everest, dessen Gipfel fast 1 700 Meter über mir ist, und denke mir, wie weit ich wohl noch gehen muss. Dann mache ich mich frei von diesem Gedanken und komme zurück in die Wirklichkeit, dem Aufstieg ins Camp Drei. Das ist mein Ziel für heute. Camp Drei. Schritt für Schritt. Oder zwanzig Schritte am Stück. Nur so geht es.

Während die Kletterei anstrengender wird, überlege ich, dass morgen all diese Unannehmlichkeiten oder Schmerzen vergessen sein werden. Wie zu Hause, da kann ich ebenso gut das Maximum aus einem Lauf herausholen, die große Runde laufen, noch zwei Meilen dranhängen, die nächsten zwanzig Minuten gehen sowieso vorbei, die kann man genauso gut optimal nutzen.

Ob ich hart an etwas arbeite oder nur herumspiele, ob ich irgendwann einmal als Doktor, Anwalt oder für die Müllabfuhr arbeite, Zeit wird immer verstreichen und ich kann sie entweder gut, also intensiv nutzen oder herumsitzen und warten, dass etwas passiert.

Gut, dass ich daran denke, umso mehr, weil oben bei Camp Drei Babu, einer der Sherpas, und Tierry, ein Franzose von dem Team aus Südafrika, Zeug von ihrem Zeltplatz werfen. Typisches Everestlager: Bergsteiger und Sherpas lassen ihren Müll überall liegen. Benzinkanister und kleine Plastikbehälter fliegen mir um die Ohren.

»Hey, Babu, hör auf damit, bevor du mich umbringst!«, rufe ich in den Wind. Babu dreht sich um, überrascht mich zu sehen, und grinst mich an mit seinem großen Sherpalächeln.

Je höher man kommt, desto unkomfortabler sind die Lager am Everest. Der Zirkus des Basislagers weicht dem soliden Camp Eins ohne irgendwelchen Schnickschnack. Im Camp Zwei ist es spartanisch, aber noch angemessen und in der steilen Flanke bei Camp Drei ist alles reduziert auf die Frage, wo und wie um alles in der Welt man hier ein Zelt aufstellen kann. Camp Drei ist ein Zeltplatz, den sich sonst nie jemand aussuchen würde. Klar, die Aussicht ist phantastisch, aber versuch einmal eine Plattform aus einem so steilen Eishang herauszupickeln und Zelte draufzustellen.

Wir haben keine andere Wahl und so helfen wir Jabion und den anderen Sherpas eine ebene Fläche in den Schnee zu graben und das Zelt aufzubauen. Wir können sowieso nicht tiefer in das Eis graben.

Was wir machen, ist auf 7 300 Meter außerordentlich anstrengend und bedeutet, dass ein Teil des Zeltes aus dem Hang herausragt, so ähnlich wie ein Haus an einer Klippe am Meer, und diese Seite des Zelts kann man nur als Fußende benutzen. Die Wand hier ist fürchterlich steil, sodass man sich sofort an einem Seil festhalten muss, sobald man aus dem Zelt kriecht.

Ich habe von einem gehört, der hier oben aus seinem Zelt kam, noch halb im Schlaf, er vergaß das Seil, rutschte aus und stürzte ab. Ich bin nicht zum Spielen hier. Ich kontrolliere, ob das Zelt richtig abgespannt ist, krieche in meinen Schlafsack, koche mir eine Nudelsuppe, denke nicht an meine Kopfschmerzen und versuche zu schlafen. Hoffe, dass die Nacht schnell vorbei ist hier oben – dem höchsten Punkt, auf dem ich jemals geschlafen habe.

Kapitel vierzehn

Der Sturm

Die Personen

Rob Hall Expeditionsleiter von *Adventure Consultants*, Neuseeland

Pete Athans Bergsteiger; Colorado

Neal Beidleman Bergführer, Luftfahrtingenieur, Ultra-Marathonläufer; Colorado

David Breashears Expeditionsleiter, Regisseur des IMAX-Filmes über den Mount Everest

Göran Kropp Bergsteiger; Schweden

Makalu Gau Leiter der taiwanesischen Expedition

Andy Harris Bergführer der ADVENTURE CONSULTANTS Expedition

Beck Weathers Teilnehmer der ADVENTURE CONSULTANTS Expedition

Charlotte Fox Teilnehmerin der ADVENTURE CONSULTANTS Expedition

Sandy Hall Pittman Teilnehmerin der MOUNTAIN MADNESS Expedition

Yasuko Namba Teilnehmerin der ADVENTURE CONSULTANTS Expedition

Jabion Sherpa

Pemba Sherpa

Pasang Sherpa

Ang Rita Sherpa

Ang Tserin Sherpa

Morton Dean Journalist von *Good Morning America*

Christine Pfetzer Marks Mutter

Carrie Christine Pfetzers Freundin

2. Mai 1996

Mitten in der Nacht. Ein Teehaus in Gorochek. Ich kaue Vitamin- und Heilkräuterpräparate und versuche zu schlafen. Ich muss ständig an diese Operation denken, über die meine Mutter mit mir gesprochen hat. Mein Vater hat schon seit Jahren Ohrenentzündungen gehabt. Schließlich ging er letzte Woche zu einem Arzt, der mit einer kleinen Operation den Entzündungsherd beseitigen und sein Trommelfell wieder richten wollte. Es wird gut sein, wenn er die Ohrenentzündungen ein für alle Mal los sein wird.

Graham und ich trafen Mutter und Carrie heute auf dem Weg nach Deboche, wohin Graham und ich gegangen waren, um uns auszuruhen. Nach dem Aufstieg ins Camp Drei vor drei Tagen brauchten wir eine Pause. Wir haben die Zusatzausrüstung für unseren Gipfelversuch hochgetragen: Überschuhe, Sauerstoffmasken, Ersatzunterziehhandschuhe, Batterien für die Schuhwärmer. Dann gingen wir zurück in das Basislager. Wofür wir im Aufstieg zwei Tage gebraucht hatten, stiegen wir in sechs Stunden ab, mit einer Pause in Camp Eins und durch den immer wieder abenteuerlichen Eisbruch. Natürlich fiel uns das Atmen leichter, aber der lange Abstieg war sehr anstrengend für die Beine, sodass das Herumsitzen im Basislager mit kalten Getränken genau das war, was ich brauchte. Essen konnte ich allerdings nichts. Pasang hatte was Leckeres gekocht und eigentlich hätte ich all die verbrannten Kalorien wieder ersetzen sollen, aber ich konnte einfach nicht. Null Appetit. Die Everest-Schnelldiät schlägt wieder zu. Jetzt ist mein Magen geschrumpft; ich verliere an Gewicht und an Kraft und alles, was ich will, ist Schlaf.

Als meine Mutter letztes Jahr mit zur Ama Dablam kam, hat

ihr Nepal so gut gefallen, dass sie für die letzten zehn Tage unserer Reise mit ihrer Freundin Carrie ins Basislager kommen wollte. Ich wusste, dass sie hier irgendwo unterwegs war und bald hier sein würde, aber es war dann schon komisch, in den Bergen Nepals auf irgendeinem mickrigen Pfad um eine Kurve zu kommen und beinahe eine kleine Lady über den Haufen zu laufen, die dann meine Mutter ist.

Nachdem wir uns eine Weile unterhalten haben, muss ich eine schwierige Entscheidung treffen. Soll ich weiter absteigen und mich ausruhen (und möglicherweise riskieren krank zu werden) oder soll ich, nach einer Nacht hier in Gorochek, mit meiner Mutter zurück ins Basislager gehen, mehr Zeit mit ihr verbringen, weniger ausruhen, aber dafür in einer besseren, gesünderen Umgebung bleiben? Das Basislager hat gewonnen, in den Teehäusern kann man sich eigentlich sowieso nicht erholen.

In den Matratzenlagern unter mir liegen elf Trekker aus Indien. Sie alle husten, einer brabbelt vor sich hin. Neben mir sind meine Mutter und Carrie. Die Luft ist voller Husten und Murmeln. Niemand schläft. Ich frage mich, ob meiner Mutter in diesem Moment Nepal noch immer so gefällt.

■ 4. Mai 1996

Basislager. Bis jetzt sind Michael, Brigeete, Paul und Neil ins Camp Drei gegangen und ruhen sich aus, fast schon bereit zum Aufbruch. Thomas und Tina haben für einen Teil des Eisbruchs, den man normalerweise in fünfundvierzig Minuten zurücklegt, acht Stunden gebraucht. Sie bleiben besser im Basislager.

Wir wählen den 8. Mai als Gipfeltag. Das Timing muss perfekt sein. Man braucht eine stabile, windstille Wetterprognose mit klarem Himmel, am besten mit Vollmond, für den Start um drei Uhr morgens. Ebenso sollte jeder gesund sein und sich schon ein paar Tage vor dem Gipfel in Camp Zwei aufhalten. Der achte Mai passt genau.

Oder zumindest scheint der achte Mai recht zu sein, bis Göran Kropp mit ins Spiel kommt.

Er ist der Alleingänger, der mit dem Fahrrad von Schweden hergefahren ist und der nach dem Gipfel auch wieder nach Hause radeln möchte. Er ist der Erste dort oben in dieser Saison und natürlich möchte jeder wissen, wie die Verhältnisse am Gipfel sind. Während unserer Vorbereitungen sind wir ständig in Kontakt mit Görans Freundin, die uns berichtet, dass er wegen hüfttiefem Pulverschnee umdrehen musste.

Für Skifahrer ist tiefer Pulverschnee großartig, aber für Bergsteiger in 8 800 m Höhe ist er wirklich qualvoll. Man stelle sich vor durch Schnee zu gehen, der so fein ist, dass jeder Tritt sofort wieder zurieselt und man so praktisch immer einen ungespurten Weg vor sich hat.

Wirklich bis zur Hüfte im Schnee zu stecken ist ein Gefühl, als ob man festgehalten wird. Und auf 8 800 Meter ist es dann fast ein Ding der Unmöglichkeit, drei, vier Meter voranzukommen. Man kann sich den Hintern abarbeiten und kommt nirgendwo hin. Jedenfalls nicht auf den Gipfel des Everest.

Es gibt Neuigkeiten. Scott Fischer und Rob Hall kommen mit ihrem Plan vorbei. Sie fassen den zehnten Mai ins Auge und bitten die anderen Teams an diesem Tag nicht aufzusteigen. Ihre Mannschaften sind groß und niemand möchte an einem übervölkerten Berg unterwegs sein. Die meisten sind ebenfalls der Ansicht, dass es mit zu vielen Leuten am Berg gefährlich wird. Falls wir vorher gehen wollen, in unserem Fall am Achten, unserem vorgesehenen, Termin, ist das in Ordnung. Falls wir am Achten gehen, haben wir mit Sicherheit gute Verhältnisse, sind aber nur wenige für die Spurarbeit im Pulverschnee. Gingen wir am Elften, hätten tags zuvor schon dreißig bis fünfzig Bergsteiger und Sherpas gespurt.

Eine schwierige Entscheidung, ob man es glaubt oder nicht. Warum? Warmluft hebt den *Jetstream* für eine kurze Zeit in die Atmosphäre und beschert dem Everest damit einen »Sommer« von drei bis zehn Tagen mit verträglichem Klima. Nach etwa dem zehnten Mai sinkt der Jetstream normalerweise wieder in seine ursprüngliche Höhe und es gibt wieder Sturm am Everest. Im vergangenen Jahr gab es an der Nordseite des Everest so lang keinen Sturm, dass sage und schreibe achtundachtzig Personen den Gipfel erreichten. Wenn man bedenkt, dass zuvor nur siebenundsechzig insgesamt über die Nordseite auf den Gipfel gelangten, wird deutlich, wie groß die Auswirkungen des Wetters sind. Vor allem weil hier von der Südseite, wo es ständig stürmte, in der ganzen Saison nur ein Einziger auf den Gipfel kam.

Henry erscheint es sinnvoller, einen Wetterwechsel zu riskieren, als einen Versuch in tiefem, kräfteraubendem Pulverschnee oberhalb von Camp Drei zu starten. Besser, all die anderen Bergsteiger trampeln den Schnee nieder. Auch wir stimmen zu: Der elfte Mai soll es sein.

8. Mai 1996

Durch den Eisbruch nach Camp Eins, dann nach Camp Zwei. Ein klarer, schöner Tag. So windstill, dass es am Berg ganz ruhig ist, so klar und warm, dass ich fast verrückt werde. Ein perfekter Tag für den Gipfel. Verschwendet!

Aber es ist ein so gutes Gefühl, unterwegs zu sein. Seit dem vierten Mai bin ich im Basislager gewesen, viel zu lange, um nur herumzusitzen. Ich weiß genau, wären meine Mutter und Carrie nicht als Gesprächspartner da gewesen, hätte ich viel zu viel Zeit darauf verwendet, meine Ausrüstung zu sortieren, umzupacken, alles zum x-ten Mal zu kontrollieren, Musik zu hören, nervös zu werden. Ich denke nicht, dass ich stürzen werde. Und ich bin sicher, dass ich nicht sterben werde. Ich habe Vertrauen in mein Kletternkönnen. Das muss man haben. Sonst kann man es eh vergessen. Da darf man sich nichts vormachen.

Mir ist etwas bange, weil ich bis jetzt zu gesund gewesen bin. Wenn ich nur etwas früher auf dieser Reise krank geworden wäre, hätte ich es wenigstens hinter mir. Jetzt bin ich erkältet und es geht mir von Stunde zu Stunde schlechter – aber diesmal ist es ein hartnäckiger Husten mit viel Schleim, kein Reizhusten wie im vergangenen Jahr.

Ich fühle mich stark nach all dem Herumsitzen im Basislager. Nach unserer Rast im Camp Eins schaue ich zum Gipfel hoch und stelle fest, dass Graham und ich geplant hatten heute am achten Mai, in diesem Moment, um ein Uhr dort oben zu sein, um genau auf den Hang hinunterzusehen, den ich jetzt hochsteige.

Die ganze Mannschaft kommt in guter Form nach Camp Zwei. Sogar Thomas und Tina schaffen es, zwar ein paar Stunden später, aber man muss es ihnen hoch anrechnen, dass sie überhaupt noch mit von der Partie sind.

9. Mai 1996

Auf dem Weg nach Camp Drei kann ich ein paar gute Videoaufnahmen von der steilen Lhotse-Wand machen. Die Kamera ist auf jeden Fall eine Last, aber ich versuche noch immer das zu filmen, was die Crew wollte.

Eine Rettungsmannschaft bringt einen verletzten Bergsteiger an Jabion und mir vorbei hinunter. Sein einziger Fehler war, dass er sein Zelt verlassen hat, ohne zu bedenken, wie steil das Gelände war. So etwas kann passieren, wenn das Gehirn wegen Sauerstoffmangel und Müdigkeit nicht besonders gut funktioniert. Unangeseilt rutschte er über dutzende von Metern das steile Eis hinab.

Man geht nicht davon aus, dass er überleben wird.

10. Mai 1996

Jabion und ich arbeiten uns von Camp Drei den Genfer Sporn hoch und über das gelbe Felsband zu Camp Vier, als uns plötzlich und völlig unerwartet starker Wind und Schnee entgegenbläst. Was bisher schwierig und ungemütlich war, bekommt jetzt eine neue Komponente: Gefahr. Jetzt wird jeder Schritt zum Triumph, jede Minute näher an Camp Vier schmerzhafter. Am späten Nachmittag bläst der Wind so stark, dass sich der Schnee wie eine Wand anfühlt. Wir stolpern in Richtung des schwachen gelben Lichts, das von den Laternen der Zelte von Camp Vier kommt. Jabion und ich haben mindestens eine Stunde lang nicht miteinander gesprochen oder unsere Masken abgenommen. Hätten wir reden können, hätte ich ihm gesagt, wie froh ich bin in der Nähe der schützenden Zelte zu sein. Ich drehe mich für einen Augenblick von den Zelten weg und stelle mir vor, wie es wäre, wenn man nichts als die hereinbrechende Dunkelheit und den Schnee sehen könnte, und welchen Mut es braucht, um dieser leeren, heulenden, schwarzen Nacht entgegenzustehen.

Später, im Halbschlaf, glaube ich geknebelt zu werden, als mir Jabion meine Sauerstoffmaske auf mein Gesicht legt, um mir durch die Nacht zu helfen. Bis jetzt konnte ich einigermaßen gut atmen. Sobald ich erst mal über 7 000 Meter bin, scheine ich mich gut an die Höhe anzupassen und muss mich nicht so anstrengen wie die meisten anderen. Aber jetzt weiß ich es zu schätzen, dass Jabion sich um mich kümmert, weil ich plötzlich wieder meinen Husten habe, ziemlich heftig, ich fühle mich immer schwächer und dann kommt das Unausweichliche: Wir werden nicht zum Gipfel gehen. Nicht morgen.

Ich kann nicht einmal mehr dösen, so heult und faucht der Wind um das Zelt, so eingeengt liege ich in dem Durcheinander von Schlafsäcken unserer Sherpas. Ich überlege, wie diese Sherpas immer in diesen Stürmen arbeiten können. Sie steigen über das gleiche schwere Gelände wie wir, aber irgendwie ist es für sie leichter. Und oft machen sie das noch ohne künstlichen Sauerstoff. Ich kenne einen älteren Sherpa, Ang Rita, der stand schon neunmal auf dem Gipfel des Everest. Ohne zusätzlichen Sauerstoff. Vielleicht sind sie uns einfach überlegen.

Eines Tages auf der Wanderung in das Basislager hielt ich in einem Dorf an, wo ich einen Mann laufen sah, etwa so groß wie Jabion, 1,75 Meter groß, der eine Ladung zusammengerolltes Blech trug. Blech ist in Nepal wichtig beim Häuserbauen und deshalb sieht man auch ständig Leute, die es transportieren. Dieses Blech sah aus wie ein Riesenrolle Papierhandtücher, ungefähr zwei Meter hoch und sechzig Zentimeter stark, die er mit einem Stirnband auf Genick und Schultern ausbalancierte. Als er das Blech absetzte und pausierte, ging ich rüber, um zu sehen, wie weit ich es tragen könnte. Ich versuchte es hochzuheben – und konnte es nicht einmal bewegen. Ich sah mich um, ob jemand zuschaute – keiner da –, und ich versuchte es noch mal. Keine Chance. Ich konnte es nicht bewegen. Da stand ich nun, fünfzehn oder zwanzig Zentimeter größer und sicher um zwanzig Kilo durchtrainierte Muskeln schwerer, und da kam dieser kleine Träger daher, schnallte sein Stirnband um und spazierte mit dem Blech weg, als wäre es tatsächlich eine Rolle Papierhandtücher.

Allerdings hatte er, das muss ich dazusagen, so unglaublich kräftige Beine, als gehöre seine untere Hälfte einem Verteidiger der *National Football League*. Aber kräftige Beine oder nicht, ich war jedenfalls erstaunt, wie er so weiterlief, den Weg hinauf, gebeugt unter der Last des Blechs.

Ich hatte Jabion gebeten mit auf diese Expedition zu gehen und er wusste wie schwer das zu bewerkstelligen gewesen war. Jeder Sherpa möchte den Everest in seiner Tourenliste haben, eine erstklassige Empfehlung, wie ein Hochschulabschluss in den Vereinigten Staaten. Damit bekommt man dann die guten Jobs, ohne spielt man eine Klasse tiefer. Darum hatte ich Jabion gefragt – er war noch nie am Everest. Die Agentur, für die er arbeitet, war an dieser Expedition gar nicht beteiligt, deshalb musste ich mit Kami sprechen, unserem Sirdar oder Sherpaführer, und Jabion verlangen. Was bedeutete, dass einer von Kamis regulären Leuten keinen Job bekam. Das Problem ist, dass Kami, wie die meisten Sherpas, normalerweise Verwandte beschäftigt, und das brachte Jabion in eine schwierige Lage. Aber alles klappte prima und am Ende war Jabion einer der stärksten Sherpas und verstand sich prächtig mit allen – Bergsteigern wie Sherpas.

11. Mai 1996

Pasang schaut aus dem Zelt, sieht einen Stern über dem Südsattel, stopft sofort seine Sachen in den Rucksack und verschwindet im tobenden Sturm. Jabion meint: »Es bringt Unglück, wenn man morgens einen so hellen Stern sieht.« Vielleicht hat er Recht. Jabion, Graham und ich entschließen uns ebenfalls abzusteigen. Brigeete, Neil und Michael möchten warten, bis der Wind sich legt, und morgen auf den Gipfel. Schätze, sie haben eine gute Chance ihn zu erreichen.

Ich krieche aus dem Zelt, und nachdem ich die ganze Nacht gehustet habe, fühle ich mich weggetreten und schwach. Steigeisen anziehen ist ein Kampf, ebenso geht es mit dem Rucksack und der Sauerstoffmaske. Nach jeder Anstrengung muss ich pausieren. Ich bin geschockt, als Pete Athans, einer der besten Bergsteiger, heraufkommt. Warum kommt er nur schon so früh hier hoch?

»Rob Hall ist immer noch oben«, meint er.

Ich schaue auf und sehe, wie sich im frühen Licht eine Reihe schwarzer Punkte den Hang hocharbeitet. Eine Rettungsmannschaft.

»Mindestens neun Leute werden vermisst. Genau weiß ich's auch nicht.«

Er funkt ins Basislager, dass ich absteige, und geht weiter, um die Rettungsaktion einzuleiten. Pete ist erstaunlich stark, dass er in so einem Sturm aufsteigen kann. Neun Leute vermisst? Wer? Ich schaue den Berg hinauf, stelle mir vor in hereinbrechender Dunkelheit durch das Schneetreiben zu stolpern, stelle mir vor unsere Zelte finden zu müssen, die kleinstmögliche Nadel in dem Riesenheuhaufen Everest, erst recht, wenn das Gehirn kaum mehr funktioniert, und ich merke, wie viel Glück ich hatte in einem Zelt zu sein.

Jabion und ich steigen zurück über den Genfer Sporn, kämpfen gegen den Wind, der uns bei jedem der wackeligen Schritte aus dem Gleichgewicht zu bringen droht. Er bläst einfach so stark, mit einer Bö versucht er uns vom Berg zu fegen, mit der nächsten drückt er uns auf den Boden. Und dann, nach der Querung, kommen wir um eine Ecke und es ist plötzlich windstill, im Schutz des Sporns, den wir eben überquert haben. Bald kommt die Sonne heraus, wir wärmen uns auf, und während wir absteigen, legen wir die Maske ab, die schweren Handschuhe, die schwere Jacke.

Hab seit vier Tagen nichts Festes mehr gegessen. Irgendwie bekomme ich nichts hinunter. Appetitlosigkeit und Husten haben mich so geschwächt, dass ich nur zehn Schritte gehen kann, bevor ich wieder anhalten muss, um auszuruhen. Jabion bleibt bei mir, es geht nur langsam vorwärts. Ich werde sogar von einer Gruppe von Bergsteigern aus Scott Fischers Team überholt. Sie sehen schlimm aus, sind in viel schlechterer Verfassung als ich. Sie erzählen mir, dass sie von dem Sturm erwischt wurden und es nur mit Glück zurück ins Lager geschafft haben. Und dann erzählt mir einer, dass Scott tot ist. Einer der besten Bergsteiger der Welt, einer, der einige haarige Situationen überlebt hat, ist umgekommen. Sie wissen nicht, was genau passiert ist. Alles schien in Ordnung zu sein, als sie ihn zuletzt sahen, dann verloren sie ihn aus den Augen. Sie steigen zu Camp Drei ab, einige mit Erfrierungen, alle erschöpft und niedergeschlagen wegen Scotts Tod. Ich gehe zehn Schritte weiter, bevor ich wieder ausruhe.

Als Jabion und ich ins Camp Drei kommen, hat Fischers Gruppe bereits ihre Rucksäcke in den steilen Hang gestellt und sich draufgesetzt, in die Sonne. Sie haben gerade einen großartigen Freund und Bergführer verloren, sind froh selber mit dem

Leben davongekommen zu sein und nun sitzen sie hier herum wie betäubt. Neal Beidleman nuschelt etwas, der Tod von Scott wäre seine Schuld, die anderen kümmern sich um ihn, bestreiten, dass er etwas hätte tun können. Nun hocke ich hier mit ihnen, der Furcht erregende Teil des Hangs bei Camp Drei scheint nun relativ sicher, verglichen mit dem heulenden Alptraum von Camp Vier, aber ich weiß nicht, was ich sagen soll.

Scott war immer nett zu mir, hat mich in sein Zelt eingeladen, hat mir mit meiner Kamera geholfen und jetzt ist er tot – derselbe Trip, derselbe Berg, nicht weit von mir entfernt. Ich kann jetzt nicht daran denken. Alles so verwirrend. Ordnung und Zeitplanung sind dahin, die ganze Akklimatisierung, Sauerstoffmasken, Fußwärmer, nichts davon spielt jetzt noch eine Rolle. Das Schicksal entscheidet, wer überlebt. Ich bin in einem Zelt und werde davonkommen. Manche von ihnen schaffen es zurück zu ihren Zelten, andere nicht. Ich bin der Erste, den diese müden, niedergeschlagenen Leute gesehen haben. Ich sollte irgendetwas sagen, um sie zu trösten, aber ich kann nicht. Ich kann jetzt einfach nicht analysieren und sprechen. Ich sitze nur einen Augenblick in der Sonne, dann steige ich ab ins Basislager.

Mein Vater war jahrelang Polizeibeamter, aber er gehörte nicht zu denen, die um zwei Uhr nachts zum Haus der Eltern gehen, um sie vom Unfall ihrer Kinder zu benachrichtigen. Das machte sein Partner Jack. Mir geht es genauso. Ich kann jetzt einfach nicht reden. Sie auch nicht. Wir alle sitzen nur eine Weile da und husten. Wir alle sind abgemagert, von der Sonne verbrannt, schmutzig und husten ständig.

Ich lade meine ganze Ausrüstung auf: Schlafsack, Bekleidung, Sauerstofftank, Kleinkram, die Videokamera und verlasse Camp Drei. Hier oben habe ich die Videokamera nie benutzt. Eine

National-Geographic-Sondersendung? Vergiss es. Es war schlimm genug, gerade zu überleben. Ich weiß, dass viel Zeit und Geld investiert wurde und dass ich meinen Anteil an der Filmarbeit beitragen muss. Aber im Moment ist mir das egal. Ich könnte nie Scott Fischers Leute in Camp Drei filmen. Ich würde das nie machen. Ich will nicht aufdringlich sein.

Ich sage Jabion, er soll vorausgehen. Ich werde für mich alleine absteigen. Lass mich von der Schwerkraft runterziehen.

Halte mich am Seil, rutsche hinunter. Pause. Ich treffe David Breashears, der zur Rettungsaktion aufsteigt. Er gratuliert mir. Meine Beine sind verkrampft, meine Augen schmerzen, meine Oberlippe ist verbrannt, ich muss husten, der Rücken tut weh vom schweren Rucksack und ich bin so schwach, dass ich nur zehn Schritte gehen kann, bevor ich wieder pausieren muss. Glückwünsche? Er wird glauben, ich war auf dem Gipfel. »Ich war nicht auf dem Gipfel«, nuschle ich.

»Na und«, sagt er, »du bist am Leben.«

Und geht weiter. Ich schaue ihm nach und denke: Recht hat er. Bedaure dich nicht, du wolltest hier sein. Es ist deine Wallfahrt. Und du lebst immer noch. Also gib Acht und schau zu, dass du vom Berg runterkommst.

Das mache ich auch. Aufpassen. Obwohl ich zum ersten Mal wirklich Angst habe, mit Gletscherspalten überall, alleine, ohne Seil, versuche ich, nicht an Scott Fischer zu denken, nicht ans Abstürzen, ich werde nicht in Panik geraten. Ich gehe schnell. Ich muss ins Camp Zwei.

Ins Küchenzelt. Heißes Orangengetränk. Finde heraus, dass es Ray gut geht. Er verbrachte die ganze furchtbare Nacht im Freien, verlor seinen Rucksack mit Schlafsack, Daunenanzug, Gletscherbrille – so ziemlich allem, stolperte umher und kreuzte schließlich in Camp Drei auf. Ray ist ein hart gesottener New

Yorker. Im vergangenen Jahr, auf unserer Expedition an der Nordseite, hielt er sich am falschen Seil, stürzte dreizehn Meter, landete im Schnee, wanderte weiter, fiel in eine Spalte und tauchte dann irgendwann später in der Nacht auf. Ich kämpfe mich ins Zelt und treffe auf Ray zusammen mit Henry, Paul und Graham, wie sie sich unterhalten über die Gerüchte, die Berichte über Tote, die vermissten Bergsteiger. Henry ist wütend auf Brigeete, Neil und Michael, die in Camp Vier sind und sich nicht an der Rettung beteiligten. Ich schicke meiner Mutter eine Nachricht, lasse sie wissen, dass es mir gut geht, krieche in meinen Schlafsack und lege mich schlafen.

■ 12. Mai 1996

Für eine Weile schien alles normal, als ob die Leute nicht gestorben wären, als fehle niemand, als wäre die furchtbare Nacht nie gewesen. Wie das Ende von einem dieser Horrorfilme, wenn die Schauspieler herumstehen, sich fragen, wo man jetzt noch einen Kaffee trinken geht, und der dicke Leib des toten Monsters nicht mehr beachtet wird. Vielleicht macht man das so, wenn jemand stirbt, vielleicht lachen sie immer noch und scherzen. Genau das scheint hier zu geschehen. Wir ignorieren den Tod.

Genau in der Mitte über einer Gletscherspalte im Eisbruch verhängt sich mein Steigeisen an einer Leiter. Es ist eine weite, sehr tiefe Spalte, überspannt mit drei zusammengebundenen Leitern. Darin liegt das Problem. Das Ende meines Steigeisens ist zwischen zwei überlappenden Sprossen verkeilt und rührt sich nicht. Fast symbolisch für diese Reise. Festsitzen in Camp Vier ganz nah am Gipfel und jetzt stecken bleiben im Eisbruch mit dem Basislager in Sichtweite. Meine schlechte Verfassung macht es natürlich noch schwieriger, aber es ist auch so kompliziert genug. Ich bin auf einer schwankenden Leiter. Kami, unser Führungssherpa, hat mich eingeholt, kann aber nicht zu mir kommen und mich befreien, weil die Leiter unter der Last von uns beiden aus der Verankerung gerissen werden könnte und uns beide in die Spalte schicken würde, die runter bis nach Kathmandu zu gehen scheint.

Schließlich schnalle ich das Steigeisen ab und lasse es einfach dort. Nachdem ich von der Leiter bin, versucht Kami es zu lösen. Ein Schubs von ihm und es fällt sechs Meter tiefer auf ein Eisband. Mir bleibt nur den Rest des Weges ohne Steigeisen runterzuschlittern und -zurutschen.

In der Nähe des Basislagers überholt mich das Team von Scott Fischer und lacht mich aus, wegen meines Steigeisens, das sie in der Gletscherspalte sahen. Charlotte Fox umarmt mich; eine Gruppe von Sherpas stürzt sich auf uns, jauchzend und lachend im weichen Schnee, wir sind fast zu Hause. Neal Beidleman hält neben mir, bietet mir eine Packung Reload an und ich fühle, wie mir das Gel aus Kohlehydraten Energie zuführt. »Ist es wahr, dass du Ultra-Marathons läufst?«, frage ich ihn.

»Ja, mach ich. Und weißt du was? Die sind leichter als der Everest.«

Einmal im Basislager, wird man von der Wirklichkeit wieder eingeholt. Meine Mutter findet mich, umarmt mich fest und platzt heraus: »Gott sei Dank. Du bist am Leben!« Sie hatte nicht gewusst, ob ich während des Sturms in Sicherheit war oder nicht, und hatte zwei Tage lang überhaupt nicht gegessen und geschlafen. Sie und Carrie sind von Zelt zu Zelt gegangen und ihre Hoffnungen stiegen und fielen mit jedem Gerücht. Einer hätte gesagt, ich wäre tot, dann ein anderer, ich wäre am Leben.

Erleichtert darüber, dass bei mir alles in Ordnung war, wurden sie und Carrie wieder traurig, als sie, wie so viele im Basislager, hörten, wie Rob Hall am Telefon seiner Frau seine letzten Worte sagte. Rob war in der Nähe des Gipfels geblieben, um einem seiner Kunden, Doug Hansen, zu helfen. Beide waren viel zu weit oben, um gerettet zu werden. Nachdem Doug starb, lebte Rob noch lange genug, um herunterzufunken mit der Bitte seine Frau in Neuseeland zu sprechen. Im Basislager war es möglich, eine Verbindung herzustellen, und jeder hörte zu, wie Rob zum letzten Mal mit seiner Frau sprach, die schwanger mit ihrem ersten Kind ist.

Im Basislager stelle ich die üblichen Auflösungserscheinungen fest, die normale Stimmung, wenn alles irgendwie aufgebraucht ist, wie am Ende einer Reise üblich. Dieses Mal ist alles intensiver, durch den Sturm, durch den Tod. Leute gehen. Zelte, normalerweise sauber und schön aufgeräumt, sind jetzt ein Durcheinander von zerknüllter Bekleidung. Aber es kommt keine Musik aus Robs Lager. Und die Bergsteiger, sogar die, welche vor einer Stunde lachend herunterkamen, sind jetzt leise, unterhalten sich flüsternd. Das Basislager hat seine Führer, Rob Hall und Scott Fischer, verloren und jeder spürt, dass sie nicht mehr da sind.

Ich möchte auf das Gefühl der Erleichterung meiner Mutter eingehen, auf ihr Hinundherlaufen, um mir warme Getränke und Essen zu bringen, aber ich kann nicht. Ich habe nicht viel zu sagen. Ich bin zu abgestumpft durch Müdigkeit und meinen Husten, als dass ich an etwas anderes denken könnte als Schlaf. Kein Essen. Nur ein wenig Wasser und Schlaf.

■ 13. Mai 1996

Das Basislager wird früh von Helikopterlärm geweckt. Ich stolpere hinaus und finde heraus, dass Beck Weathers und Makalu Gau, der Leiter der Expedition aus Taiwan, nach zwei Nächten am Berg immer noch leben und mit einem Hubschrauber ausgeflogen werden, von einem nepalesischen Piloten, der mutig genug ist den höchsten Hubschrauberflug aller Zeiten zu wagen und weit über dem Eisbruch landet. Später werden dann noch Sandy Hill Pittman, Charlotte Fox und Tim Madsen mit Erfrierungen per Helikopter aus dem Basislager geflogen.

Ich telefoniere mit meinem Vater, sage ihm, dass es mir gut geht, dass ich mich ausruhen werde und den Gipfel in ein paar Tagen noch einmal versuchen möchte.

Ich fange gerade an nach seiner Ohrenoperation zu fragen, da unterbricht er mich: »Mark, komm einfach nach Hause. Okay?«

Dann eine lange Pause. Ich glaube ihn am anderen Ende weinen zu hören. Ich habe ihn noch nie zuvor weinen hören.

»Lass jemand deine Sachen aus Camp Vier herunterholen und komm einfach nach Hause.«

Wieder eine lange Pause. Sicher weint er. Aber warum? Ist er froh, dass ich den Sturm überlebt habe? Oder wegen seiner Operation?

»In Ordnung!«

Ich bin bereit. Ich kann das machen. Seltsam. Ich will gar keinen weiteren Versuch. Ich brauche nicht erst überredet zu werden. Wie wenn der Tonfall und die Worte meines Vaters genau das waren, was ich gebraucht habe, und plötzlich möchte ich nichts anderes mehr als nach Hause. Und wenn man einmal angefangen hat an daheim zu denken, geht es nur noch darum.

Man ist so krank, hässlich, schmutzig, verbraucht, abgemagert und von der Sonne verbrannt, dass alles, was man jetzt möchte, sein eigenes Bett ist, und das zieht einen nach Hause.

■ 14. Mai 1996

Ich unterhalte mich mit Morton Dean von *Good Morning America,* wir werden live nach USA übertragen. Er fragt mich nach dem Überleben im Sturm, nach den Temperaturen und den Winden und was weiß ich. ABC wollte mich, weil ich der jüngste Bergsteiger bin, aber sie sollten jemanden nehmen, der mehr Ahnung hat. Ich erzähle ihm, dass ich nicht genau weiß, welche Temperatur wir hatten, ich war im Zelt und bekam die meiste Zeit gar nichts mit und weiß nicht einmal jetzt ganz genau, wie viele gestorben sind. Während unseres Telefonats bin ich geistig abwesend, weil ich nicht hier sein möchte. Ich möchte bei der Gedenkzeremonie für Scott Fischer sein, die gehalten wird, während ich spreche. Das ganze Basislager hat sich versammelt wegen eines großartigen Menschen und Bergsteigers. Weil wir technische Probleme haben, wurde mein Telefonat verschoben und jetzt bin ich hier und rede so dummes Zeug wie: »Ja, dort oben war es sehr kalt und windig«.

Während ich spreche, kann ich mir Ray, Henry, Graham und den Rest unserer Gruppe vorstellen, wie sie in der Nachmittagssonne stehen, der Wind ihnen durch die Haare fährt, jeder kampfesmüde – Sherpas, Bergsteiger, Unterstützungsleute –, alle zusammen in einer Szene aus einem Film über den Zweiten Weltkrieg. Auch ich bin kampfesmüde, in einem Zelt erstatte ich dem Hauptquartier Bericht über diese große Schlacht, die der Feind gewonnen hat, welche einige von uns vernarbt, einige tot, alle aber erschüttert zurücklässt.

Vielleicht ist es nur gerecht, dass gerade ich jetzt mit den Medien sprechen muss: Der Junge, der all die Aufmerksamkeit bekommt, weil er so jung ist und dessen Eltern verantwortungslos sein müssen, wenn sie ihm erlauben auf den höchsten Berg der Welt zu steigen. Aber ich bin nicht einer der toten Bergsteiger, nicht einmal einer von denen mit Erfrierungen. Und ich weiß, dass ich nächstes Jahr zurückkommen werde. Man sagt, beim dritten Versuch klappt es immer. Die meisten Leute lernen sich zu akklimatisieren, sich in Geduld zu üben und steigen beim dritten Versuch auf den Gipfel.

Für mich im nächsten Frühjahr. Der magische dritte Versuch.

Als ich mein Gespräch mit *Good Morning America* beende, merke ich, dass das Telefon, das ich im Zelt der Neuseeländer benutzt habe, dasselbe ist, das bei Rob Halls letztem Anruf bei seiner Frau verwendet wurde, kurz bevor er starb. Es ist schwer, in diesem Moment etwas Positives am Everest zu finden, eine Kraft, die Menschen in friedlichen Sonnenschein lockt und ihnen dann mit einem mörderischen Sturm eins auswischt. Feind. Das ist alles, an was ich denken kann. Ein Feind, von dem ich wegmöchte.

18. Mai 1996

Henry ist immer noch wütend auf Brigeete, Neil und Michael wegen der Rettungsaktion. Das sieht man gleich. Er sitzt da mit dem Kopf auf seinen Händen und schaut mürrisch auf den Boden.

»Wenn ich's dir doch sage«, sagt Brigeete, »unser Funkgerät war aus. Wir wussten von nichts. Das Team aus Südafrika hat uns ihres nicht ausgeliehen. Wir wussten von nichts.«

Unsere Mannschaft ist im Basislager. Niemand war auf dem Gipfel. Thomas und Tina schafften es gerade noch ins Camp Zwei. Ray ist glücklich am Leben zu sein. Michael, Neil, Brigeete, Paul und ich mussten wegen des Sturms absteigen. Henry und Graham wurden krank. Aber wir sind alle am Leben. Und ich werde gehen.

Carrie, meine Mutter, Graham und ich passieren die Dörfer, die wir auf unserem Aufstieg sahen, in umgekehrter Reihenfolge. Wir steigen nach Tugla ab. Pangboche. Alles verschwommen. Ich bin zu schwach, um meinen eigenen Rucksack zu tragen, und heuere einen Träger an. Dann nach Syangboche wegen eines Hubschraubers nach Kathmandu. Der nächste Flug? In drei Tagen. Zwei Flüge pro Tag. Vierundzwanzig Leute pro Flug. Es kommen zu viele Bergsteiger, Sherpas und Trekker vom Berg herunter.

■ 20. Mai 1996

Rumsitzen. Rumstehen. Einander anstarren. Ausruhen. So ist Syangboche. Dann, beim letzten Flug, kommt ein Mann hergerannt: »Ein Platz ist noch frei!« Graham und ich sehen uns an. »Du«, meint Graham. Ich schnappe meine Tasche, verlasse meine Mutter und Carrie und steige in den Hubschrauber nach Kathmandu. Ohne Geld! Zufällig habe ich alles außer ein paar Rupien bei meiner Mutter gelassen.

Während Reporter die Bergsteiger, die den Hubschrauber verlassen, mit Fragen über den Sturm bedrängen, verbrauche ich meine letzten Rupien für ein Taxi zu unserem Hotel (dort kennen sie mich und ich kann anschreiben lassen), nehme das längste und schönste Duschbad, das erste seit zwei Monaten, dann esse ich: Hähnchen, eine doppelte Portion Pommes frites, zwei Stücke Schokoladenkuchen, dann noch einmal Hähnchen.

Ich kann nicht schlafen. Meine Rippen schmerzen und das Atmen wird flacher, wie wenn ich die Stufen im Krankenhaus hochlaufen würde. Am Empfangsschalter verlange ich nach einem Doktor. Eine Stunde später kommt ein seltsam aussehender Kerl herein, dem Haare aus der Nase wachsen. Er untersucht mich. »Sie haben eine leichte Lungenentzündung, in der linken Lunge. Ich gebe ihnen eine Spritze.« Er nimmt eine Spritze und eine dicke Kanüle aus einem Papiertaschentuch.

»Was geben sie mir da?«

»Es erleichtert ihnen das Atmen.«

Ich werde nervös. »Ist das eine saubere Nadel?«

»Sie wollen eine saubere Nadel? Ich kann ihnen eine saubere Nadel besorgen.«

»Natürlich will ich eine saubere Nadel!«

Kann ich ihn das tun lassen? Er gibt mir die Spritze, verspricht mit Rezepten und Vitamin C zurückzukommen.

»Haben Sie Geld?«

Ich schüttle den Kopf.

»Aber sie müssen bezahlen!« Er schaut mich an und kann nicht glauben, was er hört. Ein Amerikaner in einem guten Hotel und ohne Geld?

»Morgen«, sage ich ihm, »wird meine Mutter mit den 70 Dollar kommen.« Er stapft hinaus und will um die Mittagszeit hier sein.

Das Kodein macht mich körperlich und geistig träge und so wird mir etwas schummrig, als ich meinen Vater anrufe. Als ich »Hallo« sage, fängt er an zu weinen. Genau wie vor ein paar Tagen. Ich möchte mich nach der Operation erkundigen, aber er platzt heraus: »Mark, sie haben den ganzen Krebs rausbekommen!«

»Krebs? Wieso Krebs? Das ist eine Ohrenentzündung! «

»Nein, Mark. Es ist Krebs. Aus der Entzündung wurde Krebs. Die Operation dauerte zwölf Stunden, aber sie konnten alles entfernen.«

Ich beginne zu weinen. Beide von uns schluchzen in den Hörer, so weit voneinander entfernt, wie man nur sein kann auf dem gleichen Planeten. Mein Gott! Bitte, lieber Gott! Krebs? Doch nicht dieser starke Polizist, der untergegangenen Autos hinterhertaucht und kleine Mädchen rettet, der Möchtegernmördern Waffen abnimmt, der schon seit Jahren mit drei Stunden Schlaf auskommt.

»Ich konnte es dir nicht früher sagen. Ich hätte Mutter und dich hier so gerne hier gehabt. Aber ich wollte nicht, dass du über mich nachdenkst und abgelenkt wirst. Dort oben ist es zu gefährlich.«

Ich kann nicht reden. Alles, was ich tun kann, ist Weinen. Er sagt mir, Mutter soll ihn anrufen. Ich nuschle Auf Wiedersehen und krieche ins Bett. Ich versuche zu schlafen, muss aber immer daran denken, wie es in seinem Ohr sein muss, und an die Geschichten, von denen ich als Kind gehört habe, über diese Ohrwürmer.

Was wäre, wenn einer in dein Ohr kommt, sich in deinen Kopf frisst und gräbt. Ich fühle, wie Ohrwürmer über meinen ganzen Kopf kriechen und versuchen in mein Ohr zu kommen, Ohrwürmer, die über die ganzen Köpfe der Leichen von Bergsteigern am Everest wuseln, und ich wache hustend und schwitzend auf, möchte schreien, aber ich bin ein kleines Kind, allein in einem Hotelzimmer in Kathmandu, meine Mutter ist in Syangboche und mein Vater weit weg in Rhode Island und beide werden mich nicht hören.

■ 21. Mai 1996

Ich gehe in der Empfangshalle des Hotels auf und ab, warte auf meine Mutter und überlege, was ich sagen soll. Habe den Arzt schon bezahlt, der hier prompt um zwölf Uhr auftauchte. Charlotte Fox hat mir Geld geliehen. Schon seltsam, in das »Yak-und-Yeti-Hotel« zu gehen und eine Reihe von Bergsteigern zu treffen, wie sie um den Pool sitzen und sich an ihrer langsamen Erholung vom Everest erfreuen. Ich trete ein, heruntergekommen und gebeugt von der Lungenentzündung und den Nachrichten meines Vaters.

Meine Mutter betritt in die Halle. Sie muss in meinem Gesicht lesen können, denn als ich sage: »Ich habe Neuigkeiten . . .«, bekommt sie diesen stählernen Blick, den sie manchmal hat.

Und als ich sage: »Vater hatte ein Krebsgeschwür in seinem Ohr«, eilt sie in ihr Zimmer, um zu telefonieren, und ich gehe und bezahle bei Charlotte meine Schulden.

Als ich davon zurückkomme, begrüßt mich meine Mutter mit: »Wir müssen nach Hause. Sofort!«. Und wir beginnen mit der komplizierten Planung eine Woche früher heimzufliegen.

Ja, Carrie wird eine Woche auf Jabion warten und ihn für uns heimbringen. Ja, wir bekommen die Tickets nach Thailand, Hongkong, Chicago und Boston. Ja, mein Vater wird Reportern und Fernsehleuten nichts von unserer Ankunft sagen, außer einem von ABC.

■ 23. Mai 1996

Boston. »Mark Pfetzer bitte nach vorne kommen!« Ich weiß, was das bedeutet. Das Flugzeug rollt zu unserem Tor. Dort stehen Reporter. Leute vom Fernsehen. Der Typ von ABC muss es jemandem erzählt haben, der es auch jemandem erzählt hat, und jetzt wartet eine Reihe Kameras darauf, dass ich aus dem Flugzeug steige. Die Fluggesellschaft möchte nicht, dass sie das Tor bevölkern, darum führt uns eine Stewardess über eine Hintertreppe in die Gepäckhalle. Wir sehen, wie die ganzen Kameras und Mikrofone, die auf der Treppe versammelt sind, Richtung Tor weisen – von uns weg.

Irgendeiner entdeckt uns und dann beginnt das Chaos. Scheinwerfer in unsere Augen, Kameras, Mikrofone in unsere Gesichter, Rufe wie »Erzählen Sie uns von dem Sturm«, »Wurden Sie verletzt?«, »Wie viele sind umgekommen?«. Meine knappen Antworten. Mein Vater bahnt sich seinen Weg durch die Menge, seinen Kopf im Verband, wie wenn er den Ersten Weltkrieg überlebt hätte. Er sieht schlimm aus, bleich, verängstigt, seine Augen müde unter dem weiß verbundenen Kopf. Er umarmt meine Mutter, dann mich. Innig. Kraftvoll. Es geht ihm gut. Ich kann es fühlen. Er wird wieder gesund werden. Er lacht uns an. Ich entspanne mich, schaue sie an, meine Mutter und meinen Vater; meine Schwester Amy kommt herüber, meine Tante und mein Onkel. Ich umarme sie alle. Mehr Scheinwerfer, andere Kameras, Fragen. Dann – puff. Ist es vorbei. Nach und nach verschwinden die Kameras und wir sind allein und hieven das Gepäck in den Wagen.

Ein Wachmann kommt zu uns auf den Gehsteig. »Mann«, sagt er, »ich sehe ja viele berühmte Leute hier durchkommen, aber so viele Kameras habe ich noch nie gesehen.« Und er wünscht mir Glück.

Mein Vater ruft mir zu: »Sieh mal das neue Autokennzeichen!« Es besteht nur aus Zahlen: 8848.

Die Höhe des Everest. Ich schaue zu ihm zurück und schüttle mein Faust Richtung Kennzeichen, wohl wissend, dass ich im nächsten Jahr diese Zahl schlagen werde.

Ich werde den magischen dritten Versuch unternehmen.

Kapitel fünfzehn

Als Bergführer

Personen

Kilimandscharo Team

Roger Gocking Expeditionsleiter

Marion Carleton

Frank Carleton Marions Ehemann

Phoebe Marions Freundin

Richard Marions dreizehn Jahre alter Sohn

Fred Philosophiestudent

Daniel einheimischer Bergführer

August einheimischer Bergführer

ein Massai-Krieger

25. Juli 1996

Als ich endlich ins Flugzeug nach Afrika steige, dreht sich mir der Kopf. Seit ich vor sechs Wochen vom Everest heimgekommen bin, bin ich ständig am Rotieren. Im wahrsten Sinn des Wortes. Und jetzt, wenn ich mich zurücklehne und darüber nachdenke, scheint es irgendwie verrückt zu sein. Ich habe versucht das Sommerhalbjahr in der Schule in der Hälfte der Zeit abzuschließen, die einem dafür zugeteilt wird. Wichtige Prüfungen und Tests über *Julius Caesar* und *Der alte Mann und das Meer*, Vokabelarbeiten, Aufsätze – den Everest musste ich teuer bezahlen. Jetzt sitze ich da und frage mich, ob Brutus Hemingways Fisch erstochen hat oder Santiago hinter Julius Caesar her war; alles durcheinander, weil ich versuchte alles in drei Wochen zu erledigen.

Eines Abends sprach ich mit Thor. Er hatte eine kleine Gruppe, die nach Afrika gehen wollte. Roger Gocking würde der Leiter sein. Ob ich als stellvertretender Leiter mitwolle? Es gibt ein paar Verpflichtungen als stellvertretender Leiter, Fragen beantworten, Helfen bei der Materialbeschaffung, Ratschläge geben. Nichts, was ich nicht könnte. Und ich könnte sehr günstig den Kilimandscharo und den Mount Kenya zusammen mit Roger besteigen, einem der ganz Großen aus der alpinen Szene.

Wie konnte ich da widerstehen?

Und auf einmal machte ich noch zusätzlich zur Schule meine Trainingseinheiten mit tausend Wiederholungen, mein Lauftraining, meine allabendlichen Sit-ups, packte für Afrika, telefonierte mit Bergsteigern aus der ganzen Welt und, ach ja, machte noch meinen Führerschein. Als mich mein Vater zum Fahren auf dem Strandparkplatz mitnahm, hatte ich Angst schneller als zwanzig Stundenkilometer zu fahren. Ich kann im Schneesturm auf 7 900 Meter gehen, aber diese Sache mit dem Autofahren ist mir nicht geheuer.

Mir gefällt es aber, mit meinem Vater zu fahren. Er ist geduldig. Er macht Spaß daraus. Er macht sich aus den meisten Dingen einen Spaß. Erinnerst du dich, als du noch ein kleines Kind warst, dein Vater etwas wegbringen musste und du mit bist, nur der Fahrt wegen. Ich erinnere mich, wie er mich in ruhigen Nächten in den Streifenwagen schmuggelte und mit mir herumfuhr. Das war ein Spaß damals. Es ist heute noch ein Spaß. Schon das Zusammensein mit ihm. Wir unternehmen vielerlei Kleinigkeiten zusammen. Gehen Eis essen. Besuchen spätnachts den Schießstand, nachdem ich die Lernerei hinter mich gebracht habe. Dinge, wie man sie mit den besten Freunden macht.

Er beklagt sich nie wegen seines Krebsleidens. Er ist immer der Erste, wenn es ums Abwaschen geht oder darum, jemandem etwas zu trinken anzubieten. Man würde nie ahnen, dass er gerade eine zwölfstündige Operation und drei Wochen Bestrahlung hinter sich hat. Sein Ohr ist tiefrot und in seinem Kiefer hat er stechende Schmerzen von den verletzten Nerven. Ich kann mir nur vorstellen, dass es ziemlich wehtut, aber er beklagt sich nicht. Er spricht darüber, aber beklagt sich nicht.

Worüber wir nicht reden, ist der Ernst seiner Lage. Die Ärzte sagen, er sei auf dem Weg der Besserung, es ginge ihm den Umständen entsprechend gut, aber ich fühle den nagenden Schmerz in seinem Kopf mit ihm. Manchmal habe ich spätnachts immer noch den Alptraum mit den Ohrwürmern, die jetzt an den Knochen seines Innenohrs fressen, dann tiefer gehen und an den kleinen rosafarbenen Windungen seines Gehirns knabbern. Dann wache ich auf und frage mich, was wohl in seinem Kopf vorgeht, geistig und medizinisch. Und wünsche mir, ich könnte etwas für ihn tun.

Wenn wir im Auto sitzen, ich zu ihm hinüberschaue und sehe, wie er vor Schmerz zusammenzuckt, sagt er nur: »Ich bin okay. Mir geht es gut.« Sogar nach den täglichen Fahrten nach Boston zur Bestrahlung, zweimal vier Minuten morgens und nachmittags, mit seinem Gesicht hinter einer Maske aus Nylonnetz, der summenden Maschine in seinem Ohr, kommt immer noch das »Ich bin okay. Mir geht es gut«. Und wenn es ihm gut geht, muss es mir auch gut gehen. Ich kann nicht mit dem Bergsteigen aufhören. Er möchte nichts davon wissen. Er hat jeden Tag seinen Sturm am Everest, aber lieber ruft er in Afrika oder Tibet an, als dass er mich an seiner Seite sitzen haben möchte. Ich kann das fühlen, er braucht es nicht einmal zu sagen. Also werde ich das tun. Und ich werde es für ihn tun.

Jabion ist bei alldem dabei. Bei meiner ersten Trekkingtour in Nepal vor zwei Jahren habe ich ihm vorgeschlagen nach Amerika zu kommen. Er, ein Mann aus den Bergen, der in einem kleinen Dorf in Nepal lebt und nur wenig Englisch sprechen kann, er glaubte mir nicht und sagte: »Nein. Du nur kleiner Junge«, und zeigte mir sein strahlendes Lächeln. Jabion ist ein großartiger Sherpa, obwohl er eigentlich überhaupt kein Sherpa ist. Er ist ein Boite, von einer anderen Familie. Er ist sehr stark und hat im Mai am Everest mehr Aufstiegsleistung erbracht als alle anderen und natürlich auch mehr zusätzliches Geld bekommen. Wenn der Sturm nicht alles verdorben hätte, da bin ich mir sicher, wären wir zusammen auf den Gipfel gestiegen. Das war unser Plan. Wir beide zusammen auf dem Gipfel, der sechzehnjährige amerikanische Junge und der achtundzwanzig Jahre alte Mann aus den Bergen Nepals, die wie Brüder wurden. Er kam für den Sommer mit mir nach Hause, um Englisch zu lernen, wurde Mitglied unseres Haushaltes, freute sich an den amerikanischen Supermärkten, am Meer, am Kabelfernsehen und an der täglichen heißen Dusche. Jetzt glaubt er mir.

All das schwirrt in meinem Kopf herum, als ich mich jetzt ins Flugzeug setze, das erste Mal seit Wochen nicht überlegen muss, was als Nächstes zu tun ist oder wie ich achtundvierzig Stunden in vierundzwanzig quetsche. Ich frage mich, wie meine Kunden, nennen wir sie mal die Carletons, so sind. Sie sind auch auf diesem Flug, eine Familie, die zusammen auf den Kilimandscharo steigen möchte.

Roger Gocking ist aus Trinidad. Er hat in Afroamerikanistik promoviert, läuft Marathon und Skilanglaufmarathon, stand schon auf dem Gipfel vieler Sechstausender und höherer Berge, einschließlich des Everest, und ist eine großer, hagerer, grauhaariger, zweiundfünfzig Jahre alter Junge. In Nepal, wo graue Haare selten sind, sagte ein Sherpa »Poppa« zu ihm, weil Roger älter aussah als sein siebenundsechzig Jahre alter Vater. Roger nahm die Neckerei ein paar Tage auf sich, wartete auf eine lange, steile Steigung, gab dem Sherpa einen Vorsprung und zischte dann in null Komma nix an ihm vorbei. Seit unserer gemeinsamen Everestreise 95 haben wir oft miteinander telefoniert und mir ist jetzt viel wohler mit ihm.

Ich erkenne den Namen Carleton auf dem Ticketumschlag der Frau neben mir. Wir sitzen in der Mittelreihe und bald werfe ich auch einen Blick auf die anderen Leute, mit denen sie sich unterhält: einen Mann, eine Frau und ein zwölf oder dreizehn Jahre alter Junge. Eines haben sie gemeinsam, sie sind stämmig. Nicht dick. Aber auf jeden Fall recht beleibt. *Nicht-in-Form*-stämmig. *»Was-macht-ihr-so« – »Hm-wir-wollen-auf-den-Kilimandscharo*-stämmig«. Ich schaue die Sitzreihe hinunter, das rundliche Gesicht des Jungen, Kopfhörer und der leere Blick geben mir schon eine Ahnung, wie meine erste Bergtour als stellvertretender Leiter sein wird. Genauso, wie sich viele Leute »Kunden« vorstellen. Leute mit genügend Geld, um zu tun, was sie wollen. Jetzt möchten sie eben auf einen Berg und Typen wie Roger und ich helfen ihnen, schieben sie, tragen sie, ziehen sie auf den Gipfel.

Ich denke lange darüber nach. Ich sage ihnen nicht, wer ich bin. Ich möchte meine Ruhe und meine verstreuten Gedankenstücke wieder zusammenfügen. Ich werde mich später vorstellen.

■ 27. Juli 1996

Arusha, Tansania. Aufgedreht durch die Zeitverschiebung in einem Hotelzimmer mit Richard, dem dicklichen Sohn der Carletons, als schnarchenden Zimmergenossen, versuche ich zu schlafen. Ich starre an die Decke und höre CDs auf meinem Walkman, als es mich auf einen Schlag erwischt: In meinem Halbschlaf liege ich in meinem Zelt im Vorgeschobenen Basislager, am Everest 96. Zuerst kommt Scott Fischer herein, mit seinen langen blonden Haaren, Dreitagebart, schwarzes langärmlige T-Shirt und grüne Schildmütze. Hinter ihm ist der große, professionell kühle, ruhige, bärtige Rob Hall. Wir reden und lachen über die Berge und die Leute, die sie besteigen, bis ich merke, dass sie tot sind. Rob hat seine Tochter nie gesehen, die wenige Monate nach seinem Tod geboren wurde. Scott wird nie sehen, wie sein kleiner Junge und sein Mädchen aufwachsen, in mein Alter kommen, auf das College gehen. Scott und Rob werden nie mehr Weihnachten erleben oder den amerikanischen Nationalfeiertag.

Warum mich das hier in einem Hotel in Afrika so überwältigt, Monate nach dem Unglück? Ich schätze, ich habe meine Gefühle in der Tiefe meiner Seele verdrängt statt sie auszuleben. Ich musste die restliche Zeit der Expedition überstehen. Danach hatte ich so viel zu tun. Sogar jetzt noch. So viel zu erledigen, dass ich nicht einmal richtig über die Toten am Everest nachdenken konnte. Aber jetzt kann ich an nichts anderes denken.

All diese Bergsteiger sind gestorben. Manche würden sagen, törichterweise, unnötigerweise und unverantwortlich. Ich finde nicht. Scott und Rob taten ihre Arbeit und halfen Bergsteigern auf die höchsten Berge der Welt. Diese Arbeit ist mit Risiken behaftet, genau wie die Arbeit meines Vaters als Polizeibeamter jede Nacht Risiken birgt. Wenn ich zweiunddreißig Jahre alt wäre, ein Doktor mit Frau und Kindern, ob ich dann noch bergsteigen würde? Ja, ich muss sagen, ich würde es immer noch tun. Ich weiß, wie ich Risiken klein halten kann. Die Toten am Everest machen mich heute sehr traurig, aber ich weiß, sie haben keinen Einfluss auf meine Einstellung dem Bergsteigen gegenüber. Überhaupt keinen. Ich kann nur aus ihren Fehlern lernen und hoffe, ich werde nicht Teil der Parade toter Bergsteiger sein, die irgendwann an einem Jungen vorbeizieht, der nicht einschlafen kann.

■ 30. Juli 1996

Ganz gleich, wo man sich in den Ebenen von Tansania befindet, den Kilimandscharo sieht man wirklich von überall. Und darum zieht er so viele von uns Bergsteigern an: Mit 5 895 Metern ist er der höchste Berg Afrikas und dazu noch sehr leicht zugänglich. Man kann ihn mit keinem anderen Berg verwechseln, weil es keine anderen Berge gibt. Er steht alleine, gewaltig, schneebedeckt, erhebt sich weit über die Hitze der Wälder und Ebenen im Norden Tansanias mit der rundlichen Masse eines riesigen Elefanten, der die Landschaft beherrscht.

Während wir auf dem Weg an den Kilimandscharo durch kleine verstreute Dörfer fahren, kommen wir an hageren, zerlumpt gekleideten Leuten vorbei, die aus der Hitze in unsere klimatisierten Land Rover starren. Jetzt werfen wohl genährte Amerikaner Staub in die Gesichter dieser abgemagerten Dorfbewohner, die vielleicht einmal täglich essen, die verschlissene T-Shirts tragen und ausgefranste Shorts, die weder Elektrizität haben noch fließend Wasser. Wenig später fahren wir an Frauen vorbei, die riesige Bündel oder Wasserkrüge auf ihren Köpfen balancieren. Sie gehen majestätischen Schrittes und bewegen den Nacken hin und her, um das Gleichgewicht zu halten. Stell dir vor, was du für einen müden Nacken hättest, wenn du beim Gehen vier Liter Wasser auf dem Kopf balancieren müsstest. Jetzt stell dir vor kilometerweit zu laufen mit vierzig Litern Wasser. Das genau müssen diese Frauen tun, um Wasser für ihre Häuser zu bekommen. Während unser Fahrer einige Eigenheiten der örtlichen Geografie erklärt, ignoriert er die Armut um uns herum, wohl weil wir hierher kamen wegen des Abenteuers, um Spaß zu haben und zum Bergsteigen. Und nicht um uns um Dinge zu kümmern wie die dunklen, mürrisch dreinschauenden Augen der Menschen, an denen wir vorüberfahren. Aber insgeheim sind wir im Land Rover betroffen von dem Kontrast zwischen uns und dem, was wir vor den Fenstern sehen, bis wir näher an den Kilimandscharo kommen, wo das Land fruchtbarer ist und es in den Dörfern erträglicher zu sein schien, und wir im Wagen das bittere Schuldgefühl ablegen können.

In einem Dorf fahren wir langsam unter Bäumen durch, die so dick von Moos überdeckt sind, dass es aussieht wie Seegras, dann an einer Betonrampe neben der Straße vorbei. Als wir näher kommen, sehe ich einen Mann, der den Kopf einer Kuh hält, die auf der Rampe steht, ein anderer bindet ein Seil um deren Vorderbeine, zieht an dem Seil und, wumms! geht die Kuh zu Boden, mit dem ganzen Gewicht auf der Seite. Wir sind jetzt nahe bei den beiden Männern und der Kuh, deren Hinterbeine panisch in der Luft herumfahren. Der Mann, der den Kopf der Kuh in einem Ringergriff hält, ruft dem anderen Mann etwas zu, der greift nach einem langen Messer, und während wir wieder von ihnen wegfahren, kann ich sehen, wie der Mann mit dem Messer zu der Kuh hochsteigt und ihr die Gurgel aufschneidet. Der andere Mann lässt die Kuh los, die versucht auf die zusammengebundenen Knie zu kommen und Blut in alle Richtungen vergießt, während die beiden Männer zurücktreten und der Kuh beim Sterben zusehen. Kurz bevor wir um eine Kurve fahren, kann ich das Grinsen der beiden sehen, die Kuh tot zusammengesunken und wahrscheinlich bald ein fliegenübersätes, ungekühltes Ding für den Dorfmarkt.

■ 30. Juli 1996

Als ich meinen Fuß in die Geröllhalde setze, die den Hang hinaufzieht und unser Weg auf den Kilimandscharo ist, rutsche ich zurück. Ich muss jeden Fuß sorgfältig aufsetzen, festen Bodenkontakt haben, denn ich stehe auf Felssplittern, die zusammen mit mir den Berg hinunterrutschen könnten. Über mir liegt das Plateau, das zum Gipfel des Kilimandscharo führt – öde, braun, vulkanische Asche ohne irgendwelche Vegetation, in krassem Gegensatz zu dem weißen Gletscher, der auf der ebenen Fläche liegt wie ein geparkter Lastzug.

Es ist Gipfeltag. Roger ist vor mir. Fred, der Philosoph (na ja, fast ein Philosoph, immerhin hat er beinahe promoviert), geht hinter ihm, er steigt mit zwei schmerzenden Knien auf und wird gefolgt von der Carleton-Familie. Zuerst kommen Marion und ihre Freundin Phoebe, beiden geht es gut, so weit. Dann kommt Frank, dessen rotes Gesicht und schleppender Schritt anscheinend diese immer währende Frage zu stellen scheinen: »Was zum Teufel mache ich hier?«, und Richard, Marions Sohn aus erster Ehe, der weit unten am Hang sitzt und sich nicht bewegt.

Roger ruft zu Richard hinunter: »Was hast du für ein Problem?«

Richard ruft zurück: »Ich muss so dringend auf Klo, dass ich mich nicht mehr bewegen kann.«

Dr. Roger Gocking, ein College-Professor, Bergführer und Bergautorität, macht einen einzigartigen Vorschlag: »Dann mach doch einfach.«

»Ich hab kein Klopapier.«

Und so muss Roger, der Leiter, ganz vorsichtig die Schutthalde absteigen, um Klein-Richard etwas Klopapier zu bringen. Er kommt wieder zurück und verdreht die Augen. (Roger verdreht öfters die Augen wegen Richard. Wir beide tun das. Richard ist die Ursache für eine ganze Menge Augenverdreherei. Er konnte nicht helfen das Zelt aufzubauen – wusste nicht, wie. Er kann bei nichts helfen, weiß einfach *nie,* wie.)

Richard sitzt immer noch an derselben Stelle. »Richard«, ruft sein Stiefvater, »wir warten.«

Schlimm genug, nehme ich an, dass die ganze Mannschaft einschließlich der afrikanischen Führer und Arbeiter aus der Ferne zuschaut und darauf wartet, bis er sich erleichtert hat, damit wir weitergehen können.

»Ich kann nicht. Es ist zu kalt.«

Und so ist Richard die ganze Reise lang, sitzt nur herum mit seinem Walkman, der ihm Rapmusik durch die Ohrhörer bläst, oder liegt ausgestreckt, mit geschlossenen Augen. Seine Mutter sagte, er strebe nach dem Motto seines biologischen Vaters: Stehe niemals, wenn du sitzen kannst, setze dich nie, wenn du dich hinlegen kannst.

Eines Nachts nach dem Abendessen war die Natur von einer unglaublichen Schönheit. Es dauerte etwa zwanzig Minuten. Unser Lagerplatz lag gegenüber der westlichen Flanke des

Kilimandscharo. Strahlende Gold- und Rottöne der untergehenden Sonne versetzten die Wand in Flammen. Genau über der Hochfläche des Berges stand der Vollmond vor dem blauen Himmel, wie eine Kugel auf einem Billardtisch. Die Farben und das Licht schienen sich nie mehr verändern zu wollen. Da war kein Laut, außer dem Klappern des Geschirrs beim Abwaschen nach dem Abendessen. Ich stand fünfzehn Minuten da, wahrscheinlich mit offenem Mund, und nahm alles in mich auf.

Nicht so Richard. Der kleine Fiesling lag in seinem Zelt, auf seinem Schlafsack, hatte den Walkman aufgedreht und starrte an die Decke. Ich wollte ihn schütteln, ihm eine auf die Nuss geben, irgendetwas, um ihn aufzuwecken! Aber ich konnte nicht. Ich war schließlich nur sein Bergführer. Und so musste ich mir sein blödes Geschwätz anhören. Wie er »fast überall glatte Dreier im Zeugnis« hat. Dreier? Das soll gut sein? Wie er immer schreit: »Mark, warte auf mich!« Und ich warte, während sich dieser Dreizehnjährige ausruhen muss (ich habe versucht ihm einen Geh-Rhythmus beizubringen, effektiv voranzukommen, ohne zu früh zu ermüden. Mit der Zeit schaffte er das dann eine Stunde lang ohne Unterbrechung).

Einmal, oben in der Geröllhalde, bittet ihn sein Stiefvater eine Wasserflasche zu tragen. »Leck mich am A. . . Trag sie doch selber!«, schreit Richard zurück. Frank schaut ihn an und sagt nichts.

Wow! Ich stehe im strahlenden Sonnenschein des Kilimandscharo, mache das, was ich am liebsten tue, und komme mir vor, als hätte mir dieser Junge eben ins Gesicht geschlagen. Richard ist so alt wie ich vor drei Jahren. Nur wird er nie so sein wie ich. Niemals. Mit dreizehn habe ich mich so danach gesehnt, bei einem Bergabenteuer dabei zu sein, und so ging ich los, trug Geld zusammen und wanderte durch Nepal, weil ich herausfinden wollte, ob ich das kann, und jetzt bin ich hier als Bergführer dieses Jungen. Ich war im gleichen Alter.

Er ist zufrieden, sich von jemand Klopapier bringen zu lassen, Dreier zu bekommen, wunderbare Naturszenen zu verpassen, um Rapmusik zu hören und das Zelt von innen anzustarren; ich möchte ihn schütteln, bis er die Augen verdreht, und ihm sagen, er solle sich auf sein Leben besinnen, es gibt so viel zu tun und zu sehen und zu erleben.

Und ich möchte ihm meine Faust ins Gesicht strecken und ihn anschreien:

»Sprich niemals wieder so mit deinem Stiefvater!« Ich denke an meinen Vater, wie er jeden Tag kämpft und sagt, es gehe im gut, wie er mir so sehr hilft und seinen Arm um mich legt, sogar jetzt. Mal abgesehen davon, hätte mich mein Vater auch umgebracht, wenn ich so etwas zu ihm gesagt hätte.

Der Moment geht vorüber. Der Stiefvater nimmt die Wasserflasche, beschließt aber, geschlagen von dem steilen Schutt, der Höhe, seiner schlechten Verfassung und zweifellos auch von Richards Beschimpfung, zurück in das Lager zu gehen. Fred, der Philosoph, August, ein afrikanischer Führer und ich kommen auf den Gipfel. Mit einer Aussicht über die Ebenen Afrikas mit ihren kilometerweit entfernten, dunkelgrünen Flecken, bin ich auf einem Gipfel wie keinem anderen. Unter uns das Tierleben der Steppe, neben mir ist ein Gletscher so groß wie ein Fußballfeld, hinter uns ein Vulkan.

Als Bergführer fühle ich mich etwas seltsam wegen meiner neuen Verantwortlichkeiten. Marion will nicht den Weg zurückgehen, den wir gekommen sind, die steile und nicht ganz einfache Schutthalde. Sie besteht darauf, entgegen Rogers Ratschlag zusammen mit Phoebe und Richard einen Teil des Kilimandscharos zu überschreiten und eine bei weitem leichtere Route abzusteigen. Roger versucht sie zu überzeugen, dann zu befehlen, dass sie mit uns gehen, sie aber nehmen Daniel mit, einen afrikanischen Führer, der keine andere Wahl hat als sie auf ihre eigene Route mitzunehmen. Da können wir nichts machen.

Auf dem Weg vom Gipfel hinunter fragt August höflich, ob nicht ich als Erster gehen möchte. Ohne zu überlegen, sage ich zu. Fred folgt mir und August geht hinter ihm. Bald merke ich, warum August als Letzter gehen wollte, als mir Geröllbrocken und Steine am Kopf vorbeifliegen. Sie werden beim Abstieg von Fred und August losgetreten. Ich bin die Zielscheibe und habe keine andere Wahl als riesige Schritte zu machen, um aus ihrer Reichweite zu kommen. Meine Füße sinken in den Schiefer, ich springe gleich wieder heraus und bin schnell unten, lange vor August und Fred und ihren Steinen.

Ich weiß, ich war eigentlich als Bergführer hier, aber Richard hat mir viel beigebracht. Er zeigte mir, wie glücklich ich bin. Er brachte mir bei, dass es ein Dreizehnjähriger ohne Ziel und Richtung ganz schön schwer haben kann. Seine Eltern können ihm so vieles geben, sogar einen einfachen Weg vom Berg herunter, aber er muss es selber machen wollen. Ganz gleich, was sie machen, es liegt an ihm, die Rapmusik abzulegen und sein Leben selbst zu bestimmen.

5. August 1996

Das Wandern im Mount-Kenya-Nationalpark ist spannungsgeladen, nicht so sehr wegen der zwanzig Kilometer hügeliger Landschaft, auf die wir gestoßen sind. Es ist so spannend, weil es hier Kapbüffel geben soll, Tiere, die so groß sind, wie es sich anhört, und die es mehr als alle anderen Tiere mögen, sich an Menschen anzupirschen, sie anzugreifen und zu töten. In den zwei Tagen Wandern sehen wir zwar Spuren von Kapbüffeln, aber keinen aus der Nähe.

Als wir heute Morgen durch ein Dorf der Massai-Krieger gehen, diesen großen Kerlen, die immer noch Tücher tragen und Speere dabeihaben, treffe ich den am fürchterlichsten aussehenden Menschen, den ich jemals in meinem Leben gesehen habe, einschüchternder, als der größte Kapbüffel sein kann. Er ist ungefähr zwei Meter zehn groß, seine Augen sind rot umrandet und verrückt, sein Gesicht mit einem Make-up aus Lehm überzogen, sein Haar durch und durch mit rotem Lehm angeklatscht. Er trägt das traditionelle rote Massai-Gewand, ein Tuch, um seinen mageren Leib gewickelt und in einer Hand einen Speer, von dem man weiß, das er rasiermesserscharf sein muss, schon wenn man dem Kerl nur in die Augen sieht. In der anderen hat er eine kleine Keule mit einer Kugel am Ende. Bei der Kugel stehen kleine scharfe Dinge heraus, die definitiv ziemliche Schmerzen bereiten. Wenn Massai ein Tier töten, sind sie bemüht all sein Blut aufzufangen, um es später trinken zu können. Dieser Kerl sieht aus, als hätte er eben seine Morgenration Blut gehabt, und er schaut mich an, als ob er wüsste, dass meines später noch ein besonderer Leckerbissen wäre. Soll ich ihn fotografieren? Soll ich überhaupt meine Kamera auspacken? Nein. Ich lächle ihn freundlich an, nicke ihm zu und ziehe mich so vorsichtig zu dem Land Rover zurück, als wäre ich einem Löwen begegnet und nicht einem anderen menschlichen Wesen.

Das ist es, was Kenia für uns bedeutet: Wandern im Mount-Kenya-Nationalpark, stolze Massai und Kapbüffel.

Kapitel sechzehn

Cho Oyu

Personen

Cho Oyu-Team

Henry Todd Expeditionsleiter

Paul Fletcher Marks Freund, Besitzer eines Fitnessstudios

Larry Anwalt; Chicago

Keith Architekt; Georgia

Chris Keiths junge Frau

Pavel polnischer Ingenieur

Ray Dorr Bühnenbildner am Broadway

Anatoli Boukreev Bergführer; Kasachstan

Russell Brice Bergführer, Neuseeland

Jabion Sherpa

Pemba Sherpa

Ang Tsering Sherpa

Elisabeth Hawley inoffizielle Chronistin aller Informationen über den Mount Everest

28. August 1996

Ich sitze hinten auf einem Laster, der sich durch den Schlammgürtel an den Hängen der tibetischen Berge quält. Na ja, ich sitze nicht wirklich: Ich reite auf der hinteren Klappe, bereit zum Absprung für den Fall, dass der Laster über die Kante rutschen sollte. Ich bin sicher, dass das irgendwann passiert. Ich denke es bei jeder Kurve. Das Getriebe kreischt; wir holpern und rutschen von einer Seite auf die andere und wir forschen in den Gesichtern der anderen nach Zeichen der Furcht, der

Nervosität oder der Panik. Offensichtlich haben Bergsteiger, wie auch ich, einen Hang zum Risiko. Aber ich meine trotzdem, dass dieses Risiko mit Vorsicht gepaart sein sollte. Deshalb habe ich einen Fuß draußen, außen an der hinteren Klappe und bin zum Sprung bereit, falls es nötig werden sollte.

Unterwegs zum Cho Oyu, einem der vierzehn höchsten Berge der Welt, erreichen wir die nepalesisch-tibetische Grenze. Wir sind unterwegs nach Tibet, und das auf einer Berg-und-Tal-Bahn in heftigem Monsunregen auf steilen, schlammigen Bergstraßen mit Abhängen, hunderte von Metern tief. Wir sitzen hinten auf einem Laster mit Säcken voll von Ausrüstungsgegenständen und anderen Leuten, unter einer Plane wegen des Regens. Es ist eng und, schlimmer noch, dunkel, weil uns der Regen, der auf die Plane trommelt, nicht hinaussehen lässt. Es ist echt ganz schön gefährlich hinten auf diesem Laster. Aber wir Bergsteiger sind gerne hier; wir wollen hier sein und bezahlen sogar noch dafür. Es macht Spaß.

Während einer Pause, erzwungen durch große Steine, die auf der Straße liegen und weggeräumt werden müssen, kommt Henry Todd, unser Expeditionsleiter, zu unserem Laster und bietet eine Alternative:

»Der Weg wird immer schlechter«, warnt er uns. »Es fährt zwar ein Laster rauf, doch davon würde ich abraten, wegen des Steinschlags. Zu Fuß wäre sicherer.«

Wir glauben nicht, dass wir zu Fuß dem Steinschlag besser ausweichen können, und klettern deshalb alle auf den Laster. Der Schlamm ist so tief, dass uns ein Raupenschlepper das steilste Wegstück ziehen muss, aber wir schaffen es. Das alles erinnert mich an Afrika. Roger Gocking und ich blieben einmal hängen, weil ein Arbeiter mit einem Gabelstapler das Fahrwerk unseres Flugzeugs aufgespießt hatte, während es auf dem

Flughafen in Kairo wartete. Der einzige noch verfügbare Flug war mit der Air Madagascar. Viele weigerten sich einen Flug der Air Madagascar zu nehmen, weil sie es für zu gefährlich hielten. Wir machten es anders und hatten einen großartigen Flug in einer nagelneuen 747.

Neben mir sitzt Paul Fletcher, ein guter Freund von daheim. Es ist seine erste Expedition. Dass er neu ist, erkennst du daran, dass er beide Beine über die hintere Klappe geschoben hat. Er muss lernen, dass er hier draußen in den Bergen flexibel sein muss – es geht nicht immer wie geplant. Tatsächlich geht es selten so. Also machst du's wie die Sherpas: »Kein Problem. Vielleicht ja. Vielleicht nein.« Du musst warten lernen. Wir kamen beispielsweise heute Morgen zum Zoll in Zhangmu, etwa um elf Uhr. »Tut mir Leid. Mittagessen«, sagten die Leute am Zoll. Und was normalerweise fünfzehn Minuten bedeutet hätte, wurde zu einem dreistündigen Warten. Oder eben der Schlamm, der Regen, der Nebel und die Feuchtigkeit. Darum geht es bei Expeditionen: Aufregungen und Ärger kommen hinzu, die Geschichten unvorhergesehener Abenteuer. Du erinnerst dich nicht immer an die Gipfel, aber die Zeit hinten auf einem Laster auf schmierigen Wegen nur Zentimeter vor dem Absturz, das wird zur unvergesslichen Erinnerung.

Was mache ich hier in Tibet, wenige Monate nach dem Everest? Weshalb schon wieder dieselben alten Rituale von langen Flügen und Tagen unterwegs? Gute Frage. Seit dem Everest bin ich auf Achse. Ich schaffte das Sommerhalbjahr in der Schule in der Hälfte der vorgesehenen Zeit. Ende Juli war ich am Kilimandscharo und am Mount Kenya, dann in Salt Lake City, um auf der jährlichen Messe für Bergausrüstung mögliche Sponsoren zu treffen. Ich flog nach New York für eine Fernsehshow mit der Mutter von Michael Jordan, einigen jungen Olympiahelden und ihren Eltern sowie meiner eigenen Mutter. Am nächsten Tag flog ich zurück in den Westen zu den Grand Tetons und schließlich von dort aus geradewegs nach Boston, um Jabion und Paul zu treffen wegen unserer Expedition zum Cho Oyu.

Bei meinem Vater haben sich keine weiteren Anzeichen der Ausbreitung seines Krebses ergeben und der Doktor hofft seine schrecklichen Schmerzen im Kiefer durch Medikamente unter Kontrolle halten zu können. Doch ich muss zugeben, dass ich mir Sorgen mache. Ich rede nicht viel darüber, und wenn die Leute fragen, dann sage ich immer, es gehe ihm sehr gut. Ich beobachte ihn genau, um herauszufinden, wie er auf die Chemotherapie reagiert. Er ist mager geworden. Seine Hosen hängen wie Säcke an ihm und ich sehe, wie er die Seite seines Gesichts hält, als ob es eine Bombe wäre, die jederzeit losgehen könnte. Ich weiß, die Chemo und die Medikamente sind alles Teile eines Programms, das darauf abzielt, den Krebs zu überwinden, und ich weiß, die Ärzte sagen, die Schmerzen würden aufhören, wenn sich die Nerven im Kiefer erst einmal beruhigt hätten. Ich beobachte meine Mutter. Immer ruhig, immer fröhlich, als ob das ganze Problem nicht mehr wäre als ein kleines, vorübergehendes Zahnweh. Immer wirtschaftet sie herum und übernimmt die Verantwortung. Ich mache mich fertig für irgendeine Reise und Vater nimmt seine Medizin. Aber nachts, im Bett, wird mir klar, dass es der Krebs ist, an den wir immer denken: Die Wochen verstreichen und der unsichtbare Krebs tickt unter der Oberfläche. Ich erzählte niemandem von meinen Gedanken. Ich will kein Gegner sein für all die positiven Gefühle meines Vaters den Krebs zu besiegen. Und doch sind die Gedanken da, jeden Tag, jede Nacht, als ob eine kleine rote Krebszelle sich in meinem Gehirn eingenistet hätte, um dort zu wachsen. Nun muss ich diese Gedanken unter Kontrolle bringen, so wie ich die Panik unter Kontrolle bringe, wenn ich beim Klettern in Schwierigkeiten komme. Ich will der Ausrüstung vertrauen, weitermachen und mich auf jeden einzelnen Schritt konzentrieren.

Ich kam so bald zum Cho Oyu wegen der geplanten Everestexpedition 97. Darum geht es. Diese Expedition liefert eine großartige Gelegenheit den Cho Oyu einfach so um seiner selbst willen zu besteigen. Aber alles, was ich dieses Jahr unternehme, zielt ab auf Everest 97. Der 8 201 Meter hohe Cho Oyu wird ein guter Test sein für meine Fähigkeiten (nur vierzehn Gipfel der Welt sind höher als 8 000 Meter). Ich weiß, dass ich im nächsten Mai fit sein werde. Ich fühle mich so sicher, dass ich sogar die Schule aufgegeben habe, um mich auf den magischen dritten Versuch vorzubereiten.

Genau gesagt, werde ich ein Jahr lang nicht zur Schule gehen. Da ich nun sechzehn bin, kann ich das legalerweise machen. Ich möchte mich auf das Training konzentrieren, das Bergsteigen und die Suche nach Sponsoren. Ich möchte auch ein guter Schüler sein und ich weiß, dass die Schule mehr ist als gerade eben mit den Aufgaben klarkommen, während ich irgendwo im Basislager hocke. So wie ich die Schulzeit angehe, muss ich damit rechnen, dass mir das auf Dauer schadet. Ich muss schreiben und denken lernen, Ideen entwickeln, sodass ich später aufs College und die medizinische Hochschule gehen kann. Der einzige Weg, das zu erreichen, ist zur Schule zu gehen. Mir ist klar, dass nicht beides gleichzeitig geht: meine akademische Zukunft und die Vorbereitung auf den Everest. Deshalb scheint es mir vernünftiger, anstatt Schulbücher um die halbe Welt zu schleppen, um auf dem Laufenden zu bleiben, einfach abzuschalten und nächstes Jahr wieder voll einzusteigen. Ich habe lange darüber nachgedacht. Ich werde ein Jahr verlieren und nicht mit meiner Klasse den Abschluss machen, aber Everest 97 ist das Opfer wert.

Außerdem werde ich im Sozialen nicht viel verlieren, denn ich hatte eigentlich kein »normales« Leben als Teenager. Wenn du mich fragst, wie viele Abende ich mit Mädchen verbracht habe, muss ich dir gestehen: null. Bis heute fühle ich mich nicht wohl mit Menschen meines Alters. Sogar mit Mädchen. Es ist, als habe ich diese Altersklasse, ohne es wahrzunehmen, übersprungen. Vielleicht denke ich zu viel an mich selbst, vielleicht finde ich es komisch zu erklären, was ich zu tun versuche, weil ich weiß, sie werden es ohnehin nicht wirklich verstehen. Ich bin höflich. Ich lächle. Ich versuche in der Schule gut zu sein. Wenn ich nicht dort bin, so deshalb, weil ich da bin, wo ich mich viel wohler fühle – irgendwo in den Bergen.

Der Laster quält sich um die nächste Kurve und schleudert uns in der Dunkelheit gegeneinander. Paul sieht aus, wie es wohl auch mir ergangen ist bei meiner ersten Reise hier. Er hat einen Blick, als wollte er sagen: »Worauf habe ich mich da bloß eingelassen.« Seine Einführung in das Leben in Nepal hat er schon hinter sich: Rudel von bellenden Hunden, die sich die ganze Nacht vor unserem Hotel herumtrieben; ein Hund, der einfach ins Zimmer kam, ein Bein hob und an die Wand pisste; ein paar Tage später, in einem anderen Hotel, beschloss eine Kuh ins Zimmer zu kommen, um Guten Tag zu sagen. Dann gingen wir in ein Restaurant und was steht auf der Speisekarte? Hund. Aber Paul hat's begriffen. Ich sehe das. Bei unserem letzten Halt stieg er vom Laster und alle Straßenarbeiter murmelten »Rambo«. Kein Wunder. Er trägt das Oberteil eines Panzersoldaten, Nahkampfhosen und ein Stirnband. Früher hat ihm eine Sporthalle gehört. Er stemmt Gewichte. Macht Dauerläufe. Ist toll in Form. Passt das alles zum Höhenbergsteigen? Das ist die große Frage. Bislang kannte er nur das Klettern in der Halle und in Neuengland. Aber Rambo will es versuchen.

Die anderen Mitglieder unserer Expedition werden hier hinten genauso herumgeschleudert. Larry sitzt drüben in der Ecke. Er trägt die Baseballmütze, die ihm seine halbwüchsigen Töchter für den Gipfeltag geschenkt haben. Larry ist ein vierzigjähriger Rechtsanwalt aus Chicago, der aus irgendwelchen Gründen geschworen hat mich nie seinen Töchtern vorzustellen. Er sagt, er liebt sie zu sehr. Larry hat vor einigen Tagen einen großen Helden aus sich gemacht. Wir wanderten in Nepal und hielten an, um zu trinken. Henry, Paul, Larry und ich saßen auf einem Grasrücken und schwärmten vom Essen. Paul und ich machen das immer so, wenn wir im Restaurant sitzen. Obwohl wir Hund gegessen hatten, taten wir so, als wäre es tatsächlich Cordon bleu mit Hähnchen oder Steak flambé. Irgendwie kamen wir darauf, vielleicht war es Larry, der damit anfing, jedenfalls redeten wir von »Bagels«. Warme, weiche, frische »Bagels«. Larry griff in seinen Rucksack und fragte: »Soll es das sein?« Und wie durch ein Wunder zog er zwei Heidelbeer-Bagels heraus, die er von Chicago mitgebracht hatte. Er hatte sie sich mehr als eine Woche lang aufgespart, der Versuchung widerstanden sie aufzuessen. So kam es, dass wir auf einem Hügel in Nepal saßen und »Bagels« aus Chicago aßen. Jeder bekam eine Hälfte und aß sie auf – ganz langsam. Sie waren herrlich.

Neben Larry sitzen Keith und Chris, ein Ehepaar. Sie klammern sich aneinander, um ihr hilfloses Hinundherrutschen zu bremsen. Keith ist ein sehr wohlhabender Architekt aus Georgia und Anfang fünfzig. Chris ist Ende zwanzig, in hervorragender körperlicher Verfassung – und sieht auch so aus. Keith hat gewisse Schwierigkeiten mit Paul. Man kann sehen, weshalb – diese Rambo-Muskeln und seine junge Frau. Paul sitzt auf der anderen Seite, eingeklemmt zwischen zwei Burschen von einer anderen Expedition. Pavel stammt aus Polen, arbeitet aber in der Chemie in Südafrika. Er ist dünn wie eine Bohnenstange, über eins neunzig groß und lebt ganz in sich zurückgezogen. Er erzählte mir einmal: »Weißt du, ich schmeiße nie etwas weg. Aber eines Tages saß ich im Auto und warf eine Cola-Dose aus dem Fenster. Das hat mir gut getan.« Seltsamer Bursche.

Ray Dorr und Anatoli, die übrigen Mitglieder unserer kleinen Gruppe, sind noch nicht hier. Aber unsere Sherpas: Pemba, der Koch, Ang Tshering und natürlich Jabion. Alle sind bereit loszuziehen. Vorausgesetzt, wir überleben diese Strapaze mit Schlamm, Regen, Hitze und dem Gebirgslaster.

8. September 1996

Das Vorgeschobene Basislager. Mit dem idealen Platz für mein Zelt gibt es ein Problem: ein Felsblock genau da, wo ich mein Zelt haben möchte. Es ist sehr wichtig, den richtigen Platz zu finden. Wie wenn man am Strand ist. Hast du je den Leuten am Strand zugesehen? Obwohl endlos Platz ist, brauchen sie zehn Minuten, um den richtigen Ort für ihr Handtuch zu finden. Mir geht es so im Vorgeschobenen Basislager. Du willst einen wunderbaren Blick zum Berg mit dem ganzen Aufstieg bis zum Gipfel und hinunter bis zum Chinesischen Basislager, und das auf einem Platz, der flach genug ist, um uns für eine Woche eine Heimstatt zu sein. Deshalb bin ich ein wenig heikel wegen meines Zeltplatzes – nahe genug bei den anderen, aber doch so weit abgesondert, um ein kleines privates Reich zu haben. Soll ich mir einen anderen Platz suchen? Nein. Ich nicht. Ich werde den Felsblock wegschaffen.

Paul kommt herüber. Er schnappt nach Luft in dieser Höhe. Aber er will sich ansehen, was ich an dem Felsblock zu graben habe. Es ist, als ob ich eine Schatzkiste voller Diamanten suche. Er stellt eine einfache Frage:

»Warum?«

»Er ist im Weg, das ist der Grund. Und sag mir nicht, ich soll mein Zelt anderswo aufbauen. Ich werde das nämlich nicht tun.«

Dies ist ein erstklassiger Zeltplatz. Ich stemme meinen Rücken gegen den Felsen. Er bewegt sich um Zentimeter. Ich drücke nochmals – das Ding muss hundertfünfzig Kilo schwer sein – und nun schnappe ich nach Luft. Zur Hölle mit ihm. Es ist ja idiotisch, einen Felsen ausgraben zu wollen. Paul geht weg. Ich hole die Zeltstangen heraus und rolle das Zelt aus, um es an anderer Stelle aufzubauen. Dann, ich kann nicht anders, fange ich wieder an den Felsen freizulegen. Leute gehen vorbei, Sherpas. Bergsteiger. Sie alle starren den kleinen Amerikaner an, wie er im Vorgeschobenen Basislager seine Kraft damit vergeudet, einen Felsblock auszugraben. Die einen haben gute Ratschläge, die anderen verdrehen nur die Augen und gehen weiter.

Drei Stunden lange versuche ich mich keuchend an dieser sturen, hässlichen, schmutzigen, übergroßen, versteinerten Warze. Warum? Ich weiß nicht, warum. Aber ich muss es tun. Nach einer gewissen Zeit beginnen andere mir zu helfen. Langsam gibt der Felsblock seinen Platz auf und wir rollen ihn den Weg hinunter. Ich bedanke mich bei allen, sitze und versuche wieder ruhiger zu atmen. Der Himmel ist jetzt voll von länglichen Spätnachmittagswolken. Von hier aus kann ich drei Kilometer weit über den Gletscher hinweg nach Nangpa La blicken, dem Pass, der von Nepal nach Tibet führt. Ich kann kleine Punkte sehen, die auf diesem Weg vorankriechen, und ich weiß, dass es Mitglieder von anderen Expeditionen sind, die sich andere Berge vorgenommen haben. Sie tun dasselbe wie wir. Im nächsten Frühjahr wird eine ähnliche Expedition hier heraufkommen und ein Bergsteiger wird sich den Warzenfels ansehen, der mitten in der Aufstiegsspur liegt und sich fragen: »Wo kommt der her?« Und niemand wird ihm eine logische Antwort geben können. Außer mir. Ich brauchte nämlich meinen Zeltplatz.

Auch die Franzosen brauchen ihren Platz. Das wird wohl die Erklärung dafür sein, dass sie mitten zwischen uns hausen. Der Platz wird jetzt knapp im Vorgeschobenen Basislager. So viel ist sicher. Aber sie haben ein Recht dazu, praktisch auf uns drauf zu sitzen, wie rücksichtslose Sonnenanbeter, die am Strand ihre Decke nur Zentimeter neben der unsrigen auslegen. Und rauchen tun sie auch! Im Vorgeschobenen Basislager! Sie ziehen sich auch bedenkenlos aus und strecken sich völlig nackt direkt auf dem Weg aus. Leute kommen vorbei – Männer, Frauen –, diesen Franzosen ist das gleichgültig.

Zum Vorgeschobenen Basislager hochzukommen war ein ungewöhnliches Abenteuer. Ich dachte damals, der Aufstieg durch den Khumbu-Eisbruch zum Camp Eins am Everest sei Bergsteigen wie Roulette. Hier gibt es keine herabstürzenden Eisbrocken, vor denen man sich in Acht nehmen muss. Stattdessen *richtige* Geschosse. Das Chinesische Basislager, wie es genannt wird, liegt genau an der Grenze zwischen Nepal und Tibet. Die tibetische Grenzpatrouille hat einen Posten in der Nähe des Basislagers. Tatsächlich musst du beim Aufstieg vom

Basislager zum Camp Eins nahe an diesem Posten vorbei und die Grenzposten passen auf. Die Schwierigkeit liegt darin, dass diese Kerle gerne schießen und dass sie schnell dabei sind, ihre Gewehre zu gebrauchen. Frag Russell Brice. Auf ihn wurde geschossen, als er letzte Woche zum Basislager abstieg. Du darfst nur nicht vergessen mit dem Hut zu winken, um zu zeigen, dass du ein Freund bist. Jedenfalls behauptet Russell das.

Das taten wir dann, als wir zum Camp Eins aufstiegen. Als wir auf der Spur in der Nähe des Grenzpostens um die Ecke kamen, winkten wir wie verrückt mit unseren Hüten. Sollten sie trotzdem schießen, so wollten wir Paul hochschicken. Er gilt immer noch als Rambo und würde sie einfach erledigen. Sie würden um ihr Leben laufen, auch wenn wir als einzige Waffe nur die Skistöcke hatten, mit denen wir uns stützen.

Das massive Winken war offensichtlich erfolgreich. Nachdem wir den Grenzposten hinter uns hatten, kamen wir zur nächsten Herausforderung: der Geröllhalde, die zum Camp Eins führt. Geröll ist rutschig, es sind kleine Steine, in diesem Fall an einem sehr steilen Berghang. Darauf zu gehen ist wie der Versuch eine sehr steile Böschung aus weichem tiefem Sand hinaufzulaufen. In der Höhe kann das auch Leute, die sehr gut in Form sind, zu Wackelpudding machen. Das Beste für mich war Jimi Hendrix in meinen Walkman zu schieben, mir die schrecklichste Version der amerikanischen Nationalhymne anzuhören, die je einer aufgenommen hat, und es durchzuziehen.

Die Akklimatisation macht sich allmählich bemerkbar. Eine Plattform für das Zelt im Camp Eins auszugraben machte mich schwindlig, so auch der Aufstieg über die Geröllhalde, aber jetzt im Vorgeschobenen Basislager fühle ich mich viel besser. Auch der Kampf mit dem Felsblock half mir mich zu akklimatisieren.

Ich machte mir Sorgen wegen Jabion, der sich mehr als wir anderen abmühen musste. Er war sechs Wochen lang im Haus meiner Eltern auf Meereshöhe gewesen und hatte das süße amerikanische Leben genossen. Sein Körper hatte es wahrscheinlich genossen, hatte sich daran gewöhnt und wollte nicht zurück an die Arbeit. Sicher war es nicht gerade hilfreich, dass er unterwegs zum Basislager eine Lebensmittelvergiftung hatte. Ich habe Jabion bisher nie in einer Situation erlebt, in der ich zurückgehen musste, um ihm mit seinem Rucksack zu helfen. Er war nicht im Stande, ihn aufzunehmen. Jetzt wird er zwar immer stärker, aber er ist immer noch nicht der Alte.

Wenn ich Jabion, Paul, Russell und Anatoli, der letzte Nacht zu uns gestoßen ist, betrachte, so sehe ich auf einen Blick, wie sich ein Körper in schwierigen Situationen verhält. Paul ist in hervorragender Form. Doch hier oben, im vorgeschobenen Basislager und noch höher, kämpft er darum mitzuhalten. Er muss noch sein eigenes Tempo herausfinden. Er isst nicht viel, verliert an Gewicht, hat wenig Kraft; er fängt an zu husten, aber er macht einfach weiter, denn er ist zäh. Das muss er wohl sein, hatte er doch einen Motorradunfall schon mit achtzehn, der ihm zwei gebrochene Beine und ein zerfetztes Gesicht bescherte. Trotzdem hat er später mit Laufen, Gewichtheben und Skifahren angefangen. Kürzlich hat ihn Henry gefragt, ob er eigentlich abseilen könne. Paul stand vor einer kleinen Eisklippe und es blieb ihm nichts anderes übrig, als zuzugeben, dass er es nicht könne. Aber er sei bereit es zu lernen. Was er dann auch tat. An einer Klippe, hoch im Himalaja, mit einer Fallhöhe von über fünfzehnhundert Metern, wenn er etwas falsch gemacht hätte.

Vor zwei Tagen bin ich mit Russell eine Eiswand geklettert. Wir waren dabei, Fixseile für das nachfolgende Team anzubringen. Ich kämpfte mich eine steile Wand hoch, schlug meine Steigeisen ins Eis, schob meine Jümars am Seil hoch und mühte mich ab nach oben zu kommen. Ich sah hinüber zu Russell; seilfrei, ein Eisbeil in jeder Hand, hackte er in kürzester Zeit seinen Weg nach oben, schlug Zug um Zug Eisgerät und Fuß in die Wand: Hochgeschwindigkeitsklettern wie im Sturm. Obwohl nichts einen tiefen Sturz aufgehalten hätte, kletterte er, als ob es ein kleiner Wasserfall in New York State wäre. Wie macht er das?

Oder Anatoli? Er war zu Hause bei der unerwarteten Beerdigung seines Vaters. Sechs Wochen lang kein Klettern gleich welcher Art. Kommt zurück und trifft uns ohne jede Akklimatisation im Vorgeschobenen Basislager. Taucht einfach auf, nicht akklimatisiert, untrainiert und sagt, er sei bereit. Das ist derselbe Anatoli, der im vergangenen Mai am Everest bei Windgeschwindigkeiten von über hundertfünfzig Stundenkilometern drei- oder viermal in die Kälte des eisigen Sturms hinausging und jedes Mal mit Bergsteigern zurückkam. Sein Körper scheint immer in Form zu sein – vielleicht kommt das von dem vielen *Speck,* den er isst.

Beim Aufstieg zum Camp Eins fragte ich mich, ob ich stark genug bin für den Gipfel. Keine Trainingsarbeit mit Nel. Kein wirkliches Training während langer Wochen. Immerhin bin ich nicht der M&M-Schokoladenmann. Al Burgess erzählte mir von einem seiner Kunden, der Testesser bei M&M war. Er war offensichtlich ein schrecklicher Bergsteiger. Al musste ihn auf ein Yak setzen, um ihn überhaupt vom Fleck zu bringen, sogar bei einer Trekking-Tour.

Als wir zum Vorgeschobenen Basislager kamen, bemerkte ich, dass ich stärker wurde, leichter atmete – das Hauptproblem für jemand wie Paul. Wenn du zum ersten Mal in der Höhe bist, kommst du dir vor, als müsstest du ersticken. Du möchtest deine Kapuze wegreißen und alles, was sonst an deinem Gesicht hängt: Gletscherbrille, Skimaske, alles, was dich zu behindern scheint. Es gibt nichts Schlimmeres, als zu ersticken.

■ 11. September 1996

Das Essen im vorgeschobenen Basiscamp war viel entspannter als bei manchen anderen Expeditionen, an denen ich teilgenommen habe. Pavel ist eine Zielscheibe für Leute wie Ray und Keith, aber es scheint ihm nichts auszumachen. Heute Nachmittag spannen wir Fixseile hinauf zum Camp Drei. Pavel ist vorausgegangen, seilfrei wie üblich, und erforscht das Gelände. Als er mit seinen langen schlaksigen Schritten herunterkommt, läuft er direkt auf eine Gletscherspalte zu. Wegen des Winkels des Abhangs kann er sie aber nicht sehen. Wir winken und schreien ihm zu, er solle stehen bleiben. Er winkt zurück, lächelt und geht geradewegs weiter. Schließlich brüllt Henry, wie nur Henry brüllen kann, und Pavel bleibt stehen, zwei Schritte vor einem unvorhergesehenen Absturz.

Ray und Keith beschimpfen Pavel besser aufzupassen und sagen ihm, wie viel Glück er hat, dass Henry ihn im Auge behalte. Ray bemerkt: »Ja, nicht wie andere Expeditionsleiter, die nur ein Auge für ihre Freundin haben. Nicht wahr, Mark?«

Keith geht gleich darauf ein. »Fang nicht wegen Thor an. Der Bursche macht einen Fehler und du denkst gleich, er sei ein Verbrecher. Er ist ein großer Bergsteiger.« Keith wird rot im Gesicht. Er ist oft mit Thor zusammen auf Expeditionen gewesen. »Und er hat ein sehr gutes Programm!«

»Ein gutes Programm? Warst du am Everest letztes Jahr? Er hat dort alles falsch gemacht.«

Beide wenden sich an mich. Ich war zusammen mit Thor am Everest. Jeder am Tisch weiß das. Soll ich den Streit schlichten? Ich habe nicht vor mich darauf einzulassen. »Schaut her«, sage ich, »Thor ist ein großer Bergsteiger, ein toller Bursche. Er ist einer meiner Freunde und ein guter Kumpel.«

Keith und Ray warten, um noch mehr von mir zu hören und dann am Ende die eine oder die andere Seite zu unterstützen. Aber ich mache nicht weiter. Everest 95 ist vorbei. Es bringt nichts, sich weiterhin schlecht über einen guten Freund auszulassen.

Wir reden von etwas anderem, von den Koreanern, die mit Drachen vom Camp Zwei herunterfliegen, und von dem Russen, der auf einem Snowboard an uns vorbeifuhr, von Russell, der vorhat mit Skiern vom Gipfel abzufahren. Bald lacht wieder alles am Tisch über diese Verrückten, die immer wieder etwas Neues ausprobieren.

Wir reden vom Gipfeltag. Er liegt nur noch ein paar Tage vor uns.

»Ein leichter Berg für dich, Mark. Du kannst klettern. Kein Problem«, sagt Anatoli. Für ihn scheint alles einfach und leicht zu sein. Ein Tag im Basislager, am nächsten Tag im Camp Zwei auf der Suche nach einem Schlafplatz. Dann mit uns hinauf zum Camp Drei. Kein Problem. Nenn es die Anatoli-Akklimatisationsmethode, das heißt *keine* Akklimatisation. Die dünne Luft, die Rambo Paul die Energie raubt, hat keine negativen Folgen für den mageren Anatoli mit seinen Goldzähnen. Scheint kaum menschliche Schwächen zu haben. Aber es zeigt, wie ein Körper instinktiv auf die wiederholte Herausforderung des Lebens in dünner Luft reagiert. Anatoli ist wahrscheinlich wie Reinhold

Messner – nichts ist einzigartig an ihrer Lungenkapazität oder an ihrer Muskulatur, sodass sie überlegene physische Fähigkeiten besitzen würden, nur haben sie den ausgeprägten starken Willen. Messner nennt ihn den entscheidenden Faktor. »Nicht Kraft«, sagt er, »sondern Wille. Der Wille lässt den Körper aufsteigen wie einen Pfeil.«

Das gilt sicher für Anatoli. Paul erzählte mir, dass mir Anatoli beim Klettern zugesehen habe. Er meinte, ich sei jetzt viel stärker als im Frühjahr am Everest. Das hört man gern.

16. September 1996

Gipfeltag. Zwei Uhr morgens. Organisation ist der Schlüssel zum Erfolg am Gipfeltag. Organisation und Rücksichtnahme auf das kleinste Detail. Ohne das kann dich der kleinste Fehler Finger, Zehen, ja das Leben kosten. Du fängst in der Nacht vorher an alle Teile deiner Ausrüstung zu überprüfen. Du stapelst alles zu kleinen Haufen, die du schnell einpacken kannst. Es gibt nichts Schlimmeres als Unpünktlichkeit. Du kannst deine Partner nicht warten lassen. Niemand will in der Kälte um drei Uhr morgens vor deinem Zelt stehen und warten. Dann muss ich wissen, dass jeder Knoten überprüft ist, dass meine Ausrüstung perfekt ist. Ich habe sogar auf jeden Handschuh ein Fragezeichen aufgemalt, um mich daran zu erinnern, dass ich alles in Frage stellen muss. Ich habe nämlich sonst keine Möglichkeit mehr alles zu überprüfen um drei Uhr morgens, wenn der Kopf noch groggy ist vom Schlaf und von der Höhe.

Wegen Sauerstoff brauche ich mir keine Sorgen zu machen. Ich trage keine Flasche und brauche keine. Jabion und ich haben beschlossen zusammen mit den anderen aufzusteigen und den Gipfel ohne künstlichen Sauerstoff zu machen. Wenn du gut in Form bist und gut kletterst, brauchst du wirklich keinen zusätzlichen Sauerstoff. Auch wenn du erst sechzehn bist. Auch oberhalb von 8 000 Metern. Auch oberhalb der »Todeszone«. Tatsächlich ist es so, dass du Sauerstoff brauchst, wenn du die ganze Ausrüstung dafür mitschleppst – Maske und Flaschen. Du brauchst es vor allem, um das zusätzliche Gewicht zu bewältigen. So sieht jedenfalls die Theorie aus.

Aber ich habe noch eine andere Theorie. Junge Bergsteiger, Kids meines Alters, sind zwar jünger, doch können sie besser klettern als ältere Bergsteiger, weil wir uns schneller erholen. Junge Bergsteiger brauchen nicht so viele Ruhepausen zwischen den Lagern; sie werden nicht so schnell müde. Wir verringern deshalb die Gefahr von Erkrankungen und der Schwierigkeiten mit dem Wetter, weil unsere Gesamtzeit an den hohen Bergen verkürzt wird. Wenn wir erst einmal lernen das richtige Tempo zu finden und vorsichtig sind unsere Kräfte nicht zu vergeuden – so glaube ich, dass wir sehr viel stärker und möglicherweise auch erfolgreicher sein können als ältere Bergsteiger, die jene mentale Zähigkeit besitzen, die nur Erfahrung bringen kann.

Um 2.30 Uhr früh hast du dich in mehrere Lagen deiner Kleidung gequält, sogar den Sonnenschutz schon aufgetragen (wenn die Sonne aufgeht, hast du zu viel zu tun, um dich daran zu erinnern) und jetzt kommt die gymnastische Übung die Schuhe anzuziehen. Du vergisst die Vorfreude auf den Gipfel, weil deine ganze Aufmerksamkeit auf deine Füße gerichtet ist! Unterziehsocken, weiche Innenschuhe, harte Außenstiefel, Gummigamaschen, Neopren-Überschuhe und Steigeisen. All das wird angezogen, während du auf dem Zeltboden hockst und mit deinen eigenen Beinen kämpfst, als ob du versuchst mit Skistiefeln eine Jeans anzuziehen. Um 2.45 Uhr meinst du, du hättest genug gegrunzt und gejammert und einen Großteil deiner Kraft verbraucht. Dabei hast du noch nicht einmal das Zelt verlassen.

Pavel hat vergangene Nacht beschlossen, es reiche ihm. Er blieb im Camp Zwei und sagte, Bergsteigen sei wie ein Blind Date – du weißt vorher nie, was du bekommen wirst. Ich nehme an, dass er mal Pech mit einem solchen Date hatte.

Eine größere Überraschung ist Paul. In der letzten Minute beschließt er nicht zu gehen. Er kommt aus seinem Zelt, ausgelaugt, erschöpft von seinen Mühen 7 500 Meter zu erreichen. Die Höhe hat seinen Appetit, seine Kraft und auch seine Muskelmasse aufgezehrt. Er ist jetzt so schwach, kein Rambo ist mehr da für den letzten Aufschwung.

Henry schreit ihn an und versucht ihn in Gang zu bringen: »Du bist nicht so weit gekommen, um aufzugeben. Du kommst mit uns hoch.«

Paul schüttelt seinen Kopf, nein, er räumt seine Niederlage ein. Henry murmelt vor sich hin und setzt sich in Gang, alleine. Ich möchte Paul sagen, dass er schon viel höher gestiegen ist als die meisten erfahrenen Bergsteiger beim ersten Mal in großer Höhe. Aber es ist sinnlos, ihm das jetzt zu sagen. Wir haben keine Zeit für eine Unterhaltung.

Bald haben wir den Rand des Schneefelds am Felsband erreicht. Der eisige Mond bescheint die Felsen, während wir uns vier Meter an den Jümars hochhangeln. Als sich dann das Schwarz am Himmel aufzulösen beginnt, sind wir auf hart gefrorenem Schnee, wechseln hin und her im Zickzack, weil der Hang sehr steil geworden ist. Ich mag das Gefühl des geduldigen, gleichmäßigen Aufstiegs, die Kraft in meinen Beinen, das

Knistern des Schnees, sogar die Herausforderung, so hoch oben zu atmen – bis jetzt geht es ganz gut. Aber wie warm ich auch angezogen bin, so habe ich doch Probleme mit der Kälte. Nimm an, du sitzt in einem Flugzeug, meinetwegen zur Westküste, und ihr fliegt 8 500 Meter hoch, während du einen Film anschaust oder liest. Du schaust zum Fenster hinaus und siehst ein kleines Thermometer. Es würde zwischen 45 und 60 Grad minus anzeigen, und das bei wachsender Windgeschwindigkeit. Wir sind über 8 000 Meter hoch und es hat wenigstens 30 Grad minus mit immer stärker werdendem Wind. Je höher wir kommen, desto kälter wird es sein.

Trotz der Kälte kommen Chris, Larry, Keith, Russell und ich gut auf unserer Zickzackspur voran, genau auf der geplanten Route. Eine Route zu planen ist so, als ob man eine Landkarte für unbekanntes Gelände anlegt, um dann entsprechend vorgehen zu können. Was uns immer wieder zurück in die Berge gehen lässt, so meine ich, ist dieser unbekannte Teil.

Ich habe gelernt, dass es für die Planung einer Expedition notwendig ist, Bücher zu studieren, erfahrene Bergsteiger der Gruppe zu befragen, auf andere Bergsteiger zu hören und die Fähigkeiten der Gruppe bei der Wahl der Aufstiegsroute zu berücksichtigen. Die Aufstiegsrouten sind alles andere als genau. Sie legen nur eine grobe Linie fest. Vielleicht zielst du auf eine bestimmte Felswand ab oder eine Eisrinne, die zu einem Grat führt, den du überqueren musst. Du musst ganz besonders darauf achten, wo die Camps liegen, denn sie allein bieten Sicherheit und Schutz. Aber auch wenn du eine Aufstiegsroute genau planst, weißt du nie im Voraus, was auf dich zukommt. Du musst deshalb bereit sein dich anzupassen – und zwar immer.

Das ist es, was wirklich Spaß macht: Auswege finden, Probleme lösen, die unerwartet auftreten, so wie jetzt, wo wir über steile Felsen aufsteigen müssen, die mit leichtem, losem Schnee gedeckt sind. Das Eisbeil greift nicht, die Steigeisen rutschen, und seilfrei, wie wir sind, können wir tief unter uns den Berg mit seiner ganzen Steilheit sehen, ein Blick, der manchen in eiskalte Panik versetzen könnte. Die Erfahrung lässt mich ruhig bleiben. Ich denke, dass ich damit fertig werde, dass ich sogar Spaß habe an diesem kleinen Problem, wenn ich geduldig genug bin Schritt für Schritt vorzugehen.

Das Schneefeld hinauf, dann zu einer Plattform etwa einen Kilometer vom Gipfel. Der Wind peitscht aus verschiedenen Richtungen bei unserem Zickzackkurs und ich beginne an die Atemluft zu denken. Alles ist offen um mich herum und doch ist so wenig Luft zum Atmen da. Aber es reicht. Es reicht, um für jeden Schritt vier flache Züge zu machen. Ich spüre, wie mein Herz und meine Lunge wie verrückt arbeiten, aber sie sind o.k., wie Maschinen bei höchster Drehzahl, die meine Beine langsam durch den Wind dem Gipfel entgegenpumpen. Das größte Problem dieser Höhe ohne künstlichen Sauerstoff ist trotz meines guten Tempos mein durch Sauerstoffmangel langsam arbeitendes Gehirn. Chris ist direkt hinter mir, als wir uns dem Gipfel zuwenden. Die beiden Jüngsten haben das höchste Tempo. Natürlich mit Ausnahme von Russell, der uns nach Belieben überholen kann. Wenn mich Chris jetzt etwas fragen würde, etwa addiere acht und neun, so würde ich ihr das Ergebnis sagen können – aber erst in etwa einer Minute. Ich kann nur hoffen, dass nichts Kompliziertes geschieht. Ich wäre überfordert. Sie auch. Zur Zeit gehen alle meine Reaktionen durch ein langsames Gehirn und ich muss genau aufpassen auf alles, was ich tue.

Ich warte, bis Jabion zu uns aufschließt, und wir steigen gemeinsam zum Gipfel. Ein Adrenalinschub hilft mir bei den letzten Schritten und wir sind oben. Jabion und ich umarmen uns im Zeitlupentempo. Es ist Jabions dritter Versuch am Cho Oyu. Er ist so glücklich, dass er es endlich geschafft hat.

Ich knie mich hin, um auszuruhen. Von hier kann ich hinübersehen zum Everest. Auch den sich riesig aufbäumenden Lhotse kann ich in der Nähe sehen. Ich sehe den Südsattel des Everest, seinen Westgrat, Western Cwm, all die Dinge, die du von Fotos kennst. So wird mir klar, wo ich bin. Ich bin auf dem Gipfel eines Achttausenders. Ich bin der Jüngste, der je einen so hohen Gipfel geschafft hat.

Der geplagte Lastesel meines Körpers entscheidet sich gerade jetzt, mir einen schweren Hustenanfall zu bescheren. Als mich Chris fragt, für ein Foto aus meiner knienden Position hochzuschauen, überfällt mich ein solcher Husten, dass ich trocken zu keuchen beginne. Da ich nichts gegessen habe, falle ich auf alle viere. Das gibt ein wundervolles Foto des siegreichen Helden! Aber insgesamt betrachtet, bin ich hoch befriedigt hier oben zu sein: Das ist der Beweis für meine Theorie. All die Auf- und Abstiege vom vorgeschobenen Basislager zu den Camps, all die Mühe um ein angemessenes Tempo und die vielen Kleinigkeiten zeigen, dass ein gut trainierter junger Mensch sehr wohl Achttausender besteigen kann – sogar ohne Sauerstoff. Ich werfe noch einen Blick hinüber zum Everest. Das ist es: Ich schaue hinüber, beinahe auf derselben Höhe, fast parallel. Ich habe mich hier heraufgekämpft, ohne Sauerstoff, mit starken Beinen, mit genügend Kraftreserven, um auch die restliche Höhe auf den Gipfel des Everest zu schaffen. Davon bin ich überzeugt. Sogar jetzt, auf allen vieren, mit meinem Magen, der sich vom trockenen Keuchen umdreht, kann ich mir eine Aufstiegsroute vorstellen, hoch zum Südsattel, zum Camp Vier und zum Gipfel.

Ich erhole mich schnell für ein Foto mit Jabion. Während wir posieren, richtet Russell seine Skier, um die Abfahrt vom Gipfel zu probieren. »Schade, dass du nicht vor dem Elfjährigen gestern hier oben warst«, witzelt er und zeigt so seinen Respekt vor meinen Altersgenossen.

Jabion, Chris und ich beginnen mit dem Abstieg, während Russel mit den Skiern fahren will. Er ist ein hervorragender Skifahrer, aber seine Bergschuhe sind so schwerfällig auf Skiern, dass er so oft stürzt, wie es mir auch passieren würde. Wir kommen an Ray und Larry vorbei, die jetzt fast oben sind. Ich weiß, wie sie sich fühlen. Sie kämpfen, schnappen nach Luft und mobilisieren die letzten Kraftreserven, um den Rest auch noch zu schaffen. Und dann begegnen sie uns auf dem Abstieg mit einem Jabion-Lächeln. Wir schauen sie an und sagen: »Nur noch ein kurzes Stück«, und Russell zischt vorbei auf seinen Skiern.

Wie wichtig es ist, auf Kleinigkeiten zu achten: Beim Abstieg schreit Keith, der hinter uns geht, plötzlich: »Chris, mein Handschuh, fang meinen Handschuh!« Aber es ist zu spät. Wir sehen ihn vorbeifliegen; er huscht über den Schnee wie ein kleines Tier. Es ist Keiths dicker Handschuh. Keith ist ein energischer Bursche, voller Begeisterung. Er liebt es zu klettern. Er fehlt so häufig in seinem Architekturbüro, dass er seinem Partner ein BMW-Cabrio schenkte, ich nehme an, aus Schuldgefühl. Er passt nicht immer auf die Kleinigkeiten auf. Dieses Mal hat er die Schlaufen nicht benützt, mit denen die Außenhandschuhe am Handgelenk befestigt werden, sodass sie ausgezogen werden können, etwa um sich auszuseilen, ohne sie zu verlieren.

»Chris! Kannst du ihn sehen?«

»Nein, ich kann ihn nicht sehen! Was soll ich tun?«

Keith sagt nichts mehr. Es ist ziemlich warm beim Abstieg,

sodass er keine Erfrierungen bekommen wird, aber überlege dir, wie es in Gipfelnähe wäre, wenn er mit klammen Fingern einen Knoten binden müsste, wie es oft der Fall ist. Sicher hätte er seine Thinssulate-Handschuhe noch an, aber ein verlorener Überhandschuh könnte ihn seine Hand kosten, möglicherweise gar sein Leben.

Unterwegs zum Camp Drei. Die Sonne steigt, der Wind schläft ein und plötzlich ist es sehr warm. Henry hatte am Morgen davon abgeraten, den schweren Daunenanzug im Rucksack mitzuschleppen. Wir sollten ihn einfach anziehen. Gut, dass ich nicht auf ihn gehört habe. Sicher, es ist leichter, im Daunenanzug aufzusteigen. Aber es wird immer wärmer und so besteht die Gefahr auszutrocknen. Das erinnert mich an die Bergsteiger am Aconcagua, die in Daunenanzügen aufgestiegen sind, während wir anderen nur T-Shirts trugen. Einer von ihnen starb beinahe an Dehydration. Immer auch auf Kleinigkeiten achten!

Ich bin froh, dass ich meinen ausgezogen habe. Nicht dass ich Henrys Rat verachten würde. Er ist ein guter Leiter, aber ich teilte nicht immer seine Meinung. Paul folgte Henrys Rat und nahm Diamox, ein harntreibendes Mittel, das die Akklimatisation erleichtern soll. Aber wenn du zu viel Diamox nimmst, schwemmst du all deine Nährstoffe mit dem Urin aus. Vielleicht habe ich endlich gelernt wie mit Expeditionsleitern umzugehen ist – du hörst ihren Rat an, entscheidest aber schließlich nach eigener Erfahrung und nach eigenem Wissen.

Um zwei Uhr nachmittags sind wir zurück bei Camp Drei. Ich bin nicht völlig fertig, nicht allzu müde. Ich möchte deshalb hinab zu Camp Zwei. Immer möchte ich so weit wie möglich hinunter nach dem Gipfel. Unten ist es wärmer und es gibt mehr Luft zum Atmen. Als ich schließlich Camp Zwei erreiche, habe ich so viele Kalorien verheizt, dass ich vor Kälte zittere. Ich hoffe

Paul zu treffen mit Töpfen auf dem Kocher und etwas Heißem zu trinken. Aber unser Zelt ist leer. Ich bin allein mit dem Ritual des Schneeschmelzens für Essen und Trinken und kann mit niemand reden. Und doch genieße ich die Freiheit mich nach Belieben zu bewegen, ich freue mich über den warmen Reis und den Tee, das Wohlbehagen im Schlafsack und den tiefen, süßen Schlaf zur Feier meines ersten Achttausenders.

■ 17. September 1996

Der lange Abstieg hinunter zum Basiscamp ist alles andere als einsam. Es tut gut, unterwegs anderen Bergsteigern zu begegnen, Menschen von anderen Teams. Sie schauen dich an, deine schmutzige Ausrüstung und das Lächeln auf deinem Gesicht und sie gratulieren dir. Dann im Basislager, kommt Pavel heraus, dann Paul mit seiner Kamera und schließlich lädt uns Russell alle in sein Zelt ein zu einem Festessen mit Fleischknödeln, Aal, Reis, Yakfleisch und so viel Marsriegeln, wie Paul und ich essen können.

■ 22. September 1996

Elisabeth Hawley kommt zu unserem Team in unser Hotel in Kathmandu. Sie ist der wichtigste Medienmensch in der Bergsteigerwelt von Kathmandu. Früher einmal war sie Sekretärin von Sir Edmund Hillary. In den vergangenen zwanzig Jahren hat sich Liz angewöhnt jeder Expedition nachzugehen, Notizen zu machen von jedem Bergsteiger einer jeden Himalajatour und die Welt über wichtige alpinistische Ereignisse hier zu informieren. Bei dieser Arbeit ist sie zu einer Art Historikerin des Bergsteigens im Himalaja geworden. Sie stellt der Gruppe Fragen, macht Notizen von uns, von unserer Route, dem Wetter, dem Zeitbedarf für unseren Gipfelsturm. Sie schaut mich an: »Soweit ich das sagen kann, bist du der jüngste Bergsteiger, der je einen Achttausender bestiegen hat.« Die anderen nicken. Kein großartiger Beifall, nur ein anerkennendes Kopfnicken. Nichts Weltbewegendes. Wir sind alle Bergsteiger und ich bin halt der jüngste.

Wichtiger noch ist der nächste Mai. Der Cho Oyu ist nur ein sehr großer Schritt zum Gipfel des Everest. Auf dem Gipfel des Cho Oyu fühlte ich mich stark genug, gesund und durchaus fähig mehr zu geben. Ich lerne, lerne unaufhörlich: auf Kleinigkeiten zu achten, auf das Tempo, selbst zu entscheiden; ich lerne, was ich tun muss bis zum nächsten März, wenn ich ein Flugzeug besteige nach Kathmandu, und über den magischen dritten Versuch. Die nächsten Monate werden mich stärker machen.

Kapitel siebzehn

Die Entscheidung

Die Personen

Chuck
Paul Fletcher Marks Freunde
Mister Krupowicz Schulrat
Schülerinnen und Schüler einer Grundschule

22. November 1996

Marks Großvater sagt, er soll so schnell wie möglich nach Hause kommen!« Ich springe vom Lagerfeuer auf und versuche zu sehen, wer über den nachtdunklen Fluss herüberschreit. Es ist Chucks Freund, der Mann, dem das Land gehört, auf dem wir hier im ländlichen Pennsylvania zelten. Es ist schon nach zehn Uhr an diesem kalten Novemberabend und der Mann würde sicher nicht mit seinem Laster herauskommen, wenn es nicht wirklich dringend wäre. Sicher geht es um Dad und seinen schmerzender Kiefer, dass er nur rumsitzt und hin und her schaukelt, trotz all der Medikamente.

Ich mache mir Sorgen, ja ich habe Angst. Ich versuche das öffentliche Telefon. Klappt nicht. Chuck fährt mich zum nächsten. Ich rufe im Augen-und-Ohren-Krankenhaus in Massachusetts an. Dad ist nicht dort. Wo könnte er sonst sein? Vor zwei Tagen ging es ihm daheim noch ganz gut. Nach Anweisungen der Neurologen bewegte er seine Augen, blinzelte und zog sein Gesicht zusammen. Alles schien in Ordnung zu sein. Wir gingen noch zusammen Abendessen. Er lachte und aß gut. Am nächsten Morgen fuhren Chuck und ich los auf diesen Campingtrip, den wir schon lange geplant hatten.

Ich frage nach der Telefonnummer des Allgemeinkrankenhauses in Massachusetts, das neben der Augen-und-Ohren-Klinik liegt. Sie haben die Nummer nicht. Was, schreie ich! Sie haben die Nummer nicht. Ich muss meinen Vater finden! Ich knalle den Hörer auf.

Wo ist er? Ich möchte meine Mutter fragen; sie würde mir eine klare Antwort geben. Zögernd beschließe ich meinen Großvater anzurufen. Ich mag ihn und respektiere ihn, aber er liebt Probleme und übertreibt immer. Er mag schlechte Neuigkeiten. Einmal hatte ich eine kleine Erfrierung und er erzählte überall rum, ich hätte drei Finger verloren. Ich möchte nicht mit ihm reden. Aber ich muss. Wie schnell ich dort sein könne, will er wissen. Ich möchte mit meiner Mutter sprechen, sage ich. Er gibt mir eine Nummer. Meine Finger zittern; ich kann kaum wählen. Chuck übernimmt das für mich und gibt mir den Hörer.

Endlich bekomme ich meine Mutter. Mein Vater wird operiert; sie haben den Großteil des Geschwürs aus seinem Gehirn herausgeholt. Sie können aber nicht weitergehen, da sie es sonst riskieren, dass seine ganze rechte Seite gelähmt wird. In den zwei Tagen seit meiner Abreise hat sein Auge zu tränen begonnen und sein Lächeln hat sich verzogen, weshalb ihn Mom sofort nach Boston gefahren hat. Ich möchte nach Pittsburgh trampen, dort ein Flugzeug nach Boston nehmen, um ihn zu sehen und ihn zu berühren. Aber Mutter sagt Nein. Komm morgen heim zusammen mit Chuck. Niemand kann sonst etwas machen.

Niemand kann etwas machen. Die Ärzte tun alles, was getan werden kann. Weiß sie, wie sehr mich diese Worte frustrieren? Wie es mir geht, wenn ich ihn am Küchentisch sitzen sehe, hin und her schaukelnd vor Schmerzen, und wenn er sagt, »Jesus, ich hoffe, dass ich nicht daran sterbe.« Und meine Mutter und mein Vater sitzen beide da und weinen. Ich kann nichts tun als auf mein Zimmer zu gehen, die Tür zuzumachen und das Kissen über meinen Kopf zu ziehen, sodass mich niemand hören kann. Das habe ich kürzlich gemacht: Ich bin in den Wald gegangen und habe geweint. Ich kann die höchsten Berge der Welt besteigen und alles erreichen, so scheint es, was ich mir vornehme. Aber ich kann ihm nicht helfen. Weshalb?

■ 24. November 1996

Paul Fletcher fährt mich nach Boston, sobald ich wieder zu Hause bin. Es ist fast Mitternacht, als ich endlich meinen Vater zu Gesicht bekomme. Er ist an Schläuche angeschlossen, voller Medikamente und schläft. Aber Mama sagt mir, dass er jetzt weniger Schmerzen haben dürfte, nachdem sie den Rest von seinem Kiefer entfernt haben. Die rechte Seite seines Gesichts wird gelähmt sein und sie werden sein Augenlid mit Gold beschweren müssen, damit es geschlossen bleibt. Aber das macht nichts. Er ist immer noch mein Dad, immer noch derselbe, und in wenigen Tagen wird er wieder draußen sein und seine Witze reißen.

Ich gehe hinaus in den Gang und sehe in die Nacht von Boston draußen vor den riesigen Fenstern. Der Krebs ist immer noch da, war immer da. Er war nicht erkennbar wegen des Narbengewebes der ersten Operation, das ihn versteckt hatte. Wir glaubten deshalb, der Krebs sei weg. Er soll noch mehr Chemotherapie bekommen. Aber ohne Garantie, keine Zusage der Heilung: Sie werden versuchen den Krebs an einer weiteren Ausbreitung zu hindern. Darum geht es von nun an. Ihn einzudämmen. Kleine Schritte also. Wie die Kletterei an dem schmalen Grat der Ama Dablam. Keine Panik. Wenn wir uns nur konzentrieren auf jeden einzelnen, vorsichtigen Schritt, dann können wir es schaffen. Ich weiß, es wird klappen.

26. November 1996

Ein Kellergeschoss in einer Grundschule, Stuhlreihen, eine Leinwand, ein Diaprojektor, Tische mit Kletterausrüstung: Ich bin bereit für einen weiteren Diavortrag. Aber dieser ist anders als seine Vorgänger. Er wird gesponsert vom Middletown School Department. Leute von der Verwaltung, vom Elternbeirat und ein neugieriges Publikum drängen herein, um sich die Dias von einem Jungen anzusehen, den es an den Everest zog. Ich habe meine Dias wieder und wieder angesehen, mir die Haare schneiden lassen, mir eine Krawatte umgebunden und bin überrascht von der großen Zahl der Besucher. Ich habe vielleicht fünfzig erwartet. Aber es sind fast zweihundert.

Mister Krupowicz stellt mich vor und sagt, er sei stolz, ja ganz Middletown könne stolz sein, über diesen jungen Mann, der so Erstaunliches geleistet habe. Es ist mir peinlich, aber ich bin auch stolz über das, was er sagt, und unfähig etwas zu erwidern. Als er mir dann das Wort übergibt und den Beifall anführt, bedanke ich mich, schüttle seine Hand und blicke zu meiner Mom, die wie verrückt lächelt und wie alle anderen in die Hände klatscht. Und dann gehen die Lichter aus.

Klick. Das erste Dia. *Yaks unterwegs zum Everest 96. Sherpas auf dem Pfad. Tiefer blauer Himmel. Zeitlos.*

Ich sage nur: »So reisen wir zum Basislager. Es dauert zwei

Wochen beim Tempo der Yaks.« Dann erkläre ich, was Yaktempo bedeutet.

Klick. Das zweite Dia. *Blick auf den Everest von einem anderen Gipfel. Schwarz, weiß und grau türmt er sich auf, mit einer Schneefahne.*

»Aufgenommen unterwegs auf dem Weg zum Basislager.« Irgendetwas geschieht in meinem Kopf. Ich fühle, wie meine Stimme flach wird, dass ich irgendwie abgelenkt bin. Ich zeige noch mehr Dias. Die Zuhörer sind still, fasziniert von den Farben der Berglandschaft in Nepal. Aber meine Worte hören sich gelangweilt an – genau das Gegenteil von dem, was ich empfinde. Ich möchte ihnen sagen, wie lebendig ich mich da draußen fühle, wie jeder Tag ein großes Abenteuer ist, wie wundervoll es ist zu wissen, dass du diese riesigen Berge besteigen kannst.

Klick. Das achtzehnte Dia. *Cho Oyu. Jabion und ich, einen Tag vor dem Gipfelangriff. Weiße Zähne in dunklen Gesichtern. Wir lehnen aneinander, voller Elan, mit schwerem Rucksack, Skistöcken, glitzerndem Schnee. Irgendwie daheim.*

»Mein Freund Jabion und ich in Camp Zwei am Cho Oyu.« Es gäbe so viel mehr zu sagen. Weshalb kann ich es nicht ausdrücken? Wenn ich es versuchen würde, könnte es sein, dass ich gar nichts mehr sagen kann. Als ich so meine Dias zeige, wird mir immer klarer, dass ich 1997 nicht auf den Everest steigen werde. Ich habe schon seit Wochen darüber nachgedacht, nun sind mir aber zwei Dinge mit großer Klarheit aufgegangen. Wie gerne ich dort oben bin und wie sehr ich hier bei meinem Vater sein will. Und deshalb kann ich nicht mehr erzählen. Jedes Dia ist ein süßes Stück Erinnerung, das mich zurückzieht nach Nepal. Jedes Dia aber sagt mir, es ist an der Zeit, ein Sohn zu sein und nicht ein Bergsteiger.

Klick. Dia 27. *Eine alte Frau sitzt in Nepal in einem Hauseingang. Sie hat eine Gebetskette in der Hand. Ihr Gesicht ist voller Runzeln und die Augen voll von den Bergen.*

»Eine typisches Bild von einem kleinen Dorf in Nepal«, sage ich.

Den Everest aufzugeben wird in vieler Hinsicht sehr schwer sein. Viele Leute wissen, dass ich dorthin wollte. Viele werden denken, ich gebe auf. Sogar mein Vater will, dass ich gehe. So war es immer. Immer ist er der Letzte, um den es geht. Ich sagte meiner Mutter, wir sollten alle finanziellen Möglichkeiten ausschöpfen, um Dad zu einer experimentellen Behandlung nach Europa zu bringen, das sei wichtiger als Bergsteigen. Sie wissen, dass dies meine letzte Gelegenheit für den Rekord ist als jüngster Mensch auf dem Everest zu stehen und dass anschließend mögliche Sponsoren für künftige Bergtouren ausfallen werden. Mein Dad würde mir helfen Everest 97 zu finanzieren. »Versuche nicht den Everest für jemand anderen zu besteigen«, sagt Dad. »Das könnte dich umbringen.«

Aber sie unterstützen jede Entscheidung, die ich fälle. Also gehe ich nicht. Ich könnte mir nicht Sorgen machen wegen Dad und mich gleichzeitig auf den Everest konzentrieren.

Ich muss Henry morgen anrufen. Ich werde ihm absagen. Ich werde dieses Jahr keine Dörfer in Nepal sehen.

Klick. Dia 37. *Ama Dablam. Nachthimmel. Ein weißer Vorhang von Sternen und Sternschnuppen über einem dunklen Gipfel.*

»Meine Mutter und ich haben an der Ama Dablam Nachtaufnahmen gemacht. Das hier ist das Ergebnis.« Das Ergebnis? Steinerne Kälte und Stille bei äußerster Dunkelheit mit dem Glitzer von Diamanten des Lichts: Das ist die Ama Dablam bei Nacht. Warum kann ich das nicht sagen?

Eine gewisse Erleichterung – nicht zurückzukommen. Nachdem ich begonnen hatte Berge zu besteigen, habe ich meine Aufmerksamkeit und mein Leben immer mehr auf den Everest konzentriert. Er hat mich, so muss ich gestehen, fast aufgefressen. Jetzt, wie ich so rede und die Dias zeige, fühle ich, wie der Griff sich lockert. Vieles geht mir durch den Kopf, Teile meines Lebens, die ich bislang zur Seite geschoben habe. Ich kann wieder fischen gehen, jagen. Muss mir keine Sorgen wegen Sponsoren machen. Sogar die ganze Nacht zum Schlafen haben. Ich werde nach wie vor mit Paul Fletcher trainieren. Immer noch laufen. Und werde wieder wie ein normaler Teenager sein.

Die Konzentration war gut für mich. Sie hat mir gezeigt, dass ich mich auf eine Sache konzentrieren und sie dann auch verwirklichen kann. Gestern habe ich vor einer sechsten Schulklasse gesprochen. Der Lehrer hat mich gebeten, ich sollte den Schülern einen guten Rat geben. »Gib nicht auf«, sagte ich. »Gib niemals auf. Du willst etwas erreichen und du glaubst, du schaffst es nicht? Du schaffst es, wenn du es wirklich willst. Bleib dran.« Der Lehrer nickte; für die Kids schien es nebensächlich. Aber das ist es, was mir das Bergsteigen gebracht hat, das Vertrauen darauf, dass etwas zum guten Ende gebracht werden kann.

Was die Schule anbetrifft, so weiß ich nicht recht, was ich tun soll. Es ist jetzt zu spät, wieder anzufangen. Wenn ich im Januar anfangen würde, so hätte das seine Vorteile, aber ich würde es trotzdem nicht schaffen, im Herbst in die Abschlussklasse versetzt zu werden. Ich weiß, dass mir bald sehr komisch zu Mute wäre, weder zu klettern noch in die Schule zu gehen.

Klick. Dia 41. *Everest und Lhotse vom Cho Oyu. Marmorfarbene Gipfel, von Wolken umhüllt, still, verlockend, denn Menschen können auf den höchsten Punkten dieser Welt stehen. Ich werde dort sein. Nicht jetzt, aber bald.*

»Ihr könnt den Südsattel sehen und den Hillary-Step und den Platz, auf dem Camp Vier aufgeschlagen wird.« Ich kann ihnen nicht sagen, dass ich nicht so bald wieder dort sein werde.

Ich möchte davon reden, wie die vergangenen drei Jahre für mich wie eine Pilgerfahrt in die Berge waren. Ich möchte den Zuschauern erzählen, dass ich kürzlich im Lexikon unter »religiöser Pilgerschaft« nachgeschlagen habe. Dort heißt es, es gehe darum, sich selbst vom Alltag zu trennen, eine Reise anzutreten mit vielen Härten und zurückzukommen als anderer Mensch. Ich denke, dass mein Bergsteigen genau das war, ganz besonders, wenn es darum geht, ein anderer Mensch zu werden. Ich möchte das alles gerne sagen. Vielleicht werde ich das eines Tages tun. Jetzt aber werde ich nur die Bilder vom Sonnenuntergang zeigen, fragen, ob noch irgendjemand irgendetwas zu fragen habe, mich bedanken fürs Kommen, nach Hause gehen und meinem Vater sagen, dass ich nicht zum Everest gehen werde, dass ich bei ihm bleiben möchte, dass er, wenn ich es dann 1999 angehe, genau hier im Haus sein werde, um mich anzuspornen. So viel weiß ich.

■ 5. Dezember 1996

Ich stehe draußen vor dem Lehrerzimmer der Middletown High School und sehe den Schülern zu, die zum Unterricht eilen. Es ist kalt und grau und jeder, der vorüberkommt, schenkt mir einen Blick, als ob er/sie lieber im Bett geblieben wäre. Ich fühle nicht so. Es ist gut für mich, hier zu sein.

Wunderbar. Ich sehe Leute, die ich kenne. Sie erwachen aus ihrem Morgendunst und winken, überrascht und glücklich, so scheint es jedenfalls, mich hier zu sehen. Ich habe mich gerade mit meiner Tutorin getroffen und gefragt, ob ich wieder zur Schule kommen könnte – jetzt. Sie sah mich zuerst erschrocken an und sagte dann, sie müsse mit dem Direktor reden. Nach fünfzehn Minuten kam sie zurück, lächelte, und bevor ich mir dessen bewusst wurde, hatte ich einen Stundenplan. Ich musste ein leichteres, weniger anspruchsvolles Paket wählen, als ich es gerne gehabt hätte, und ich musste versprechen mit dem Material des ersten Quartals anzufangen und alles bis zu den Prüfungen des Semesters nachzuholen. Ich musste praktisch mit dem eigenen Blut unterschreiben, dass ich für den Rest des Schuljahrs hier sein werde. Aber ich bin aufgenommen! Ich bin wieder ein Schüler. Fange morgen an! Ich kann meinen Freund Mike anrufen und ihm sagen, dass ich ihn treffen will, und kann wieder zur Schule gehen, als hätte ich nie gefehlt.

Immer mehr Schüler kommen vorbei auf dem Weg zur ersten Stunde. Die Mädchen, die mit mir in der neunten und zehnten Klasse waren, sehen jetzt viel besser aus. Ich frage mich, weshalb das so ist. Ich frage mich auch, ob ich je den Nerv haben werde mit einer von ihnen auszugehen, etwa mit der Kleinen drüben beim Haupteingang, die geht wie eine Balletttänzerin, oder der anderen mit dem hübschen Lächeln, die sich mit einer Freundin unterhält. Und Burschen, die ich kaum kenne, kommen herüber und fragen mich, ob ich wieder zur Schule gehe. Ich sage Ja, und sie scheinen sich zu freuen.

Ich bin mir in der vergangenen Nacht klar geworden, bin früh aufgestanden und war hier vor sieben Uhr in der Hoffnung meinen Fall gut vertreten zu können. Ich muss gestehen, ich fühlte mich wie ein Aussteiger, nachdem ich beschlossen hatte nicht zum Everest zu gehen. Ich habe nach wie vor trainiert, zu Hause ausgeholfen und Diavorträge gemacht. Aber es hat etwas gefehlt – ohne Zweifel. Jugendliche meines Alters gehören in die Schule, ich gehöre in die Schule. Mir tun die Leute Leid, die wenig Positives in ihrem Leben zu erwarten haben. Alles, was sie tun können, ist negativ: aufgeben. Es muss sehr einsam sein und schwierig, den Tag auszufüllen, schwierig herauszufinden, dass du irgendetwas Sinnvolles tun könntest. Jugendliche brauchen all das, was ihnen die Schule an Richtung im Leben bieten kann. Vieles davon ist langweilig und manches davon macht keinen Sinn, aber immerhin gibt es dem Leben Struktur, sodass du weiterlernen kannst – wenn du willst.

Hm, ich möchte wirklich lernen. Nächstes Jahr möchte ich schwierige Kurse belegen, mit meiner Klasse den Abschluss machen, an die medizinische Hochschule gehen und schließlich Notarzt werden. Ich werde es schaffen. Was immer es an Selbstdisziplin erfordert; ich weiß, ich kann es bringen. Am Aconcagua habe ich das gelernt. An der Ama Dablam habe ich das gelernt und am Everest und am Cho Oyu. Auch von Jabion, Al Burgess und Henry Todd. Und mehr als alle und alles lehrt mich das mein Vater – jeden Tag. Verrückt oder nicht? Der Bursche, der nur zu Hause bleiben wollte und nur darauf achtete, dass das Feuer nicht ausging, der besteigt den höchsten Berg und übersteht den schlimmsten Sturm in seinem eigenen Körper. Er schafft es auch.

Ich weiß, ich werde mehr Berge besteigen, mich weiterhin an körperlich anspruchsvollen Aktionen beteiligen, und ich weiß, dass ich lange Jahre ernsthaft studieren muss. Aber nichts kann eine größere Herausforderung sein als die vergangenen drei Jahre. Diese drei Jahre haben mich befähigt mit allem fertig zu werden.

Jetzt gerade werde ich einige meiner Lehrer treffen, ein paar Bücher bekommen und versuchen herauszufinden, wie ich mit diesen Mädchen zusammenkommen kann. Cho Oyo und Everest waren schwierig, aber das mit den Mädchen kann für einen schüchternen Menschen wie mich noch schwieriger sein. Eine neue Herausforderung, eben!

Epilog

Am 21. Juli 1997 starb mein Vater an Krebs. In seinen letzten Monaten haben wir noch eine schöne Zeit miteinander verbracht. Er hatte Schmerzen, war aber nicht bettlägrig, er fühlte sich sogar stark genug zum Reisen. Und anstatt das Herdfeuer in Gang zu halten nahm Vater jetzt unsere ganze Familie mitsamt Jabion mit nach Wyoming, dann nach Kentucky, wo er aufgewachsen war. Nach Jahren sah er zum ersten Mal seine Brüder wieder und besuchte sogar ein paar seiner Schulkameraden. Er hat wohl gewusst, was niemand ahnte, denn nachdem wir wieder nach Hause kamen, waren es nur noch wenige Tage bis zu seiner letzte Reise ins Krankenhaus.

Der beste Weg für mich, mit dem Tod meines Vaters fertig zu werden, war weiter unterwegs zu sein. Versteh mich nicht falsch: Mein Leben hat ein großes Loch. Du kannst nicht deinen Vater verlieren, der rein zufällig auch dein bester Freund ist, oder den besten Freund, der rein zufällig auch dein Vater ist, und weiterleben, als ob nichts passiert wäre. Aber ich bin nicht der Typ, der herumsitzt und über seinen Gefühlen brütet oder viel drüber redet. Ich bleibe lieber in Bewegung. So beschloss ich mit Tiefseetauchen anzufangen. Das habe ich nie mit meinem Dad gemacht und ich wusste, dass mich dabei keine Erinnerungen an ihn überwältigen konnten. Die stille Schönheit unter Wasser gefiel mir. Ich begann in einem Taucherladen zu arbeiten, tauschte Arbeitsstunden gegen Ausbildung und Ausrüstung und verbrachte mehr und mehr Zeit mit Lernen und Tauchen.

Im Tauchladen traf ich Steve, ein Mitglied der SEAL, einer Eliteeinheit der Marine, der auch zur Führungscrew eines SEAL-Bergsteigerteams in Peru gehört hatte. Wir beschlossen eine gemeinsame Everest-Expedition auf die Beine zu stellen. Als Leiter dieser Expedition bin ich für die gesamte Logistik und sämtliche Vorbereitungen zuständig.

Nach unserer Besteigung wollen wir die *Andrea Doria* erforschen, ein Kreuzfahrtschiff, dessen Wrack beim Cape Cod vor der Bucht von Massachussetts in fünfundsiebzig Meter Tiefe liegt und heute als »Everest« des Tiefseetauchens gilt. Unsere Reise wird uns im Mai 1999 auf den Gipfel des Everest mit 8 848 Metern Höhe und dann im späten Juni oder Juli in fünfundsiebzig Meter Tiefe hinab zur *Andrea Doria* führen.

Nach dem »Vom-Everest-zur-Andrea-Doria«-Projekt nächstes Jahr will ich zur Schule gehen, um mich für die Marineakademie zu bewerben. Ich interessiere mich auch noch immer sehr für die Medizin. Im vergangenen Herbst habe ich einen weiteren Lehrgang für Rettungssanitäter besucht, habe jetzt einen Abschluss und möchte ein Vorbereitungsseminar auf das Studium der Medizin absolvieren. Nach der Zeit bei der Marine wird also irgendwann die Medizinische Fakultät am Horizont auftauchen.

Aber worum es eigentlich geht, ist: Ich habe einen Weg. Genau wie beim Bergsteigen werde ich einfach Schritt für Schritt vorwärts gehen und einfach nicht aufgeben. Immer weiter und immer höher. Ich werde immer trainieren und immer nach neuen Herausforderungen suchen.

Ich glaube, mein Vater wäre stolz.

Danksagung

Ich möchte meiner Familie, Freunden, Sponsoren, Seilpartnern und all jenen danken, die mir die letzten vier Jahre lang geholfen haben. Die Ansichten, die ich in diesem Bericht äußere, sind die Beobachtungen und Erfahrungen eines jungen Bergsteigers an den höchsten Bergen der Welt. Falls ich jemand im Verlauf meiner Erzählung beleidigt haben sollte, bitte ich um Entschuldigung.

Mark Pfetzer
April 1998

Glossar

Akia: Eine Art Schlitten, mit dem Verletzte am Berg transportiert werden können.

akklimatisieren: Den Körper an extreme Höhe und sauerstoffarme Luft gewöhnen. Die Akklimatisation muss langsam erfolgen, daher halten sich die Bergsteiger oft mehrere Tage oder sogar Wochen in größeren Höhen auf, um erst dann zum Gipfel weiterzusteigen.

Dehydration: Austrocknen des Körpers wegen großen Feuchtigkeitsverlustes, wenn man etwa bei einer großen Anstrengung schwitzt und wenig trinkt.

Dynamisches Seil: Dehnt sich bei Belastung, z.B. bei Sturz. Der von Kletterern und Bergsteigern verwendete Seiltyp.

Eispickel oder Eisbeil: Schaft mit einer Spitze am unteren einen Ende und einem Hammerkopf und einer Haue am oberen. Wird beim Eisklettern und Bergsteigen verwendet und dient zur Verankerung und zur Selbstsicherung.

Eisschraube: Röhrenförmige Hohlschraube aus Metall, die als Sicherung ins Eis geschraubt wird.

ESPN: Ein amerikanischer Sportfernsehkanal.

Fiese: Marks nächtliche Übungen, auf dem Bauch liegend Arme und Beine anheben (Normalerweise macht er diese Übung jeden Abend dreihundertmal, um seine untere Rückenmuskulatur zu stärken.)

Firn: Der nie schmelzende Schnee im Hochgebirge, der durch wiederholtes Antauen und Gefrieren körnig wird.

Gletscher: Großes Eisfeld, das in einem Strom langsam talabwärts fließt.

Gletscherspalte: Eine durch die Fließbewegung des Eises aufgebrochene Kluft in einem Gletscher, von wenigen Zentimetern bis zu über hundert Metern lang und tief.

Haken: Metallstifte, die zur Sicherung in den Fels geschlagen und manchmal stecken gelassen werden.

Hydration: Das Beibehalten einer bestimmten Flüssigkeitsmenge im Körper zur Vermeidung von Höhenkrankheit.

Jetstream: Zone maximaler Windgeschwindigkeit in 8 000 bis 12 000 Meter Höhe. Die Windgeschwindigkeit kann dort zwischen 150 und 300 Stundenkilometern betragen.

Jümar: Steigklemme mit Handgriff zum Aufstieg am fixierten Seil. Mit Hilfe der Jümars ist ein gut gesicherter und rascherer Aufstieg möglich.

Kar: Mulde oder Kessel zwischen Steilwänden im Hochgebirge, dessen früher vergletscherter Boden mit Geröll bedeckt ist.

Karabiner: Ovaler Metallring, der als Verbindungsstück zwischen Haken, Eisschrauben und anderem Sicherungsmaterial und dem Seil benutzt wird. Mit dem Karabiner kann sich der Bergsteiger in ein Seil ein oder aus haken.

Klavierspielergriffwechsel: Wechsel eines Griffs von einer Hand auf die andere, wobei der Kletterer die Hand nicht auf einmal lösen kann, sondern Finger für Finger – wie ein Klavierspieler.

Klettergurt: Beim Klettern getragener Brust- oder meistens Hüftgurt, in den das Seil eingebunden wird, das den Kletterer bei einem Sturz hält.

NOLS: National Outdoor Leadership School, eine Schule für Naturführer, an der Mark wichtige Outdoortechniken lernt.

Personal Trainer: Ein persönlicher Fitnesstrainer. Nel Poisson hat für Mark ein ganz individuelles Fitnessprogramm zusammengestellt, das ihn optimal für seine Bergsteigerabenteuer vorbereitet.

Queren (oder Travesieren): seitlich über eine Flanke oder durch eine Wand steigen, ohne an Höhe zu gewinnen.

Sirdar: Der Anführer der Sherpas, der mit dem Expeditionsleiter zusammenarbeitet, um die Expedition zu organisieren. Der Sirdar bestimmt über alle Aktivitäten der Sherpas in seiner Expeditionsmannschaft.

Stand: Fixpunkt, an dem derjenige Kletterer festgemacht ist, der im Moment nicht klettert, sondern seinen Partner sichert. Im Fall eines Sturzes bremst und blockiert dieser Kletterer das Seil zu seinem Partner mit einer mechanischen Bremse.

Statisches Seil: Nicht dehnbares Seil, wird im Normalfall beim Jümarn benutzt.

Steigeisen: Unter die Bergschuhe geschnallte Metallrahmen, normalerweise mit zwölf Zacken, die im Eis Halt geben.

Tellereis: Teller- oder schollenförmiges Absplittern, wenn ein Bergsteiger mit einem Pickel auf hartes, sprödes Eis schlägt.

Trekking: Mehrtägige Wanderung in einer kleinen Gruppe mit Führung durch oft unwegsames Gelände im Hochgebirge.

Workout: Übungen im Fitnesstraining

Wächte: Am Hang von Steilhängen und Graten durch den Wind angewehte, überhängende Schneemasse.

Zwischensicherung: Sicherungspunkte wie Eisschrauben, Haken oder Firnanker, die auf der Strecke zwischen zwei Standplätzen in Fels, Eis oder Schnee fixiert werden, um einen eventuellen Sturz des Vorsteigers zu halten bzw. zu verkürzen.

Marks Berge

■ Nevado Pisco, 5 752 Meter, Peru

Mark ist vierzehn Jahre alt, als er am 2. August 94 zum ersten Mal einen Gipfel mit über 5 000 Metern erreicht – den Nevado Pisco. Dieser Berg steht im Herzen der Cordillera Blanca, gleich neben dem höchsten Gipfel Perus, dem Nevado Huascarán. Wegen seines atemberaubenden Rundblicks und weil er relativ leicht zu besteigen ist, wurde der Nevado Pisco zum beliebtesten Bergsteigerziel Perus. Unterschätzen darf man ihn trotzdem nicht. Der Gletscher hat zwar relativ wenige Spalten, aber Eisausrüstung und -erfahrung muss man dennoch mitbringen. Außerdem ändern sich die Wetterverhältnisse in der Gipfelregion oft blitzschnell – und in eisigem Schneegestöber und Nebel kann auch der leichteste Fünftausender schnell zu einem ganz harten Brocken werden.

Wie die meisten Bergsteiger hat Mark den Nevado Pisco als Vorbereitung für höhere oder schwierigere Berge erklommen. Marks nächstes Ziel war der Nevado Huascarán. Und bevor man den besteigt, sollte man sich schon an die dünne Luft in der Höhe gewöhnt haben.

Nevado Huascarán, 6 768 Meter, Peru

Perus höchster Berg, der Nevado Huascarán, ist Marks erster bergsteigerischer Erfolg über 6 000 Meter. Nur ein paar Tage nach der Besteigung des Nevado Pisco hat er sein Ziel erreicht. Und mit vierzehn Jahren ist Mark auch noch der jüngste Mensch auf dem siebthöchsten Gipfel Südamerikas. Dieser Eisriese besteht aus zwei Gipfeln: Dem 6 655 Meter hohen Nordgipfel und dem 6 768 Meter hohen Südgipfel.

Der »kleine« Nevado Huascarán wurde am 2.9.1908 erstmals bestiegen. Ein bisschen enttäuscht war die Amerikanerin Annie Peck schon, als sie zusammen mit ihren Bergführern Rudolf Taugwalder und Gabriel zum Taugwald auf dem Gipfel stand und gegenüber den hundertvierzehn Meter höheren Hauptgipfel sah. Aber schließlich freute sie sich doch im sechsten Anlauf überhaupt einen der beiden Gipfel erstiegen zu haben.

Bis zur »richtigen« Erstbesteigung dauerte es noch ein bisschen. Erst 1932 war es so weit. Damals kam unter der Leitung von Philipp Borchers die erste Andenkundfahrt des Deutschen und Österreichischen Alpenvereins in die Cordillera Blanca. Eine bunte Truppe sehr starker Bergsteiger und Wissenschaftler, Geografen, Kartografen und Mediziner war es, die die Fünf- und Sechstausender reihenweise bestieg. Schließlich waren die Teilnehmer ja zum Arbeiten da und nicht zum Faulenzen! Wobei sie an der Erstbesteigung des Nevado-Huascarán-Hauptgipfels sicher auch ihren Spaß hatten.

Doch Berge bereiten den Menschen nicht nur Freude. Am 31. Mai 1970 löste ein heftiges Erdbeben im Gipfelbereich des Huascarán eine gewaltige Lawine aus. Riesige Schnee-, Eis- und Felsmassen donnerten in rasender Geschwindigkeit über die Berghänge. Durch die Reibungswärme schmolzen Schnee und

Eis – es bildete sich eine riesige Schlammlawine. Die hatte so viel Wucht, dass sie selbst größere Gegensteigungen überrollte und die Stadt Yungay unter sich begrub. 20 000 Einwohner starben durch die Lawine. Später wurde Yungay an einem sicheren Ort in unmittelbarer Nähe der verschütteten alten Ortschaft wieder aufgebaut.

■ Cotopaxi, 5 897 Meter, Ecuador

Ganz sicher zählt der Cotopaxi zu den meistbestiegenen Bergen Südamerikas. Doch nicht nur auf dem Vulkan ist kräftig was los. Auch in seinem Innern rumort es gewaltig. Denn er ist der höchste aktive Vulkan der Welt. Mark bestieg ihn im Dezember 94 – und war wieder der jüngste Mensch, der jemals den Gipfel betreten hatte.

Zum ersten Mal stand am 28. November 1872 der deutsche Forschungsreisende Wilhelm Reiß auf dem höchsten Punkt des Cotopaxi. »Bei jedem Schritte sinkt der Fuß tief in den Sand und nur mit großer Anstrengung kommt man vorwärts«, schreibt der Wissenschaftler in seinen »Reisebriefen aus Südamerika«. Er bewunderte »die nie unterbrochene Stille dieser Landschaft, in der der Mensch als Eindringling erscheint«. Vor ihm hatten bereits Alexander von Humboldt und Moritz Wagner vergeblich versucht den Kraterrand zu erreichen.

Erste Aufzeichnungen von einem Ausbruch des Cotopaxi gibt es aus dem Jahr 1534. Der Vulkan soll während einer Entscheidungsschlacht zwischen spanischen Eroberern und Eingeborenen Feuer und Asche gespuckt haben. So wurden der Überlieferung nach die kämpfenden Gruppen getrennt. Die Indios deuteten dies als Zeichen der Götter und verehrten fortan den Cotopaxi als heiligen Berg. Zur Zeit beschränkt sich die Aktivität des Cotopaxi auf den regelmäßigen Ausstoß von Schwefelgasen und Wasserdämpfen.

Über die tatsächliche Höhe des Cotopaxi gehen die Meinungen auseinander. Geologische Karten geben ihn mit 5 897 Meter an, Bergsteiger handeln ihn gerne auch als Sechstausender (6 005 m). Aber solche »Aufwertungen« kommen öfters vor. Grund für die unterschiedlichen Höhen ist, dass von verschiedenen Punkten aus gemessen wird. Bergsteiger messen ihre tatsächliche Anstiegshöhe, Geologen gehen vom Meeresspiegel aus. Halten wir uns an die geologische Höhe, ist der Cotopaxi übrigens genau zwei Meter höher als der Kilimandscharo.

■ Aconcagua, 6 959 Meter, Argentinien

Fast 7 000 Meter hoch ragt der Aconcagua – in der Sprache der Einheimischen »Wachposten aus Stein« – aus dem Hauptkamm der chilenisch-argentinischen Andenkette hervor. Damit ist er der höchste Berg des gesamten amerikanischen Kontinents und der westlichen Hemisphäre.

Mark besteigt den Aconcagua im Februar 95. Er stuft ihn als nicht besonders schwierig ein, bemerkt aber, dass der Berg von vielen Bergsteigern unterschätzt wird – was viele Verletzungen und Todesfälle zur Folge hat.

Erstmals angegangen wurde der Aconcagua bereits im Jahr 1883 von dem deutschen Alpinisten Paul Güßfeldt. Die Erstbesteigung glückte aber erst einer späteren Expedition unter der Leitung des Engländers FitzGerald. Zu seiner Mannschaft gehörten der Engländer Vines, der Italiener Lanti und der bekannte Schweizer Bergführer Matthias Zurbriggen. Dazu kamen einige Träger aus Italien und der Schweiz. Matthias Zurbriggen erreichte nach fünf Wochen Aufenthalt am Berg am 14. Januar 1897 im Alleingang den Gipfel. Seinen Kameraden Vines und Lanti war der Erfolg erst am 13. Februar gegönnt. Nach der Besteigung des Aconcagua zog die Expedition weiter nach Süden zum 6 550 Meter hohen Tupungato, dessen Erstbesteigung Vines und Zurbriggen gelang.

Bis zur nächsten Forschungsexpedition am Aconcagua vergingen viele Jahre. Erst am 9. März 1934 glückte einer polnischen Gruppe die zweite Besteigung – über eine neue Route, den sogenannten »Polengletscher«. Genau fünfzig Jahre nach der Erstbesteigung durch Zurbriggen standen Lothar Herold und Thomas Kopp als erste Menschen auf dem südlichen Gipfel.

Der Aconcagua ist bei den Bergsteigern begehrt wie kaum ein anderer Berg in Südamerika. Die Besucherzahlen des 1983 gegründeten Parque Provincial Aconcagua steigen seit vielen Jahren. War man zu Beginn der siebziger Jahre am üblichen Basislager Plaza de Mulas noch meist allein, so bevölkern heute durchschnittlich zweihundert Bergsteiger und mehr den einst so idyllischen Lagerplatz.

■ Mount Everest, 8 848 Meter, Tibet/Nepal

Der Mount Everest ist Marks Traumberg, das Ziel, auf das er immer hingearbeitet hat. Zweimal versuchte er den Gipfel zu besteigen, zweimal scheiterte er. Doch das ist am höchsten Berg der Welt eher der Normalfall. Auch ganz bekannte Bergsteiger wurden vom Everest erst mal »abgeschüttelt«.

Dass der Mount Everest der höchste Berg der Welt ist, fand der Brite Andrew Waugh 1856 heraus. Nach jahrelangen Vermessungsarbeiten schrieb er in einem Brief: »Ich bin jetzt im Besitz der endgültigen Werte für den mit Gipfel XV benannten Gipfel. Wir wussten schon seit einigen Jahren, dass der Gipfel höher ist als alle bisher in Indien vermessenen ... Er ist höchstwahrscheinlich der höchste Berg der Erde«. Es gab nur noch ein Problem: Der Berg hatte keinen Namen. Gipfel XV wurde er nur zu Vermessungszwecken genannt. Und mit den zahlreichen Namen der Einheimischen wollte Waugh sich nicht anfreunden. *Chomolungma*, »die Große (Göttin) Mutter der Erde«, war der am meisten gebrauchte. Aber es gab auch noch *Lhochamalung*, *Devadhunka*, *Chingopamari* und *Gaurisankar* zur Auswahl. Andrew Waugh beharrte auf seinem Vorschlag den höchsten Berg nach Sir George Everest, Wauhgs Vorgänger als Surveyor General of India, zu benennen. Und so wurde aus Gipfel XV der Mount Everest.

Erstbestiegen wurde der Mount Everest nach zahlreichen erfolglosen Versuchen in den zwanziger und dreißiger Jahren am 29. Mai 1953. Der Neuseeländer Edmund Hillary und der indische Sherpa Tenzing Norgay betraten als erste Menschen den Gipfel. Nach ihrer Rückkehr wurden sie immer wieder vor die Frage gestellt, wer von ihnen beiden denn nun wirklich als Erster ganz oben war. Schließlich lüftete Tenzing Norgay das »große Geheimnis«: »... ich dachte nicht an ›Erster‹ oder ›Zweiter‹. Ich sagte mir nicht, ›da oben liegt ein goldener Apfel, ich werde Hillary zur Seite stoßen und nach ihm greifen‹. Wir gingen langsam weiter, gleichmäßig. Und dann waren wir da. Hillary setzte als Erster den Fuß auf den Gipfel und ich nach ihm. Wir sind hinaufgestiegen, wir waren droben, der Traum war in Erfüllung gegangen.«

Im Jahr 1978 wurde der höchste Berg der Welt von Reinhold Messner und Peter Habeler erstmals ohne Sauerstoff aus der Flasche bestiegen. Das war nicht nur damals eine ganz große Leistung. Auch heute noch werden die meisten Besteigungen mit künstlichem Sauerstoff durchgeführt. Peter Habeler schildert sein Gipfelerlebnis so: ». . . ich fühlte mich erschöpft und hohl. Kein Gefühl des Triumphes oder des Sieges. Ich sah die umliegenden Berggipfel, den Lhotse, den Cho Oyu. Der Blick nach Tibet war von Wolken verhangen. Ich wusste, ich stand jetzt auf dem höchsten Punkt der Erde. Aber es war mir gleichgültig. Jetzt wollte ich nur noch zurück, zurück in jene Welt, aus der ich gekommen war. So schnell wie möglich.«

Auf den Gipfel des Mount Everest führen mehrere Routen. Da die Grenze zwischen Nepal und Tibet genau durch den Berg verläuft, kann man ihn von beiden Ländern aus besteigen. Marks erster Versuch – damals war er fünfzehn – startete von der tibetischen Seite. Er erreichte eine Höhe von 7 600 Metern. Ein Jahr später, im Mai 1996, versuchte Mark eine Besteigung von der nepalesischen Seite. Diesmal erreichte er 7 925 Meter und war damit der jüngste Mensch, der sich jemals in dieser Höhe aufgehalten hat.

Der Mount Everest ist natürlich auch ein Berg der Rekorde. Am meisten Aufsehen in der letzten Zeit hat Hans Kammerlander mit seiner Skiabfahrt vom höchsten Berg der Erde erregt. Er bestieg den Gipfel von der tibetischen Seite und fuhr anschließend mit Skiern ab. Dabei war er nicht ganz vierundzwanzig Stunden am Berg unterwegs.

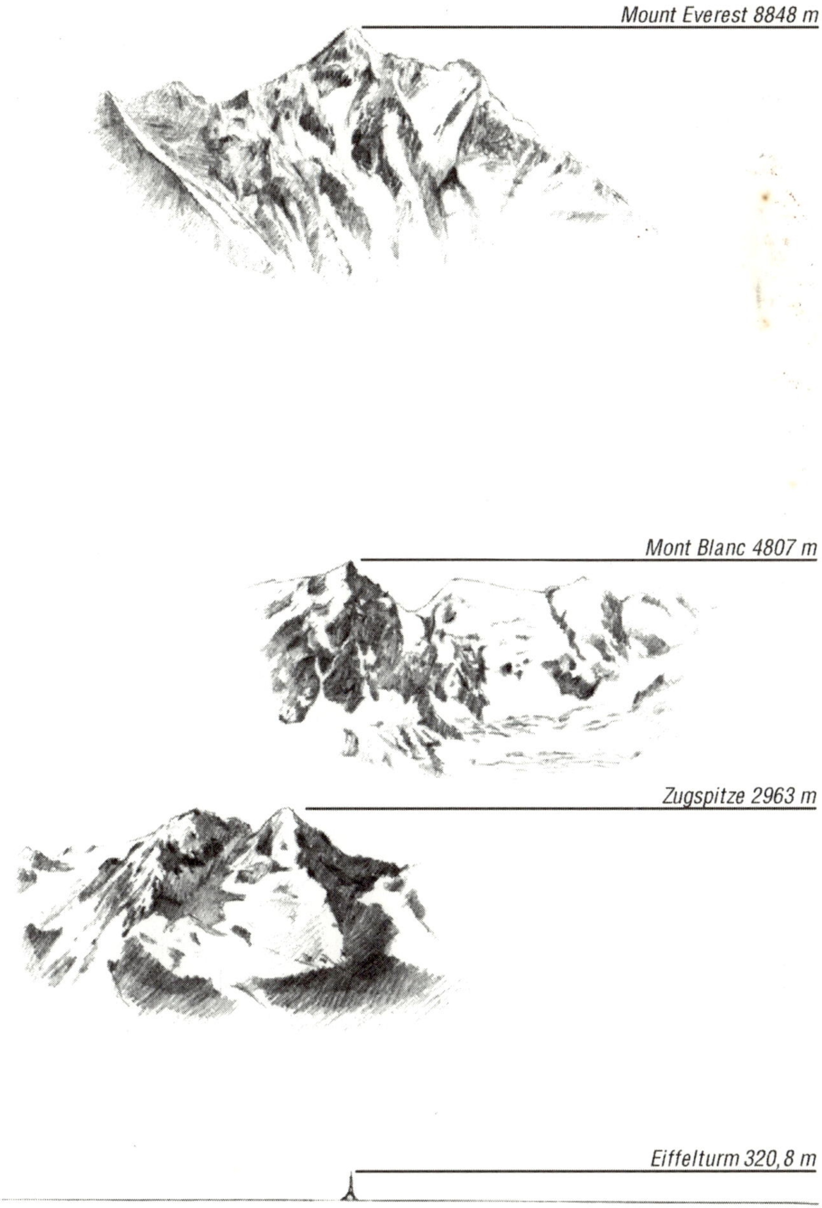
Mount Everest 8848 m
Mont Blanc 4807 m
Zugspitze 2963 m
Eiffelturm 320,8 m

■ Ama Dablam, 6 856 Meter, Nepal

»... wir blieben stehen wie vom Donner gerührt. Der Anblick raubte uns jeden Gedanken, wir sagten überhaupt nichts, schauten nur ...« Mit diesen Worten beschrieb G. L. Mallory seine ersten Blicke auf die Ama Dablam. Obwohl dieser Berg »nur« ein Sechstausender ist, zählt er zweifellos zu den schwierigsten Zielen im gesamten Himalaja. Mark erreichte den Gipfel als Fünfzehnjähriger im Oktober 95. Und wieder war er der jüngste Bergsteiger, der auf dem höchsten Punkt dieses Berges stand.

Trotz der Nähe zu den höheren, bekannteren Gipfeln Nuptse, Lhotse und Mount Everest zieht die Ama Dablam viel Aufmerksamkeit auf sich. Denn die von allen Seiten schroffe Eispyramide gilt für viele Bergsteiger als der schönste Berg der Welt. Für die Sherpas ist die Ama Dablam ein heiliger Berg. Ihr Name bedeutet wörtlich übersetzt »Talisman der Mutter«. »Ama« bezieht sich auf die langen Grate des Berges, »Dablam« ist ein von den Frauen der Sherpas getragener Doppelanhänger, der Götterbilder enthält. Ein Teil des Berges ähnelt diesen Anhängern.

Doch die Ama Dablam ist nicht nur ein besonders schöner Berg, auch ihre Erstbesteigung am 13. März 1961 war etwas Außergewöhnliches. Denn es gibt nur wenige Berge im Himalaya, deren Gipfel zum ersten Mal im Winter erreicht wurden. Michael Ward, Barry Bishop, Wally Romanes und Michael Gill hatten dieses Glück. Und das, obwohl ihr Expeditionsleiter Edmund Hillary – übrigens der Erstbesteiger des Mount Everest – die Ama Dablam zunächst als »unbesteigbar« bezeichnet hatte. Später revidierte er sein Urteil auf »ungeheuer schwierig«.

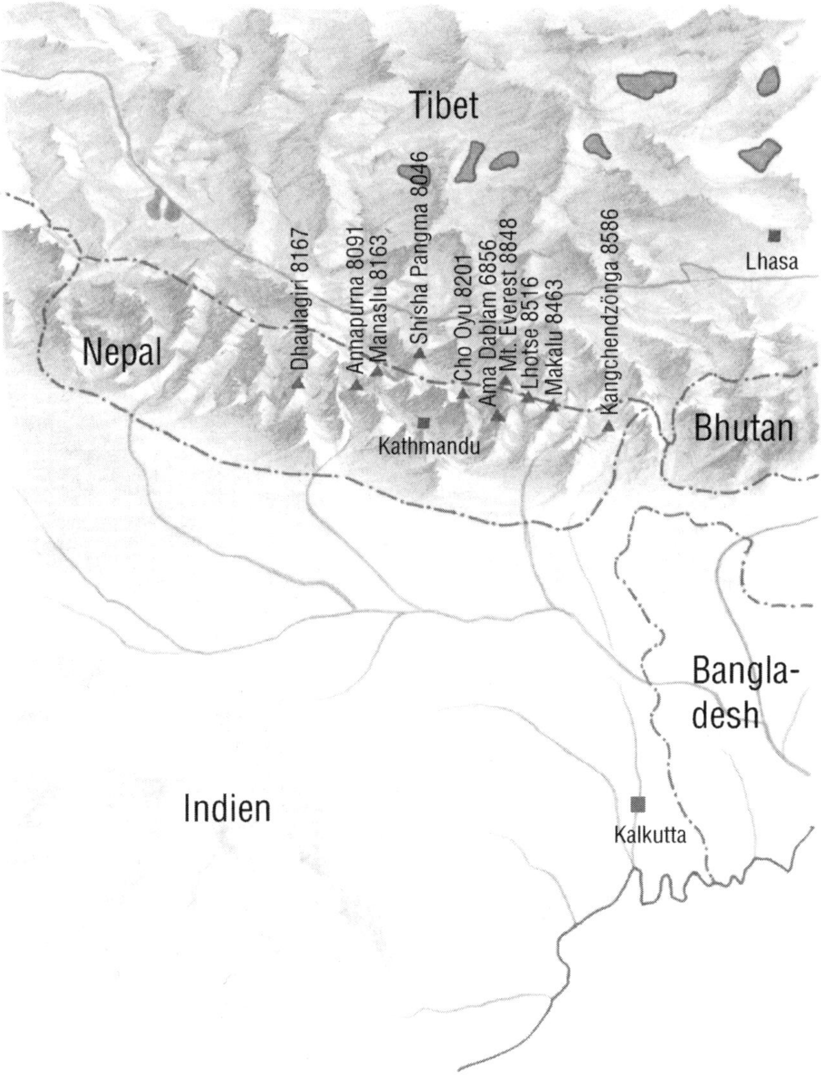

Der Himalaya ist das höchste Gebirge der Welt. 14 Berge sind höher als 8000 Meter. Allein acht Achttausender liegen in Nepal. Ausgangspunkt für viele Himalayaexpeditionen ist Kathmandu.

Kilimandscharo, 5 895 Meter, Tanzania

Im Juli 1996 ist Mark erstmals »beruflich« in den Bergen unterwegs: Bei einer kommerziellen Reise mit Besteigung des Kilimandscharo ist Mark als stellvertretender Leiter dabei. Und das mit sechzehn Jahren. Mark sieht den höchsten Berg Afrikas wie einen riesigen Elefanten, der die Landschaft beherrscht. Ein nahe liegendes Bild, wenn man sich in Tanzania befindet.

Zusammen mit einer Reihe anderer Vulkane liegt der Kilimandscharo am Nordrand des tanzanischen Zentralplateaus. Drei Hauptgipfel bilden das vor etwa drei Millionen Jahren entstandene Kilimandscharo-Massiv: der Kibo (5 895 m) als Afrikas höchster Punkt, der im Osten gelegene zerklüftete Mawenzi (5 149 m) und das Shira-Plateau (3 962 m) auf der Westseite.

Der untere Bereich des Kilimandscharo gehört zu den wenigen fruchtbaren Gebieten Tanzanias. So werden zum Beispiel bis in Höhen von 2 000 Meter Kaffee und Bananen angebaut. In höheren Lagen, bis etwa 3 000 Meter, wachsen Farngewächse, Nadelhölzer, Stechpalmen und der sommergrüne Kossobaum. Bis etwa 4 000 Meter halten sich dann Heidestauden, darüber wird die Vegetation spärlicher.

Und dann beginnt die Welt des ewigen Eises. Als erster Europäer sah es am 11. Mai 1848 der deutsche Missionar Johannes Rebmann. Doch für seine Behauptung, am Äquator schneebedeckte Berge entdeckt zu haben, erntete er nur Spott und Gelächter. 1861 und 1862 stattete Baron Karl von der Decken dem Kilimandscharo bis auf 4 236 Meter einen Besuch ab. Darauf folgte 1867 Charles New, dann Joseph Thompson 1883, Sir H. H. Johnston 1884 und andere. Der Geograf und Verleger Hans Meyer hatte schließlich am 6. Oktober 1889 das

Glück zusammen mit Ludwig Purtscheller als Erster den Gipfel zu betreten. Vorangegangen waren unglaubliche Anstrengungen – und zahllose Stufen, die ins Eis des Kraterrandes gehackt werden mussten, um überhaupt aufsteigen zu können.

■ Cho Oyu, 8 201 Meter, Tibet/Nepal

Der Cho Oyu ist der sechsthöchste Berg der Welt. Und Mark ist der jüngste Mensch, der je auf seinem Gipfel stand. Laut Elisabeth Hawley, der »Buchhalterin« im Himalaja, ist er mit 16 Jahren sogar der jüngste Mensch, der je einen Achttausender bestiegen hat. Mark erreichte sein Ziel von der tibetischen Seite aus. Die meisten Expeditionen wählen diesen Weg, da der Zugang zum Cho Oyu dort viel einfacher ist. Bis zum Basislager benötigt man nur eine eintägige Anfahrt.

Die Erstbesteigung des Cho Oyu war etwas ganz Besonderes, denn sie gelang einer Kleinst-Expedition. Drei Österreicher waren es, die sich am 13. August 1964 in Bombay trafen: der geistige Vater des Unternehmens, Herbert Tichy, Sepp Jöchler und Helmut Heuberger. Auf einer Reise durch Nepal erfuhr Tichy, Journalist, Schriftsteller und Asienkenner, von einem einheimischen Freund vom Cho Oyu. Pasang Dawa Lama hatte von einem »hohen Berg« gesprochen, der »gemacht« werden könne. Bei der Expeditionsplanung plante Herbert Tichy »das Land« ein, das heißt, er wollte die Nahrungsmittel in den Talorten einkaufen. So kam es, dass die Expedition mit nur 926 Kilogramm Ausrüstung – »das Holz der Kisten mitgerechnet« – zum Cho Oyu reiste. Zu den drei Österreichern kamen sechs ausgewählte Sherpas mit Pasang Dawa Lama.

Der erste Anlauf zum Gipfel scheiterte auf etwa 7 000 Meter in einem furchtbaren Sturm. Herbert Tichy zog sich dabei an den Händen Erfrierungen dritten Grades zu. Während Pasang mit einigen Sherpas nach Namche Bazaar ging, um die restliche Ausrüstung zu holen, tauchten Claude Kogan und Denis Bertholet am Cho Oyu auf. Sie waren an einem anderen Berg gescheitert und wollten sich nun mit den Österreichern an den Cho Oyu machen. Doch Tichy und seine Leute waren dagegen. Sie wollten beweisen, dass auch eine kleine Expedition mit geringen Mitteln einen Achttausender bezwingen könnte. Schließlich wurde ein Kompromiss gefunden: Die Österreicher hatten einen letzten Versuch.

Doch die Zeit war knapp – und Pasang noch nicht zurück. Also packten die Bergsteiger ihre Sachen und stiegen bis zum Camp Drei, einer Schneehöhle in 6 600 Meter. Dort mussten sie drei Sturmnächte durchstehen. Pasang und seine Begleiter hatten unterwegs von der anderen Expedition gehört und waren schnell zurückgeeilt. In drei Tagen legten sie fünfzig km zurück und überwanden dabei 4 000 Höhenmeter. Schließlich erreichten sie die Österreicher und drängten zur Eile.

Um drei Uhr nachmittags am 19. Oktober 1964 erreichten Herbert Tichy, Sepp Jöchler und Pasang Dawa Lama endlich den Gipfel. Sepp Jöchler schrieb später: »Der Gipfel ist erreicht, die unendlichen Strapazen sind zu Ende. Wer kann es je ermessen, welch großer Stein jedem von uns vom Herzen fällt? Und welches Glücksgefühl sich eingeschlichen hat inmitten tausender von Bergen zu stehen, erhaben – und doch winzig klein?« Übrigens wurde der gesamte Aufstieg ohne Sauerstoffgeräte bewältigt. Das war damals eine außergewöhnliche Leistung!

Nachdem alle vierzehn Achttausender bestiegen waren, wurde der Cho Oyu unter den »leichteren« eingeordnet. Die relativ geringe Schwierigkeit des Nordwestgrats, der als Normalweg gilt, wird durch die Statistik verdeutlicht: Ende 1993 hatten bereits mehr als vierhundert Menschen auf dieser Route den Gipfel erreicht. Dennoch verloren einige auch hier ihr Leben.